T0270453

Tus Próximas Cinco Jugadas

2ª edición: diciembre 2023

Título original: YOUR NEXT FIVE MOVES
Traducido del inglés por Francesc Prims Terradas
Diseño de portada: Editorial Sirio, S.A.
Maquetación: Toñi F. Castellón

© de la edición original
2020 de BetDavid Enterprises LLC.

Publicado con autorización de Folio Literary Management, LLC
e International Editors' Co.

© de la fotografía del autor
Duke Morse

© de la presente edición
EDITORIAL SIRIO, S.A.
C/ Rosa de los Vientos, 64
Pol. Ind. El Viso
29006-Málaga
España

www.editorialsirio.com
sirio@editorialsirio.com

I.S.B.N.: 978-84-19105-24-0
Depósito Legal: MA-1111-2022

Impreso en Imagraf Impresores, S. A.
c/ Nabucco, 14 D - Pol. Alameda
29006 - Málaga

Impreso en España

Puedes seguirnos en Facebook, Twitter, YouTube e Instagram.

Cualquier forma de reproducción, distribución, comunicación pública o transformación de esta obra solo puede ser realizada con la autorización de sus titulares, salvo excepción prevista por la ley. Diríjase a CEDRO (Centro Español de Derechos Reprográficos, www.cedro.org) si necesita fotocopiar o escanear algún fragmento de esta obra.

 El papel utilizado para la impresión de este libro está **libre de cloro** elemental (ECF) y su procedencia está certificada por una entidad independiente, no gubernamental, que promueve la sostenibilidad de los bosques.

Patrick Bet-David

con Greg Dinkin

Tus Próximas Cinco Jugadas

DOMINA EL
ARTE DE LA ESTRATEGIA
EN LOS NEGOCIOS

Editorial
SIRIO

A mi padre, Gabreal Bet-David, el Aristóteles de mi vida.

Nota del autor

En este libro narro historias que se remontan a más de treinta años y hago todo lo posible para describir esos sucesos con precisión. Las personas de las que consta el nombre y el apellido son individuos reales. Aquellas de las que solo se dice el nombre constituyen una mezcla de personajes o son personas cuyo nombre y cuyos detalles identificativos han sido cambiados. La esencia de sus historias es real.

Índice

Nota de los editores: Por razones prácticas, se ha utilizado el género masculino en la traducción del libro. La prioridad al traducir ha sido que la lectora y el lector reciban la información de la manera más clara y directa posible. Incorporar la forma femenina habría resultado más una interferencia que una ayuda. La cuestión de los géneros es un inconveniente serio de nuestro idioma que confiamos en que, más pronto que tarde, se resuelva.

Introducción

Antes de hacer la primera jugada

Cuando vi por primera vez *Magnus*, el documental sobre Magnus Carlsen, no pude dejar de pensar en los paralelismos con el ámbito empresarial. Carlsen es un prodigio del ajedrez noruego que se convirtió en gran maestro a los trece años. Es una especie de visionario, pues siempre prevé hasta quince jugadas. Por lo tanto, tiene la extraña capacidad de predecir (y controlar) lo que harán sus oponentes. También me impresionó su meticulosa preparación. Como Carlsen ha jugado en su mente tantas veces *antes* de hacerlo en el tablero, se muestra imperturbable en medio de la batalla. Además, tiene que lidiar con algo con lo que los fundadores y directores ejecutivos se enfrentan todo el tiempo. Dijo: «Si quieres llegar a la cima, siempre existe el riesgo de que te aísles del resto de la gente».

Después de ver *Magnus*, no dejé de pensar en lo mucho que tienen en común los empresarios y los maestros de ajedrez triunfadores. No me sorprendió enterarme de que el fundador de Tesla y SpaceX, Elon Musk, comenzó a jugar al ajedrez a corta edad. «Es capaz de ver las cosas con una claridad que nadie más tiene, entre todas las personas que conozco —dijo su hermano Kimbal—. En el ajedrez, puedes ver las próximas doce jugadas si eres un gran maestro. Elon puede ver las próximas doce jugadas en cualquier situación que afronte».

Estas palabras sobre Musk me llevaron a poner todo en perspectiva. La mayoría de las personas solo contemplan la próxima jugada, o las dos próximas. Se trata de individuos aficionados que no tardan en fracasar en el mundo empresarial. La estrategia efectiva consiste en hacer una jugada y estar preparado para hacer otra serie de jugadas en función de cómo reaccionen el mercado o la competencia. Debes pensar más allá de tu primer movimiento para implementar una estrategia efectiva. Cuando uno empieza a ser realmente bueno, prevé cómo reaccionarán los demás y puede ejecutar una serie de jugadas que son casi imposibles de contrarrestar.

Aunque en el ámbito empresarial y el del emprendimiento es necesario ver varias jugadas por adelantado, este no es un libro sobre ajedrez. La materia de este libro es tomar la visión y la mentalidad de los maestros de ajedrez y aplicarlas al terreno empresarial. De hecho, ni siquiera tienes que saber nada de ajedrez. No hay ejemplos de este campo en las páginas que siguen, pero sí muchos ejemplos de hombres y mujeres triunfadores que piensan como los grandes jugadores de ajedrez.

Quienes solo tienen en cuenta la próxima jugada están impulsados por el *ego*, la *emoción* y el *miedo*. Por ejemplo, tu mejor vendedor amenaza con irse de la empresa si no le subes el sueldo. El aficionado emocional respondería diciendo «a mí nadie me amenaza» o «de todos modos ya no te necesitamos». El estratega práctico, sin embargo, planearía sus próximas jugadas.

Lo mismo es aplicable a la crianza de los hijos. Nos hace sentir muy bien darles a los niños lo que piden, ya sean dulces, un iPad o permiso para saltarse la clase de piano. Sonríen y te dicen cuánto te quieren. Ya sabes que la alternativa (no dárselo) implica una gran rabieta en la que nos arrojarán veneno y odio, lo cual nos hará sentir muy mal. Como es manifiesto, hay una opción que es claramente *la más fácil*, mientras que la otra, que implica contemplar cinco jugadas, es *la más efectiva*. Ocurre lo mismo con la mayoría de las decisiones del ámbito empresarial.

Ojalá alguien me hubiera enseñado a pensar de esta manera cuando estaba en el proceso de convertirme en gerente de ventas (a partir de la posición de vendedor), en fundador y en director ejecutivo. En cada etapa de mi desarrollo, esta forma de pensar me habría ahorrado millones de dólares y docenas de ataques de pánico. Cuando reflexiono sobre cómo pasé de ser un vendedor de gimnasio arrogante, inseguro y malhumorado a un director ejecutivo estratégico, consciente y seguro de sí mismo, veo que la clave fue que aprendí la forma de pensar en las próximas cinco jugadas por lo menos.

Si eres de ese tipo de personas que consiguen muchos logros, te estarás preguntando por qué hay que contemplar cinco jugadas *solamente*. Hay dos razones. La primera es que cinco jugadas es la cantidad ideal para poder pensar bien las estrategias y actuar con rapidez. Aunque pueda haber momentos en los que quieras prever más de cinco jugadas, como en un encuentro anual celebrado fuera de las instalaciones de la empresa o cuando estés analizando una posible adquisición (o construyendo una colonia en Marte), el caso es que querer anticipar demasiados movimientos puede provocar la denominada *parálisis por análisis*. Cinco son suficientes para prever resultados futuros y ver las jugadas y contrajugadas. La segunda razón es que debes dominar cinco jugadas para tener éxito en el campo empresarial o el del emprendimiento. He dividido el libro en estas cinco jugadas para asegurarme de que sepas exactamente lo que necesitas hacer para lograr el éxito.

Hay muchas cosas que no sé hacer. Mido 1,95 metros y peso 109 kilos, pero no sé jugar al baloncesto ni lanzar una pelota de fútbol americano. No sé escribir en clave ni reconstruir un motor desde cero. Pero si hay algo que sé hacer es ayudar a empresarios y ejecutivos a elaborar estrategias para conquistar un mercado. Cuando me siento en una sala de juntas con un fundador o un director ejecutivo, abordamos la estrategia como un juego. La única diferencia entre los negocios y el ajedrez (o el Monopoly o Final Fantasy, por qué no) es que en el primer caso están en juego millones (o miles de millones) de dólares. Ubicados en este marco conceptual, los jefes y directivos aprenden a diseñar las estrategias que los van a situar en el camino del crecimiento.

Como asesor de ejecutivos y orientador de estudiantes y aspirantes a emprendedores, una de las preguntas que más me hacen es: «¿Debería dejar mi trabajo para fundar una empresa?». Otras preguntas frecuentes son: «¿Debo conseguir el dinero desprendiéndome de patrimonio o contrayendo deuda?», «¿Cómo debo configurar la estructura de retribuciones para atraer y retener buenos ejecutivos o un equipo de ventas compuesto por trabajadores autónomos?» o «¿Debería expandirme ahora mismo a escala global o esperar a que cambien las condiciones del mercado?».

En el mundo empresarial, las preguntas simples son binarias; se responden con un sí o un no. La trampa es creer que *todas* las respuestas son binarias. La respuesta a cualquier pregunta es en realidad una serie de movimientos desplegados en la secuencia adecuada. Los «expertos» a menudo empeoran las cosas al dar respuestas de sí o no, como si todo el mundo se encontrara exactamente en la misma situación. Por eso, como verás, la primera jugada consistirá en que te conozcas a ti mismo y sepas qué quieres.

El otro problema que veo es la falta de planificación. El entusiasmo puede ser poderoso, siempre que se combine con la planificación de las próximas cinco jugadas. Demasiadas personas quieren hacer la jugada número cinco sin realizar antes las cuatro primeras. Hay que seguir un orden. Para alcanzar el siguiente nivel, es necesario pasar del pensamiento unidireccional, que contempla una sola jugada, a ver muchos de los movimientos que aguardan.

Si tienes claro que quieres ser emprendedor, renunciar a tu empleo puede ser el paso cuatro; alternativamente, podrías realizar una serie de jugadas para conseguir una posición lucrativa dentro de tu actual empresa (te convertirías en un *emprendedor interno;*[*]

---

[*] N. del T.: Conocido también como intraemprendedor, a partir del vocablo inglés *intrapreneur,* que es de hecho el que utilizan los autores en este libro.

trataremos este tema en el capítulo tres). Si tienes familia y no dispones de ahorros, está claro que dejar tu empleo no debe ser tu primera jugada. De hecho, es posible que nunca tengas que renunciar a tu trabajo para llegar al punto exacto al que quieres llegar. La información que contiene este libro es pertinente sea cual sea la fase de la vida en la que te encuentres y sea cual sea el puesto que ocupes en el ámbito empresarial o laboral. Puedes ser un director financiero al que le encanta ser director financiero o un profesional que disfruta de la variedad y flexibilidad que le proporciona el hecho de ser un *emprendedor independiente*.* Una de las cosas que más me gustan del ámbito empresarial y del emprendimiento es que hay un camino para todos, siempre y cuando te conozcas a ti mismo y estés dispuesto a pensar en las próximas cinco jugadas.

Independientemente de cuál sea la secuencia que mejor se adapte a tus circunstancias, lo que distingue a los estrategas astutos es su capacidad de *anticipación*. Los mejores líderes militares tienen la habilidad de planificar varios movimientos por adelantado. Los mejores luchadores saben cómo enfrentarse a su oponente. Es posible que estén dispuestos a perder en el primer asalto porque un movimiento que parece estar funcionando en su contra al principio del combate lo utilizarán para incitar a su oponente a cometer un error en un asalto posterior. Los jugadores de póquer de talla mundial hacen lo mismo: sacrifican fichas al principio de la partida para hacer una serie de jugadas, a partir de ahí, que acaban por derrotar a los oponentes. Y aunque no necesariamente pensemos en Warren Buffett como un maestro del ajedrez, su éxito sostenido se debe a su enfoque paciente y estratégico. Buffett no trata de «ganar» en una operación en particular o incluso en el trimestre o el año, sino que sus jugadas están encaminadas a la victoria a largo plazo.

---

* N. del T.: Conocido también como soloprendedor, a partir del vocablo inglés *solopreneur*, que es el que utilizan los autores en este libro. El término *soloprendedor* está mucho menos extendido que el anterior (*intraemprendedor*).

Kobe Bryant, leyenda de la NBA, me dijo, menos de seis meses antes de su trágica muerte, que a los trece años ya tenía claro que quería ser uno de los mejores jugadores de baloncesto de todos los tiempos. En ese momento ocupaba el puesto cincuenta y seis en el *ranking* nacional. Hizo una lista de todos los nombres que estaban por encima de él hasta que, cinco años después, los superó a todos y lo seleccionaron en primera ronda nada más salir del instituto. Por otra parte, se rumorea que Michael Jordan se sirvió de su inclusión en el «Dream Team» olímpico estadounidense de 1992 para conocer los puntos débiles de sus compañeros de equipo y aprovechar este conocimiento contra ellos cuando regresó a la NBA. Estos dos jugadores eran maestros estrategas que siempre iban cinco jugadas por delante por lo menos. Tú también deberás hacerlo, sobre todo si planeas ser competitivo en tu sector y acabar por imponerte en él.

■ ■ ■ ■ ■ ■

En las páginas que siguen, te proporcionaré todo lo que necesitas para pensar como un maestro estratega. También te mostraré cómo hacer lo siguiente:

1. Diferenciarte y transmitir tu valor único.
2. Encontrar inversores y generar una valoración alta para una salida lucrativa.
3. Atraer a los mejores talentos y definir incentivos para tenerlos contentos y conservarlos.
4. Mantener los sistemas durante las etapas de crecimiento rápido y conservar la energía y la cordura en medio del caos.
5. Procesar asuntos, tomar decisiones y resolver problemas de manera efectiva.
6. Identificar qué quieres hacer con tu vida y el legado que dejarás.

7. Negociar, vender y elaborar estrategias como si tu vida dependiera de ello.

Tal vez has elegido este libro pensando que te faltan la formación o los recursos necesarios para crear tu propia empresa. O acaso seas la típica persona con un coeficiente intelectual alto que no puede tomar una decisión como si le fuera la vida en ello porque le da siempre demasiadas vueltas a las cosas. Sea cual sea tu punto de partida, si tienes dudas en cuanto a si cualquiera puede ser emprendedor, lee mi historia a continuación.

Todos quienes me conocieron de niño me habrían etiquetado como alguien «probablemente condenado al fracaso». Pero verás cómo pasé de ser un tipo que no podía pensar en absoluto en el futuro (de resultas de lo cual tenía veintiséis tarjetas de crédito que acumulaban una deuda total de cuarenta y nueve mil dólares) a director ejecutivo. Verás cómo fundé PHP Agency, una empresa de *marketing* de servicios financieros con sesenta y seis agentes en una oficina de Northridge (California) que, diez años más tarde, contaba con más de quince mil agentes y ciento veinte oficinas en cuarenta y nueve estados de Estados Unidos más Puerto Rico.

Estoy orgulloso del hecho de que nuestra agencia sea reconocida por su diversidad única, su cultura *millennial* y su presencia en las redes sociales. Tuvimos éxito en el sector de los seguros de vida, que tiene fama de ser «aburrido». (El agente de seguros de vida promedio es un hombre blanco de cincuenta y siete años; nuestro agente promedio es una mujer latina de treinta y cuatro). Este éxito no se ha debido a nuestros contactos o a la buena suerte. De hecho, mi experiencia personal demuestra que los emprendedores pueden venir de cualquier parte y no tienen cualidades que tú no poseas.

Director ejecutivo, contra todo pronóstico

Crecí en Teherán, la capital de Irán. Durante la guerra entre Irán e Irak de 1987, mi familia podría haber sido víctima de un ataque en cualquier momento. Aunque yo solo tenía ocho años, los sonidos se me quedaron grabados. Cada ataque comenzaba con una sirena; solo ese sonido ya te perforaba el alma. Acto seguido, una voz advertía de que había aviones enemigos cruzando la frontera. Finalmente, oíamos el silbido de las bombas al atravesar el aire.

Con cada silbido, rezábamos para que esa bomba no cayese en nuestro refugio. Recuerdo estar sentado al lado de mis padres, absolutamente asustado. Finalmente, mi madre decidió que había tenido suficiente. Le dijo a mi padre que si no salíamos del país su hijo se quedaría atrapado y tendría que servir en el Ejército iraní. Mi padre se dio cuenta de que si no actuaba, el desastre estaba garantizado.

Mi hermana, mis padres y yo nos subimos a nuestro Renault blanco de dos puertas y nos dirigimos hacia Karaj, una ciudad que se encuentra a dos horas de Teherán. Para llegar allí tuvimos que cruzar un puente. Justo después de que cruzáramos, se produjo un gran destello detrás de nosotros. Mi padre nos dijo a mi hermana y a mí que no miráramos hacia atrás, pero no pudimos evitarlo. Ojalá le hubiésemos hecho caso. Cuando nos dimos la vuelta, vimos los estragos causados por una bomba que había caído sobre el puente, a menos de cien metros de donde nos encontrábamos, justo después de que hubiéramos cruzado sin problemas. No tengo palabras para calificar este hecho; solo puedo decir que nadie, y mucho menos dos niños aterrorizados, debería tener que presenciar nunca algo así.

Puedo reproducir ese momento en mi cabeza como si perteneciese al día de ayer. Momentos como ese pueden hacer que te vengas abajo, o pueden hacer que te vuelvas muy tolerante al dolor y la adversidad. De alguna manera logramos eludir el desastre y escapar. Vivimos en un campo de refugiados de Erlangen

(Alemania) durante dos años antes de mudarnos finalmente a Glendale (California) el 28 de noviembre de 1990. Cuando llegamos a Estados Unidos, yo acababa de cumplir doce años, hablaba poco inglés y no podía eludir las horribles imágenes mentales asociadas a la huida de un país devastado por la guerra.

Gracias a la decisión de mis padres de hacer la jugada correcta frente a la vida y la muerte, hoy estoy vivo, me siento orgulloso de ser ciudadano estadounidense y tengo un negocio próspero y una hermosa familia.

■ ■ ■ ■ ■ ■

Cuando una persona aprende a pensar en las próximas cinco jugadas, puede parecer que es capaz de leer las mentes. Lo que ocurre en realidad es que esa persona ha visto las jugadas tantas veces que puede prever lo que dirá o hará su oponente a continuación. Apuesto que te estás preguntando: «¿Puedo hacerlo? ¿Puedo realmente pasar de ser una persona que carece de experiencia a ser alguien que piensa estratégicamente y construye un imperio?».

Puede muy bien ser que estés pensando: «Pero, Pat, tú tienes el don de la elocuencia. Tienes los genes del emprendedor. Tú, Pat, eres mucho más inteligente que yo».

¿Que soy más inteligente que tú? ¿En serio?

Toma en consideración lo siguiente:

1. Apenas conseguí graduarme en el instituto. Mi promedio de calificaciones (GPA) fue de 1,8, obtuve ochocientos ochenta aciertos en la prueba de acceso a la universidad (de mil seiscientos posibles) y nunca empecé a cursar una carrera de cuatro años. Mis amigos y familiares no paraban de decirme que nunca llegaría a nada en la vida.

2. ¿Crees que tengo el don de la palabra? A los cuarenta y un años, aún me hacen comentarios sobre mi acento. Como

adolescente inmigrante, tenía más miedo de pronunciar ciertas palabras que de la guerra. Algunas como *Wednesday* ('miércoles'), *island* ('isla') y *government* ('gobierno') eran las que más me costaban. En esa época, las reposiciones de *Gilligan's Island* [La isla de Gilligan] hicieron que esa serie televisiva fuera realmente popular. Puedes imaginar cómo pronunciaba ambas palabras y lo mucho que se burlaban de mí por ese motivo.

3. Mis padres se divorciaron después de llegar a Estados Unidos. Viví principalmente con mi madre, que recibía asistencia social. Aunque era un niño alto al que le encantaban los deportes, no practicaba ninguno porque mi madre no podía pagar la cuota mensual de 13,50 dólares de la Young Men's Christian Association (YMCA, 'asociación cristiana de jóvenes').

4. Me alisté en el Ejército a los dieciocho años porque creía que no tenía otra opción. A los veintiún años, cuando los verdaderamente inteligentes comenzaban sus carreras, yo estaba buscando socios para un gimnasio de Bally Total Fitness.

Por un lado, parecía que no tenía nada que hacer contra las probabilidades. Por otro lado, fueron esas mismas dificultades las que me impulsaron hacia el éxito. Si no hubiera sido por todas las adversidades que experimenté, no habría tenido un deseo tan fuerte de triunfar.

Aclaremos este punto de entrada: no puedo enseñarte a desear. Si prefieres evitar el trabajo duro, si no sientes el deseo de hacer algo importante con tu vida, no hay mucho que pueda hacer por ti. Este libro es para las personas que sienten curiosidad por descubrir cuál es su mejor versión y están buscando las estrategias apropiadas que las ayuden a alcanzarla. Estas personas no buscan motivación, sino estrategias comprobadas que funcionen. Quieren encontrar fórmulas efectivas para acelerar el proceso que conduce al siguiente nivel. ¿Eres tú una de estas personas?

■ ■ ■ ■ ■ ■

Hablando de fórmulas, he sido tan diligente buscándolas como compartiéndolas. En 2013 comencé a hacer vídeos sobre lo que funcionaba para mí en el ámbito empresarial. Éramos solo Mario (mi mano derecha), yo y una pequeña cámara Canon EOS Rebel T3 (que por lo general solo se usa para tomar fotografías). Primero llamamos a esos vídeos «Dos minutos con Pat» y los subimos a YouTube. Al cabo de un año, teníamos sesenta suscriptores y cambiamos el nombre por Valuetainment.* Tres años más tarde, teníamos cien mil suscriptores y la reputación de generar contenidos útiles y prácticos. En marzo de 2020, superamos los dos millones de suscriptores en YouTube. A lo largo del camino, aconsejé a gente de todos los sectores de la sociedad. Cuando celebramos nuestra primera gran conferencia, en mayo de 2019, llamada Vault, seiscientas personas de cuarenta y tres países y pertenecientes a ciento cuarenta sectores de actividad viajaron a Dallas para asistir. Entre estas personas había desde fundadores de pequeñas empresas emergentes hasta ejecutivos; incluso asistió el director general de una empresa cuyos ingresos brutos eran de quinientos millones de dólares.

¿Por qué hubo tantas personas que se gastaron un dinero ganado con esfuerzo para volar al otro lado del mundo con el fin de asistir a esa conferencia? ¿Por qué se inscribió tanta gente? Pues porque todas las filosofías y estrategias que he aprendido son *transferibles*. Son fáciles de entender y se pueden aplicar de forma inmediata. Muchos de mis seguidores comenzaron a llamarse a sí mismos *valuetainers* y a obtener resultados positivos. Aunque no somos una escuela de administración de empresas tradicional como las de Harvard, Stanford o Wharton, Valuetainment se ha convertido en un semillero de ejecutivos y emprendedores exitosos de todas las partes del mundo.

---

* N. del T.: Literalmente, 'valortenimiento', resultado del objetivo del autor de ofrecer contenidos valiosos (educativos) a la vez que entretenidos.

Creo firmemente que el emprendimiento puede resolver la mayoría de los problemas que afectan a la humanidad y al planeta, y he aprendido por la vía experiencial no solo cómo se puede hacer, sino también cómo enseñar a otros a hacerlo. En este libro vierto todo lo que sé, desde lo que comparto en conversaciones personales y encuentros grupales hasta lo que aplico cuando afronto negociaciones tensas, porque he visto que funciona y sé que tú puedes obtener un éxito similar al mío.

El camino para alcanzar tus metas en el ámbito empresarial

Tienes en las manos un «libro de jugadas» completo con el que hacer realidad cualquier visión que generes. Aprenderás no solo las habilidades requeridas, sino también la *mentalidad* requerida. En el proceso, verás lo que se necesita para ser un mejor líder y ser humano. Cuando hayas estudiado las cinco jugadas, tendrás todo lo que se requiere para lograr cualquier tipo de éxito que estés buscando en el campo empresarial. Las cinco jugadas son:

1. Domina el conocimiento de ti mismo.
2. Domina la capacidad de razonar.
3. Domina la construcción del equipo adecuado.
4. Domina la estrategia de la escalabilidad.*
5. Domina los juegos de poder.

La primera jugada tiene que ver con el **conocimiento de uno mismo**, un tema del que rara vez se habla en los círculos

---

* N. del T.: Es un anglicismo que describe la capacidad de un negocio o sistema de crecer en magnitud. Término tomado en préstamo del idioma inglés, es la propiedad deseable de un sistema, una red o un proceso, que indica su habilidad para reaccionar y adaptarse sin perder calidad, o bien manejar el crecimiento continuo de trabajo de manera fluida, o bien para estar preparado para hacerse más grande sin perder calidad en los servicios ofrecidos. (Fuente: Wikipedia).

empresariales. Sin este conocimiento, resulta imposible proyectar el futuro. Con él, uno tiene la capacidad de elegir y de controlar sus actos. Al tener claro quién quieres ser, sabrás qué dirección tomar y por qué es importante para ti tomarla.

La segunda jugada tiene que ver con la **capacidad de razonar**. Te mostraré cómo procesar los problemas y te proporcionaré una metodología para lidiar con cualquier elección que afrontes, sea lo que sea lo que esté en juego. Ninguna elección es en blanco o negro, por lo que en esta parte aprenderás a ver todos los tonos de gris y a avanzar con decisión a pesar de la incertidumbre.

La tercera jugada tiene que ver con comprender a los demás para que puedas **construir el equipo adecuado** a tu alrededor, es decir, el equipo que te ayudará a crecer. Aunque tal vez considerarás que algunas de mis tácticas son maquiavélicas, la motivación de todo lo que hago es que las personas lleguen a encontrar lo mejor de sí mismas. Con este fin, formulo preguntas que hacen aflorar sus deseos más profundos. Y de la misma manera que te desafío a que te entiendas a ti mismo, te retaré a que comprendas tus relaciones. Fomentar la confianza entre los empleados y los socios da lugar a alianzas rentables, acelera todos los aspectos del negocio y ayuda a dormir por la noche.

La cuarta jugada tiene que ver con la forma de implementar una **estrategia de escalabilidad** con el fin de obtener un crecimiento exponencial. Trataremos todos los temas pertinentes, desde cómo reunir capital hasta cómo fomentar un crecimiento rápido y hacer que las personas asuman la responsabilidad por sus actos. Cuando llegues a esta parte, ya estarás pensando como un director ejecutivo experimentado, y aprenderás cómo adquirir impulso y sostenerlo, así como la forma de implementar sistemas que te permitan hacer el seguimiento de los aspectos clave de tu negocio y evaluarlos.

La quinta jugada tiene que ver con los **juegos de poder**. Hablaremos de cómo puedes vencer al Goliat de tu sector. También verás cómo puedes controlar tu relato y aprovechar las redes sociales. Aprenderás sobre psicología y conocerás algunos secretos de una de las «organizaciones empresariales» más famosas del mundo: la mafia (sí, la mafia, ¡y pronto verás por qué!). Acabaremos con algunas historias increíbles que muestran cómo los empresarios y los emprendedores ganadores contemplan las próximas cinco jugadas.

■ ■ ■ ■ ■ ■

Aunque no cuento con educación formal en materia empresarial, he leído más de mil quinientos libros sobre el tema. Estaba obsesionado con aprender, y sigo estándolo. He extraído todo el conocimiento posible de estas lecturas y lo he aplicado a mi negocio. Cuando Valuetainment comenzó a despegar, pude entrevistar a muchos cerebros y estrategas brillantes. Ello me ha servido y me sigue sirviendo para un doble propósito: he podido mejorar mi propia empresa y mi vida y, como resultado, espectadores de todo el mundo se han beneficiado de estos conocimientos.

Para ayudarte a comprender cómo piensan y operan los empresarios y estrategas más exitosos, voy a exponer sus historias. Se trata de personas a las que he entrevistado, como Ray Dalio, Billy Beane, Robert Greene, Kobe Bryant o Patty McCord, y también incluyo a varios mafiosos, como Salvatore Gravano («Sammy El Toro»). Asimismo, incluyo a personas a las que he estudiado y admirado desde la distancia, como Steve Jobs, Sheryl Sandberg y Bill Gates. Todos estos personajes son fascinantes y sus historias ayudarán a que mis consejos cobren vida.

Todo el propósito de este libro es capacitarte para prosperar, sea cual sea la posición en la que te encuentres en la actualidad. Cuando llegues al final, sabrás exactamente cómo hacer tus próximas cinco jugadas.

Mi objetivo es fomentar en ti momentos de comprensión lúcida y que le enseñes a tu cerebro a procesar información y formular estrategias de una manera nueva. Imagina lo frustrante que tiene que ser intentar abrir una caja fuerte sin tener la combinación correcta. A continuación, imagina que descubres la combinación y te encuentras con un tesoro en forma de sabiduría empresarial. Con la lectura de este libro, no solo te capacitarás para saber qué hacer, sino también cómo hacerlo. Obtendrás los medios para resolver problemas en todos los niveles mientras haces crecer tu marca personal y tu empresa o emprendimiento.

DOMINA EL CONOCIMIENTO DE TI MISMO

1

¿Quién quieres ser?

Creo que tener preguntas es mejor que tener respuestas, porque conduce a un mayor aprendizaje. Después de todo, ¿el objetivo de aprender no es ayudarte a conseguir lo que quieres? ¿No tienes que empezar con lo que quieres y descubrir lo que tienes que aprender para conseguirlo?

—Ray Dalio, autor de *Principios* e inversor, incluido en la lista de *Time* de 2012 de las cien personas más influyentes del mundo

Michael Douglas, interpretando a Gordon Gekko en la película *Wall Street*, de 1987, le dice a Bud Fox, interpretado por Charlie Sheen: «Y no estoy hablando de un trabajador de Wall Street que gana cuatrocientos mil dólares al año y viaja en primera clase y vive cómodamente. Estoy hablando de activo líquido. De ser lo suficientemente rico como para tener tu propio *jet*».[*]

Algunas personas, al leer esta cita, piensan: «Ganar cuatrocientos mil dólares al año y vivir cómodamente suena como un sueño hecho realidad». Algunas no dicen nada en absoluto y afirman que no les interesan las cuestiones materiales. Otras se golpean el

---

[*] N. del T: Se traduce aquí la cita del autor, en inglés; no se reproducen las palabras que puedan decirse en la película doblada al castellano. Por otra parte, el nombre de esta película en México es *El poder y la avaricia*.

pecho y gritan al cielo que van a tener su propio *jet*. Lo que me importa es lo que piensas *tú*, ya que todas tus elecciones estarán dictadas por el lugar al que quieras ir.

Tanto si se trata de un estudiante de secundaria que me pide orientación como si se trata de un director ejecutivo que dirige una empresa que factura quinientos millones de dólares, cuando alguien me hace una pregunta, mi respuesta es la siguiente: «Todo depende de lo honestamente que puedas responder esta pregunta: ¿quién quieres ser?».

En este capítulo te guiaré para que respondas esta pregunta de forma clara. También te enseñaré cómo establecer una nueva visión por ti mismo que te animará y hará que te pongas en marcha. Te mostraré por qué hacer un plan y comprometerte con él liberará toda la energía y disciplina que vas a necesitar.

Responde preguntas para sacar a la luz tu deseo más profundo

Nada importa a menos que sepas qué es lo que te hace vibrar y quién quieres ser. Con demasiada frecuencia, los consultores e individuos influyentes presuponen que todo el mundo quiere lo mismo. Cuando hablo con un director ejecutivo o un fundador, empiezo por formular preguntas. Antes de efectuar cualquier recomendación, reúno toda la información que puedo sobre quién quiere ser y qué es lo que desea de la vida.

Entiendo que no todo el mundo sepa quién quiere ser. Es normal no tener todas las respuestas inmediatamente. Recuerda que esta pregunta, como todas las jugadas que contiene este libro, hace referencia a un proceso. Todos los ejemplos que ofrezco y las historias que cuento están aquí para *ti*. Mi propósito al incluirlos es que reflexiones y te comprendas mejor a ti mismo. Si no tienes una respuesta clara en este momento, te encuentras en la misma situación que la mayoría de las personas. Lo único que te pido es que mantengas la mente abierta y sigas leyendo con el objetivo de responder esta pregunta llegado el momento.

El propósito de esta primera jugada es ayudarte a identificar lo que más te importa y a armar una estrategia que se ajuste a tu grado de compromiso y a tu visión. Puedo influirte para que cuestiones ciertas decisiones o ciertas formas en las que tienes pensado avanzar hacia la materialización de tu visión, pero depende de ti decidir esforzarte y pensar en grande.

¿Quién quieres ser?

A medida que te vayas haciendo esta pregunta, tu respuesta determinará tu grado de urgencia. Si deseas poner una pequeña tienda de barrio de tipo familiar, no tienes que tratar el ámbito de los negocios como una guerra, y puedes enfocar el tema de forma relajada. En cambio, si pretendes revolucionar un sector, será mejor que estés armado con la historia correcta, el equipo correcto, los datos correctos y las estrategias correctas. En serio: tómate tiempo para aclararte en cuanto a tu historia (es decir, en cuanto a quién quieres ser exactamente) o no serás capaz de seguir adelante cuando las cosas se pongan difíciles. Y en el terreno empresarial, las cosas siempre se ponen difíciles.

Convierte el dolor en un combustible

Podría empezar por contarte cosas sobre la vida que podrías vivir algún día. Hablar de los coches, los *jets* y las celebridades a las que uno conoce suena maravilloso, pero lo primero es lo primero. Vas a tener que soportar más angustia de la que puedas imaginar para llegar ahí. Quienes pueden tolerar más el dolor (quienes cuentan con mayor resistencia) se dan a sí mismos las mayores posibilidades de ganar en el terreno empresarial.

Cuando llevamos algunos años esforzándonos por nuestra cuenta, muchos de nosotros nos volvemos cínicos. No es algo agradable, pero he visto que ocurre con demasiada frecuencia. Todos tenemos grandes sueños cuando nos estamos formando, y hacemos muchos planes. Entonces la vida se interpone en el camino, los planes no van como habíamos pensado y perdemos la fe en nuestra capacidad de concentrarnos en quienes queremos ser. Tal vez no lo notes, pero eso también perjudica tu capacidad de efectuar tus próximas jugadas.

Incluso podemos comenzar a pensar: «Oye, ¿de qué sirve decir que voy a hacer algo grande si no lo voy a cumplir? Es mejor apuntar bajo y jugar a lo seguro».

Lo único que nos separa de la grandeza es una visión y un plan para alcanzarla. Cuando luches por una causa, un sueño, algo más grande que tú mismo, encontrarás el entusiasmo, la pasión y la alegría que hacen de la vida una gran aventura. La clave es que identifiques tu causa y sepas quién quieres ser.

En el verano de 1999, tenía veinte años y había dejado el Ejército. Mi plan era convertirme en el Arnold Schwarzenegger de Oriente Medio. Ese junio, estaba seguro de que me convertiría en el próximo Mr. Olympia,* me casaría con una Kennedy, me convertiría en actor y acabaría por gobernar el estado de California.

Como primer paso dentro de mi plan, conseguí un empleo en un gimnasio local, con la esperanza de llamar la atención lo antes posible. En ese momento, la cadena de gimnasios más grande de la zona era Bally Total Fitness. Con la ayuda de mi hermana, me ofrecieron un trabajo en un gimnasio Bally, ubicado en Culver City. Seguro que era el gimnasio Bally más pequeño y anticuado del estado de California.

A pesar de esas circunstancias menos que ideales, me ascendieron y me trasladaron al gimnasio más grande de Bally, que resultó estar en Hollywood. ¡Mi plan estaba funcionando! Mi trabajo consistía en conseguir clientes (socios que pagaban una cuota), y como fui mejorando, llegué a ganar tres mil quinientos dólares al

---

* N. del T.: Mr. Olympia es la máxima competición de culturismo de ámbito internacional. Arnold Schwarzenegger ganó este título en 1970, 1975 y 1980.

mes. Comparado con lo que había ganado en el Ejército, me sentía millonario.

Un día, mi supervisor, Robby, me ofreció un puesto de subgerente en Chatsworth, a unos cincuenta kilómetros de Hollywood. Quería que le diera la vuelta a la dinámica del club, en el que solo se estaba alcanzando el cuarenta por ciento de los objetivos mensuales.

No quería ir a Chatsworth. Quería ser gerente de fin de semana en Hollywood, un puesto remunerado con cincuenta y cinco mil dólares anuales. Robby me prometió que si cambiaba el estado de las cosas en Chatsworth, el trabajo sería mío. El único otro contendiente era un empleado que llevaba mucho tiempo en Bally, llamado Edwin. Siempre que lo superara, podía confiar en que sería el gerente de fin de semana del gimnasio de Hollywood.

Situémonos noventa días más adelante. Pudimos cambiar la dinámica en el club de Chatsworth; los ingresos pasaron de ser el cuarenta por ciento de los objetivos mensuales a situarse en el ciento quince por ciento. Me encontraba cerca de la cima en la tabla de posiciones de toda la empresa, muy por delante de Edwin. Cuando recibí una llamada de Robby para reunirnos, supuse que la empresa debía de estar complacida. Mi plan iba por el buen camino. Iba a conocer a la leyenda del *fitness* Joe Weider, se fijaría en mí un importante agente de Hollywood, mi carrera como actor recibiría un gran impulso y conocería a una Kennedy. Puedo recordar vívidamente las sensaciones de anticipación que sentí esa tarde antes de reunirme con Robby.

En el momento en que entré en el despacho de Robby, supe que algo iba mal. Ese no era el mismo tipo que me había prometido el puesto si superaba a Edwin.

«Solo son paranoias —me dije para tranquilizarme—. Démosle el beneficio de la duda y escuchemos lo que tenga que decir».

—Patrick, estoy muy orgulloso del rendimiento que habéis tenido tú y tu equipo en los últimos noventa días —dijo Robby—. Quiero que te quedes allí otros seis meses y lleves el club de Chatsworth al siguiente nivel.

—¿Qué quieres decir? —pregunté—. Dejé muy claro que quería el puesto de gerente de fin de semana de Hollywood.

Entonces me dijo que ese puesto ya estaba cubierto.

En ese momento me hirvió la sangre. No me podía creer que un hombre adulto pudiera mirarme a los ojos tras faltar a su palabra. Había estado tan concentrado en lograr el objetivo que no había pensado en lo que haría si eso fallaba.

¿Quién había conseguido el puesto? Lo has adivinado: Edwin. ¿Por qué? Edwin llevaba seis años con Bally, mientras que yo solo llevaba nueve meses. No importaron mis logros ni que superase con diferencia a Edwin en la clasificación nacional. No importó que, según los datos objetivos, me lo hubiera ganado.

Para ser justos con Robby, no estaba siendo poco ético, pues debía obedecer las órdenes de sus superiores. En muchos sentidos, fue una bendición para mí descubrir, siendo tan joven, que las corporaciones tienen sus propios planes y que los ascensos rara vez tienen como base los méritos solamente. Robby se dio cuenta de que estaba furioso y me pidió que saliera para tranquilizarme. Caminé hasta el aparcamiento y traté de pensar. Imaginé cómo iban a determinar el resto de mi vida esos acontecimientos. Reproduje la película en mi mente y decidí que no podía asumir cómo terminaría si aceptaba la decisión de Robby. En esa situación, anticipé las próximas jugadas, aunque no pensaba en estos términos todavía. El problema era que estaba reaccionando a la jugada de otra persona en lugar de ejecutar la mía. Regresé a su despacho y le pregunté si la decisión era definitiva. Me dijo que sí.

En ese momento, lo miré a los ojos y le dije que dejaba el trabajo. Al principio pensó que estaba bromeando, pero yo estaba convencido de mi decisión. ¿Qué sentido tiene trabajar en un lugar que no te orienta claramente en cuanto a lo que debes hacer para ascender en la empresa? ¿Por qué encadenarme a mí mismo a ese sufrimiento? Ese fue el momento en que me di cuenta de que no podía vivir ni un día más permitiendo que otras personas controlasen mi destino.

En ese punto de mi carrera, no pensaba como un ganador. No era capaz de ver más que la próxima jugada o las próximas dos, por lo que todavía era un aficionado. En consecuencia, sentí terror. Mientras conducía hacia casa, sentí que había tomado la peor decisión de mi vida. Mis compañeros de trabajo comenzaron a llamarme para preguntarme por qué diablos había hecho eso. Mi familia tampoco podía dar crédito.

Cuando me metí en la cama esa noche, la mayor parte del componente emocional se había desvanecido y di vueltas a lo que iba a hacer a continuación. Más adelante en mi carrera, aprendí a procesar en el calor del momento. Afortunadamente, esa noche pude calmarme lo suficiente como para pensar en mis próximas jugadas. Cuando lo recuerdo ahora, me doy cuenta de que fue un momento decisivo en mi vida.

Tuve que mirar en mi interior y aclararme en cuanto a quién quería ser y adónde quería ir. La lista que hice decía lo siguiente, más o menos:

1. Quiero que el nombre Bet-David signifique algo, hasta el punto de que mis padres estén orgullosos de la decisión que tomaron de irse de Irán.
2. Quiero trabajar con gente que respete sus compromisos; especialmente, quiero trabajar al lado de líderes que puedan ejercer un impacto en mi trayectoria profesional.
3. Quiero una fórmula clara sobre cómo llegar a la cima a partir de mis resultados exclusivamente. No soporto las sorpresas ni que se cambien las reglas del juego sobre la marcha.
4. Quiero construir un equipo que comulgue con la misma visión que tengo para ver hasta dónde podemos llegar todos

juntos. Esto incluye compañeros en los que pueda confiar al cien por ciento.

5. Quiero ganar suficiente dinero como para dejar de estar controlado por los planes e intenciones de otras personas.

6. Quiero tener en mis manos todos los libros de estrategias que existan para adquirir una perspectiva más amplia y aprender a reducir al mínimo el acoso empresarial.

Una vez que tuve claro quién quería ser, pude ver mis próximas jugadas. El primer paso fue encontrar un trabajo en el campo de las ventas en el cual el salario estaba basado en los méritos y las expectativas eran claras. Veinte años después, puedo decirte que la claridad proviene de tomar decisiones coherentes con los propios valores y creencias fundamentales.

Sírvete de aquellos que te critican o de quienes no creen en ti para impulsarte

He explicado la historia sobre el ascenso que me negaron porque quiero que aproveches tu propio dolor. Son esos momentos en los que te sientes impotente, enojado o triste los que te dan la pista de cuál es tu motivación más profunda. No subestimes el poder de la vergüenza para motivarte. Cuando Elon Musk se fue de Sudáfrica a Canadá a los diecisiete años, su padre no sentía más que desdén por su hijo mayor. En su perfil de noviembre de 2017 en *Rolling Stone*, Neil Strauss citó la descripción de Musk de la forma en que lo despidió su padre: «Me dijo, bastante contrariado, que estaría de vuelta en tres meses, que nunca tendría éxito, que nunca sería nadie en la vida. Me llamaba idiota todo el tiempo. Y esta es solo la punta del iceberg, por cierto».

Barbara Corcoran, magnate de los bienes raíces a la que quizá hayas visto en la serie de telerrealidad *Shark Tank*, creció en una ciudad de Nueva Jersey en el seno de una familia de clase obrera, junto con sus nueve hermanos. En 1973, tenía veintitrés años y trabajaba como camarera en un restaurante. En ese contexto, conoció a un hombre que le prestó mil dólares para que fundase una empresa de bienes raíces. Se enamoraron y se dispusieron a vivir felices para siempre. Si todo hubiera ido según lo previsto, supongo que Corcoran habría construido un negocio inmobiliario decente. Pero en 1978, el hombre la dejó y se casó con la asistente de Corcoran. Para añadir sal a la herida, le dijo: «Nunca tendrás éxito sin mí».

En una entrevista de noviembre de 2016 para la revista *Inc.*, Corcoran dijo que convirtió la furia en su mejor amiga. «En el momento en que un hombre me habló con desdén, pasé a ser mi mejor versión –dijo–. Iba a obtener de esa persona lo que quería, contra viento y marea. [...] Él no me iba a rebajar. No lo toleraría. Dije para mis adentros: "Que te j...".»

Este tipo de rechazo, este tipo de humillación, puede ser un gran factor de motivación. Quiero que recuerdes a los maestros, entrenadores, jefes, padres o familiares que te han menospreciado a lo largo de los años. Esto no significa que tengas que llevar su negatividad contigo. Pero puedes usarla como combustible. Corcoran convirtió ese rechazo en resolución. El resultado fue que construyó la firma de bienes raíces residenciales de mayor éxito de Nueva York y la vendió por sesenta y seis millones de dólares. Después escribió un *best seller* y brilló como estrella televisiva en *Shark Tank*.

Actualmente Corcoran invierte en emprendedores, para lo cual busca personas que estén motivadas por el dolor. Para ella, una infancia pobre es un activo. Dijo: «¿Una mala infancia? ¡Sí! Me encanta tanto como una póliza de seguros. ¿Un padre maltratador? ¡Fabuloso! ¿Nunca has tenido un padre? ¡Mejor todavía! No todos mis emprendedores de mayor éxito han tenido infancias infelices, pero como mínimo hubo alguien en su vida que les dijo que nunca triunfarían, y siguen enojados».

No me estoy tomando tu dolor a la ligera. Créeme, experimenté suficiente vergüenza cuando era niño como para que la tenga presente toda la vida. Sentí dolor entonces y aún lo siento ahora. Las humillaciones, los insultos y el maltrato pueden ser tu excusa o tu combustible. Como combustible, son muy potentes.

El padre de Michael Jordan, que en paz descanse, dijo: «Si quieres sacar lo mejor de Michael Jordan, dile que no puede hacer algo». Cuando, cinco años después de retirarse de la NBA, Jordan pronunció su discurso de entrada al Salón de la Fama, ¿sabes de qué habló más? De todas las personas que habían sido negativas o críticas con él, o que habían dudado de él. Aún no había superado el impacto de quienes lo habían menospreciado. Leroy Smith júnior era el tipo que había ocupado su lugar cuando no fue incluido en el equipo del instituto. Para que veas hasta qué punto usó el dolor como combustible Jordan, te diré que llegó a invitar a Leroy a la ceremonia. Jordan dijo: «Cuando él llegó al equipo y yo no, quise demostrar no solo a Leroy Smith y no solo a mí mismo, sino también al entrenador que eligió a Leroy antes que a mí, quise asegurarme de que lo entendiera: cometiste un error, amigo».[*]

Musk, Corcoran y Jordan usaron el dolor como combustible. Tú puedes hacer lo mismo. Piensa en tus momentos más difíciles, en los que declaraste: «¡Nunca más!». Recordar esas experiencias será tu combustible.

■ ■ ■ ■ ■ ■

Todavía siento que hay suficientes personas negativas o críticas hacia mí como para llenar el Madison Square Garden.[**] Cuando

---

[*] N. del T.: La falta de coherencia sintáctica se debe a las peculiaridades de la expresión oral.

[**] N. del T.: El Madison Square Garden es el estadio deportivo más importante de la ciudad de Nueva York.

tenía veintiséis años, me invitaron a mi *alma mater*, la Glendale High School, para dar un discurso. Me encontré con una consejera, Dotty, quien me preguntó: «¿Por qué estás aquí, Patrick? ¿Para ver al orador motivacional?». A continuación, dijo que siempre había sentido pena por mis padres. Allí estaba yo, con veintiséis años, invitado a mi instituto para contar mi historia de éxito, y Dotty me expresaba su lástima, recordándome que una década antes había sentido pena por mis padres porque yo era un niño muy perdido, carente de motivación y dirección.

Dotty me acompañó al auditorio, donde seiscientos estudiantes esperaban escuchar al orador motivacional, cuando de repente el subdirector se levantó y comenzó a presentarme como orador. La mirada en el rostro de Dotty no tenía precio.

No le respondí ni una palabra a Dotty. Me limité a «archivarla» como una de las personas negativas o críticas conmigo que siguen apareciendo en mi vida. Y estas personas me siguen inspirando. De hecho, tengo una lista con las declaraciones que me han dedicado a lo largo de los años. La mayoría de la gente lee afirmaciones positivas para estimular su autoconfianza, pero yo tengo un conjunto completamente diferente de «afirmaciones», pronunciadas por individuos que dudaron de mí o trataron de ridiculizarme. Leer y releer esta lista aviva un fuego dentro de mí que ni todo el dinero del mundo podría igualar.

Tal vez la persona crítica más importante que ha habido en mi vida fue un extraño. Cuando tenía veintitrés años, mi padre tuvo su decimotercer ataque al corazón. Corrí al Centro Médico del Condado de Los Ángeles, un hospital público. Al ver que la gente de allí lo trataba como a basura, perdí los estribos; lancé ataques verbales y tiré cosas. «¡No tratéis así a mi padre! ¡Os habéis pasado de la raya!», grité. Estaba tan fuera de mí que los de seguridad tuvieron que acompañarme fuera del hospital. Durante mi rabieta, un tipo me dijo: «Oye, escucha. Si tuvieras *dinero*, podrías obtener un mejor seguro y mejores médicos que cuidasen de tu padre. Pero no pagaste por esto. Los contribuyentes están pagando por esto. Esto se llama seguro médico público».

Cuando me hubieron echado del hospital, me senté en mi Ford Focus y las lágrimas inundaron mis ojos. A la ira le sucedió la vergüenza. Ese tipo tenía razón. Mi padre estaba recibiendo una atención pésima porque no tenía dinero para procurarle una atención mejor. Y no tenía ese dinero porque me pasaba más tiempo en clubes nocturnos que consiguiendo clientes. Estaba en un punto bajo de mi vida. La mujer con la que pensaba que me iba a casar acababa de dejarme. Mis tarjetas de crédito acumulaban una deuda de cuarenta y nueve mil dólares. Durante treinta minutos, lloré como un bebé.

Después de todo ese llanto, esa autocompasión y esa vergüenza, por fin comprendí. Esa noche, el viejo Patrick murió.

Todo en mí cambió. Usé ese dolor para recordar cada muestra de desprecio que había oído a lo largo de mi vida: «Un 1,8 en su GPA»; «Un perdedor»; «Trata con gánsteres»; «Pobre Patrick, no tiene ninguna posibilidad»; «Es hijo de padres divorciados»; «Su madre recibe ayuda de la beneficencia»; «Tuvo que alistarse en el Ejército porque no tenía otra opción»; «Nunca va a ser nadie».

Juré que mi padre nunca volvería a trabajar en la tienda de «todo a noventa y nueve centavos» de la esquina de las avenidas Eucalyptus y Manchester de Inglewood, donde lo asaltaban regularmente a punta de pistola. Nunca más iba a recibir una atención médica pésima durante el resto de su vida. Ni él ni yo íbamos a sentir vergüenza nunca más.

Me dije a mí mismo: «*Bet-David*. El mundo va a conocer este apellido. Sé el dolor que pasamos. Conozco las dificultades que atravesamos como familia cuando llegamos a Estados Unidos desde Irán. Recuerdo lo avergonzada que se sentía mamá al hablar mal el inglés. Recuerdo la mirada en el rostro de papá en las reuniones familiares cuando lo miraban con desdén. Dentro de poco estarás muy orgulloso de tu apellido. Vas a estar muy orgulloso de haber venido a Estados Unidos. Estarás muy orgulloso de los sacrificios que hiciste».

Al día siguiente, ocurrió algo gracioso. Nadie me reconocía. Recibí los mejores elogios de todos los tiempos: «Pat, has cambiado. Ni siquiera te reconocemos»; «Echamos de menos al viejo Pat. Lo queremos de vuelta». En aquel entonces, era famoso por ir a todos los clubes nocturnos de Los Ángeles desde el jueves por la noche hasta el domingo por la noche. Solía ir a Las Vegas veintiséis veces al año. Les dije a todos mis amigos que dejaran de invitarme. No hicieron caso; pensaron que era solo cuestión de tiempo antes de que su viejo amigo volviera a frecuentar los clubes.

No sabían que nunca recuperarían al antiguo Pat fiestero e indisciplinado. Había dado un giro de ciento ochenta grados. Se acabó el juego. A partir de ese día, nadie, ni siquiera yo, volvió a ver al viejo Pat. «Usé» a todas esas personas críticas y negativas como combustible, lo cual me ha proporcionado un flujo constante de energía desde entonces, una reserva a la que puedo recurrir en cualquier momento.

Quiero que conviertas toda tu furia y dolor en combustible. Este es tu espectáculo. Si te cambias a ti mismo y te enfocas en quién quieres ser, nada podrá detenerte.

Me estoy encendiendo al recordar estas historias. No duelen como antes, pero en un abrir y cerrar de ojos puedo volver a cualquiera de las escenas para generar el mismo combustible. Algo me dice que habrá muchas nuevas para agregar a la lista. Y aunque el dolor nunca desaparece, ahora veo a todos estos individuos críticos, negativos y escépticos como dadores de regalos. Al fin y al cabo, me llevaron a aclararme en cuanto a quién quiero ser exactamente. Me llevaron a decir «nunca más» y a hacer una lista de mis aspectos no negociables (es decir, de aquello que no estaba dispuesto a sacrificar fuesen cuales fuesen las circunstancias). Te animo a que pruebes a hacer lo mismo.

Cuando hagas esta lista, no renuncies a tus peculiaridades u otros elementos que puedan parecer extraños a los demás; estas idiosincrasias son importantes debido a lo que has experimentado y a tu forma de ser. Necesitas tener muy claro qué es lo que puedes sacrificar y qué es lo que no sacrificarás de ninguna de las maneras.

Descubre qué papel se adapta mejor a ti

Todas las indicaciones que estoy formulando en cuanto al auto-descubrimiento tienen la intención de conducirte a descubrir qué camino es el más apropiado para ti. La clave es que encuentres el puesto o empleo que permita que tus talentos brillen más. ¿Fundador? ¿Director ejecutivo? ¿Director de estrategia? ¿Líder de ventas? ¿Número dos? ¿Desarrollador de negocios? ¿Emprendedor interno? La lista continúa. Vivimos en una era en la que los empresarios ocupan los titulares, pero es posible que esta vida no sea para ti. Esto no significa que no haya un lugar para ti en el que puedas generar riqueza y encontrar satisfacción.

Para poder elegir a este respecto, es imprescindible que antes tengas claro quién quieres ser.

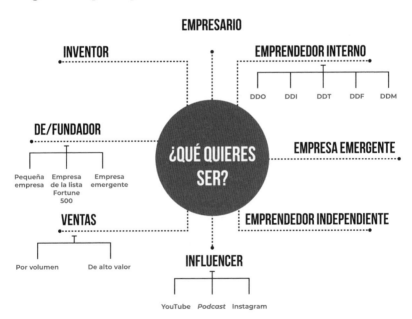

DDO: Director de operaciones - DDI: Director de información - DDT: Director de tecnología - DDF: Director de finanzas - DDM: Director de *marketing* - DE: Director ejecutivo

Ser empresario está asociado a un riesgo elevado y una alta rentabilidad, tanto desde el punto de vista personal como financiero. La mayoría de la gente solo presta atención al producto final de los empresarios de éxito. No ven todo lo que ha superado la persona: todas las dificultades, las traiciones, las cuentas bancarias vacías. Si vas a ser empresario o emprendedor, no siempre llegarás puntualmente a casa para cenar con tu familia. Según cuál sea el tamaño de tu visión, tal vez puedas lograrlo la mayoría de las noches; pero si vas a ser alguien muy innovador y a construir un conglomerado multinacional, tendrás que realizar muchos sacrificios. ¿Has mentalizado a tu familia? Todo esto forma parte del hecho de ser responsable de tus próximas jugadas.

Cuanto más ocupado estés, más organizado tendrás que ser. Existe la idea de que no es posible triunfar al más alto nivel y tener también una vida familiar maravillosa. No será fácil, pero puedes encontrar una manera de lograrlo si es importante para ti. Se trata de una elección que solo tú puedes efectuar. Para mí, ser un ejemplo para mis hijos de lucha en favor de la propia visión es más importante que estar en casa para cenar todas las noches. Mi familia lo entiende, porque lo hemos hablado. Además, tener más dinero te da más opciones. Es posible que debas trabajar en días festivos; tener recursos te brinda la flexibilidad de poder llevarte a la familia contigo y convertir un viaje de trabajo en unas vacaciones familiares. Como ocurre con todo, hay riesgos y recompensas, costes y ganancias. El camino que elijas dependerá de cómo respondas a la pregunta de quién quieres ser.

Sé la persona que quieres llegar a ser viviendo ya tu verdad futura

¿Cuántas veces has oído a alguien decir que hará eso o lo otro cuando haya conseguido algo previamente o cuando haya alcanzado el éxito? Oímos decir a la gente cosas como «*cuando* gane mi

Tus próximas cinco jugadas

primer millón...» o «*una vez que* nos hayamos mudado a la próxima vivienda...».

Entiendo el enigma del huevo y la gallina. No puedes construir una sede central de primera categoría u obtener el *software* más ingenioso hasta contar con un buen flujo de efectivo. Lo que sí puedes hacer, independientemente de cuáles sean tus ingresos, es posicionarte de la mejor manera posible haciendo las jugadas correctas.

Yo uso mucho las palabras *verdad futura*, para referirme al hecho de **vivir en el presente como si la verdad futura ya se hubiera hecho realidad**. Mi inspiración es esta cita de Thomas J. Watson, el fundador de IBM:

> IBM es lo que es hoy por tres razones especiales. La primera razón es que desde el principio tuve una idea muy clara de cómo sería la empresa cuando finalmente estuviera lista. Se podría decir que tenía un modelo en mi mente del aspecto que tendría cuando mi sueño (mi visión) se hubiera cumplido.
>
> La segunda razón fue que una vez que tuve clara la imagen de la empresa, me pregunté cómo tendría que actuar una empresa que tuviese ese aspecto. A continuación formé una imagen de cómo actuaría IBM cuando estuviera por fin lista.
>
> La tercera razón por la que IBM ha tenido tanto éxito fue que una vez que tuve la imagen del aspecto que tendría IBM cuando el sueño se hubiese cumplido y la imagen relativa a la forma de actuar de esta empresa, me di cuenta de que a menos que comenzáramos a actuar de esa manera desde el principio, nunca llegaríamos ahí.
>
> En otras palabras: me di cuenta de que para que IBM se convirtiera en una gran empresa, tendría que actuar como una gran empresa mucho antes de convertirse en una.

¿Has captado la última frase? Debes actuar como una gran empresa (o un gran empresario o emprendedor interno) mucho antes de llegar a ese punto. ¿Me sigues? Deja que me explique.

46

Un visionario es alguien que no vive en el aquí y ahora. Él o ella ya ha visto las próximas cinco jugadas por lo menos, y está viviendo en esa realidad. Sin embargo, cuando cuenta su verdad futura, los demás pueden considerar que esa visión es poco realista, presuntuosa o incluso delirante. No mucho después de que fundáramos nuestra empresa en 2009, pronuncié un discurso en el hotel JW Marriott de Palm Desert (California) ante un grupo de cuatrocientas personas. Dije: «Un día, los mejores humoristas, deportistas, pensadores y presidentes de Estados Unidos asistirán a nuestra convención y hablarán en ella». Nueve años después, Kevin Hart actuó en nuestra convención anual. Antes de que nuestra agencia cumpliera diez años, entrevisté al expresidente George W. Bush y a Kobe Bryant, actualmente fallecido, delante de todos los miembros de nuestra empresa.

La gente quiere seguir a los que están motivados por su verdad futura. Esta es la razón por la que nos encantan los visionarios. Siempre que la persona que habla esté convencida al cien por ciento, suscitará entusiasmo en los demás.

Los mejores líderes no solo tienen la capacidad de creer en las verdades futuras, sino también la de inspirar a otros a creer en su visión y motivarlos a ejecutarla. El 25 de mayo de 1961, el presidente John F. Kennedy dio un mensaje especial al Congreso sobre necesidades nacionales urgentes. Y formuló un objetivo muy claro: «Llevar a un hombre a la Luna y devolverlo sano y salvo a la Tierra antes del final de esta década». Incluso sobraron cinco meses: esa verdad futura se hizo realidad cuando el 20 de julio de 1969 Neil Armstrong se convirtió en la primera persona en caminar sobre la Luna.

¿Sabes quién quieres ser? ¿Tienes una visión clara al respecto? En este mismo momento, ¿es coherente con tu verdad futura la forma en que estás actuando?

Sírvete de tus héroes y de imágenes para que te recuerden la persona que quieres ser

Para llevar las cosas al siguiente nivel y poner el listón aún más alto, aspira a ser alguien *heroico*. Piensa en tus héroes y pregúntate cómo actuarían en la situación en la que te encuentras. No es por casualidad que hay toda una línea de libros que preguntan «¿qué haría [tal persona]?».

¿Quieres ser rico? Hay un libro titulado *What Would the Rockefellers Do? How the Wealthy Get and Stay That Way, and How You Can Too* [¿Qué harían los Rockefeller? Cómo los ricos se vuelven ricos y permanecen ricos, y cómo tú también puedes hacerlo]. ¿Quieres parecerte más bien a los fundadores de Estados Unidos? Lee el libro *What Would the Founders Do? Our Questions, Their Answers* [¿Qué harían los fundadores? Nuestras preguntas, sus respuestas].

Preguntarnos qué haría otra persona nos obliga a detenernos y pensar en nuestra próxima secuencia de jugadas. También nos reta a abrazar la grandeza. Creo tan firmemente en desafiarme a mí mismo para alcanzar otro nivel que contraté a un artista para que crease una imagen única para mi despacho.

Se trata de un cuadro inusual con un nombre inusual: *Dead Mentors* [Mentores fallecidos]. La gente se para en seco tan pronto como lo ve. En el cuadro, estoy rodeado por varios individuos que nunca podrían haber estado juntos en la misma habitación.

Siempre que estoy en mi despacho, recurro a ellos constantemente en busca de consejo. Son personas con las que me gusta tratar temas de todos los ámbitos: economía, competencia, estrategia, política y mi vida personal. Ver a estas diez personalidades juntas me recuerda constantemente que he decidido encarnar diez rasgos heroicos.

Elegí personas cuyas filosofías diferían, si bien estaban en el mismo campo:

John F. Kennedy y **Abraham Lincoln**. Uno era demócrata, mientras que el otro era republicano. Ambos fueron grandes

De izquierda a derecha: Albert Einstein, John F. Kennedy, busto de Marco Aurelio, Abraham Lincoln, Tupac Shakur, Patrick Bet-David (el estudiante que trata de absorber sabiduría), Mohammad Reza Pahleví, Ayrton Senna, Milton Friedman, Martin Luther King, Jr., busto de Aristóteles.

presidentes, pero cada uno adoptó un enfoque diferente para hacer las cosas. Ambos fueron asesinados, por motivos distintos (en los que ahora no entraré).

Albert Einstein y **Milton Friedman** veían el mundo a través de los ojos de un matemático, pero diferían en lo relativo a la economía y los impuestos.

Tupac Shakur y el **doctor Martin Luther King, Jr.** querían unos resultados similares pero adoptaron enfoques diferentes. Los dos fueron asesinados por tener unas convicciones muy sólidas.

Mohammad Reza Pahleví, *sha* de Irán entre 1941 y 1979, cambió el rumbo de su país, hasta que su incapacidad para manejar un exceso de poder provocó la caída de un imperio. Me recuerda que nunca hay que estar tan confiado como para subestimar a un oponente como el ayatolá Ruhollah Jomeiní, quien lideró la revuelta que lo llevó al exilio.

Ayrton Senna, el mejor piloto de Fórmula 1 de la historia, puso a prueba sus límites para llevar su oficio al borde mismo de la perfección. Me recuerda que traspase los límites y afine mi poder de concentración (llamé Senna a mi hija).

Marco Aurelio fue un líder que nunca se puso por encima de la gente. No dejó que el poder se le subiera a la cabeza. Practicante del estoicismo, me recuerda que me mantenga centrado y humilde.

Aristóteles fue la voz de la razón en los oídos de Alejandro Magno cuando iba camino de convertirse en rey. La capacidad de pensamiento y razonamiento de este filósofo griego me recuerda lo importante que es reducir la velocidad y tomarse tiempo para procesar los problemas.

En la parte de atrás, **yo** estoy susurrando algo al oído de **Tupac** mientras escucho el debate que dirige Abraham Lincoln.

En el extremo derecho, hay un **asiento vacío** para alguien, que tal vez se revele algún día.

Los individuos de este cuadro se han convertido en un conjunto personal de mentores a los que recurro a diario. ¿A qué personas tienes en tu cuadro de mentores, ya estén vivas o muertas, que te ofrezcan puntos de vista y consejo?

Crear una imagen de tus héroes te desafiará a estar a la altura de los ideales de aquellos a quienes quieres emular.

■ ■ ■ ■ ■ ■

Este cuadro me conmueve cada vez que entro en mi despacho. Y he continuado subiendo la apuesta. También tengo una estantería personalizada que mide casi cinco metros de largo y dice READ ('leer'). Todas las imágenes que tengo en el despacho me empujan a pensar y tomar decisiones con mayor claridad. A menudo planifico mis próximas cinco jugadas en este lugar porque está imbuido de un espíritu que me hace pensar en grande.

Sin duda, mi despacho es extraño y estos elementos me resultaron costosos. Lo importante es empezar de alguna manera. Comencé con fotos de revistas que pegaba en el espejo de mi baño y ahora tengo el despacho lleno de recordatorios que me inspiran. Te reto a encontrar una manera de crear una imagen que te recuerde los aspectos heroicos que quieres encarnar. Empieza con algo pequeño. No necesitas contratar a un artista; unas manipulaciones con Photoshop serán suficientes.

Si eres un visionario, amplía una imagen de Walt Disney o Steve Jobs y colócala en un lugar destacado. Diviértete un poco con esto: si mirar a Walt Disney no te inspira, ten una foto de Mickey Mouse o un Mickey de peluche en tu despacho.

Si estás construyendo una empresa de comercio electrónico, pregúntate: «¿Qué haría Jeff Bezos?».

Si diriges una empresa de servicios de inversión, pregúntate: «¿Qué haría Warren Buffett?».

Si diriges una empresa de medios de comunicación, pregúntate: «¿Qué haría Oprah Winfrey?».

Nuestros héroes nos inspiran. Por eso tiene un efecto tan potente rodearnos de ellos. Cuanto más los veamos y más veamos que nos miran, mayores serán las probabilidades de que actuemos heroicamente.

■ ■ ■ ■ ■ ■

¿Quién quieres ser?

Esta es la pregunta con la que comenzamos, y con ella terminaremos. Solo podrás responderla si te aclaras en cuanto a qué vida quieres vivir. Con esta claridad, encarnarás a la persona que quieres ser de inmediato, y actuarás como si ya lo fueses.

Esta práctica es para toda la vida. Espero que las herramientas que he ofrecido en este capítulo te ayuden a avanzar y te encaminen a saber quién quieres ser realmente.

2

Estudia el producto más importante: tú

Conviértete en quien eres aprendiendo quién eres.

—Píndaro, poeta de la Grecia clásica

Solo ocurre en las películas que alguien es golpeado por un rayo de inspiración y pasa a saber exactamente, de pronto, qué hacer con su vida. La realidad es que para llegar a saber quiénes queremos ser tenemos que pasar por un proceso que requiere *esfuerzo*.

Veamos lo que han dicho algunos de los grandes filósofos acerca de conocernos a nosotros mismos:

Lo más difícil en la vida es conocerte a ti mismo.

—Tales de Mileto

Hay tres cosas extremadamente duras: el acero, un diamante y conocerse a uno mismo.

—Benjamin Franklin

¿Y tú? ¿Cuándo emprenderás ese largo viaje hacia ti mismo?

—Rumi

Tales, Franklin y Rumi nos advierten de que este proceso es difícil. Para mí, hacer trescientas llamadas en frío al día no fue difícil. Trabajar dieciocho horas diarias seis días a la semana era algo que podía manejar. Conocerme a mí mismo, en cambio, fue lo más difícil que tuve que hacer. Lo hice porque sabía que me vería recompensado. Tres sabios explicaron la importancia que tiene conocerse a uno mismo mejor de como yo podría explicarlo:

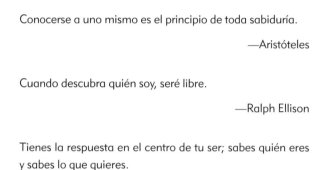

Conocerse a uno mismo es el principio de toda sabiduría.

—Aristóteles

Cuando descubra quién soy, seré libre.

—Ralph Ellison

Tienes la respuesta en el centro de tu ser; sabes quién eres y sabes lo que quieres.

—Lao Tse

Leemos libros sobre la forma de estudiar a otras personas. Nos enfocamos en cómo analizarlas, persuadirlas e influenciarlas. Esto es ciertamente valioso. Pero imagina que pasaras la misma cantidad de tiempo estudiando algo más importante. Estudiar a los demás nos aporta conocimiento, pero estudiarnos a nosotros mismos acaba por aportarnos una libertad increíble. Estudiarte a ti mismo te ayudará a alcanzar la autoaceptación, lo que te liberará del autojuicio. En lugar de castigarte todo el tiempo, aprenderás a aceptarte y, como en mi caso, te darás cuenta de que lo que pensabas que eran defectos en realidad pueden ser ventajas. Te recordaré una vez más que la persona más importante que debes estudiar es la única persona con la que tendrás que vivir el resto de tu vida: tú.

Haz que tu profesión sea coherente con tu verdadero yo

Mi amigo Shawn tuvo más de una docena de trabajos antes de cumplir los treinta. Llegó el día en que trabajó para mí como agente de seguros. No debería haberme sorprendido cuando llamó un día para decirme que ya no quería seguir vendiendo seguros. Me reuní con él y le pregunté qué pasaba. Lo escuché un rato; después le dije: «Quiero ser muy honesto contigo, pero te va a doler. ¿Estás de acuerdo?».

Se lo pensó un momento, pero finalmente dijo que sí. «En todos los trabajos que has dejado, la culpa fue de tu jefe. Puedo nombrar a todos los jefes de los que has hablado mal a lo largo de los años. Siempre es culpa de otra persona, pero ¿sabes quién no tiene nunca la culpa? Tú. ¿A qué crees que se debe?».

Tuve que darle un pequeño empujón, pero es justo decir que Shawn comenzó a asumir su responsabilidad. Entendió que la única forma de hacer que nuestra conversación fuera productiva era mirar hacia dentro en lugar de señalar con el dedo hacia fuera.

Empezamos a procesar. Al escarbar debajo de su enfado, habló de un tipo al que había contratado y que ahora había superado sus propios ingresos. Admitió sentirse molesto e incluso humillado por el hecho de que alguien a quien había contratado hubiese llegado a obtener mejores resultados que él. Redujimos sus sentimientos a una combinación de amargura y envidia.

Lancé la idea de que tal vez él y ese tipo tenían sueños diferentes. Quizá esa joven estrella quería ganar millones de dólares, y mi amigo no. Le dije:

—Deja todo a un lado unos instantes y déjame hacerte una pregunta: ¿qué tipo de vida quieres?

Shawn se quedó callado por un momento y me di cuenta de que se estaba tomando en serio la pregunta. Finalmente, dijo:

—Pat, si ganara ciento cincuenta mil dólares al año, viviría una muy buena vida. Quiero ser entrenador en la liga infantil de béisbol. Quiero estar presente en todos los grandes momentos de mis hijos. Y, para ser honesto, quiero poder dormir hasta tarde algunos días. Supongo que debo ser honesto y reconocer que no estoy tan motivado.

La autorreflexión sincera de Shawn le aportó dirección. Empezó a ver que no tenía que compararse con colegas o amigos. No tenía que intentar ser la persona más rica de su oficina. Una vez que se dio cuenta de qué era lo que le haría sentirse verdaderamente feliz y satisfecho (unos ingresos anuales de ciento cincuenta mil dólares y mucho tiempo para la familia y el ocio), todo comenzó a encajar.

Mientras hablábamos de ello, preguntó:

—Pero ¿esto no es pensar demasiado en pequeño?

—Para otra persona, tal vez lo sea —dije—. Pero ¿tú te sientes bien sabiendo que tal vez nunca descubras tu verdadero potencial en el campo laboral pero que, de todos modos, podrás ganarte bien la vida y ser un padre fenomenal?

Shawn volvió a quedarse callado y le di tiempo para reflexionar. Empezó a ver que esta charla no era sobre otras personas; se trataba estrictamente de él. Debía ser honesto acerca de su forma de ser y lo que quería de la vida. Tal vez para distraerse de lo incómodo que puede ser este tipo de reflexión, me preguntó qué quería yo.

—Esto no tiene nada que ver conmigo ni con nadie más —dije—. Cuando hayas decidido cómo es tu mejor vida y ejecutes esa visión, no sentirás envidia.

—Te escucho, Pat —dijo—. Pero aun así tengo curiosidad sobre lo que quieres tú.

—Quiero dominar el maldito mundo. Pero ese soy yo, no tú. No puedes intentar ser yo, y yo no puedo intentar ser tú. Eso es lo peor que podrías hacer.

Shawn asintió, aliviado. Tenía un objetivo, el objetivo correcto. Ahora podría diseñar una estrategia a largo plazo con respecto a esta meta, en lugar de optar por una solución rápida (es decir, dejar el empleo). Juntos habíamos procesado el problema y, después de hacerlo, pudo tomar una decisión ideal para él.

La clave para Shawn era dejar de compararse con los demás. Estar en casa para cenar todas las noches era importante para él. Y para la vida que deseaba, podría llegar a ganar fácilmente ciento cincuenta mil dólares al año y dedicarse a sus hijos de todo corazón. ¿Por qué tratar de actuar como Jeff Bezos o Richard Branson si uno es de otra manera y tiene unos objetivos diferentes?

Estudiar el producto más importante requiere profundizar. Shawn, como muchas personas, había estado actuando a partir de suposiciones falsas sobre lo que lo motivaba. No había llegado lo suficientemente lejos ni había sido lo bastante honesto consigo mismo. Cuando lo hizo, de repente su mundo cobró sentido y comprendió qué elecciones debía efectuar para realizarse. Ten en cuenta que, de todos modos, puede llegar un día en que se despierte con ganas de dar más para experimentar más. Como veremos a continuación, los objetivos evolucionan con el tiempo. Si Shawn advierte que la envidia se está apoderando de él, esto será un indicador potente de que debe revisar sus objetivos.

■ ■ ■ ■ ■ ■

Ray Dalio escribió lo siguiente en su perspicaz libro *Principios*: «Aprendí que si trabajas duro y de manera creativa, puedes tener casi todo lo que quieres, pero no todo lo que quieres. La madurez es la capacidad de rechazar buenas alternativas para buscar otras aún mejores».[*]

---

[*] N. del T.: No se reproducen aquí las palabras del libro en castellano, sino que se traduce la cita del autor.

Cuando uno es honesto en su forma de ser, aprende a dejar de *quererlo* todo.

La envidia es un indicador que nos alerta de si estamos siendo honestos con nosotros mismos. Si puedes mirar a alguien que tiene cosas que tú no tienes y decir «¿sabes qué?, realmente no quiero eso», sabes que estás bien situado. Si dices que no quieres algo pero no lo dices en serio, la envidia te devorará. Lo que te está diciendo esa envidia es que en realidad lo quieres pero tienes miedo de trabajar por ello.

Lo que te dará tranquilidad es ser lo suficientemente honesto como para saber cómo eres y hacer lo que sea necesario para vivir la vida que deseas. Sabrás que estás viviendo la mejor versión de ti mismo cuando tu reacción ante el éxito de los demás, incluidos aquellos que tienen cosas que tú no tienes, sea sentirte feliz por ellos. Lo repito: si sientes envidia, ello es un indicador de que te estás mintiendo a ti mismo acerca de lo que quieres o de que te falta disciplina para lograrlo.

He conocido a muchas personas insatisfechas e infelices. Las personas infelices más peligrosas que he conocido son aquellas que son extremadamente ambiciosas y extremadamente perezosas. Esta combinación da lugar a la envidia, que es un pecado capital que convierte la vida en un verdadero infierno. Estas personas piensan en grande y quieren hacer algo grande, pero no están dispuestas a esforzarse para obtenerlo. Entonces, buscan atajos constantemente. Hacen trampa. Te perjudican para salir ganando ellas. Y si otra persona tiene lo que quieren, este hecho les carcome el alma.

Si alguien está ganando más que tú, tienes dos opciones: reduce tus expectativas para que coincidan con tu disciplina de trabajo o incrementa tu disciplina para que sea superior a tus expectativas. Si no haces ni una cosa ni la otra, serás infeliz.

Todo se reduce a que la coherencia es la clave de la realización. Recuerda siempre lo siguiente:

- Tu visión debe ser coherente con quien quieres ser.
- Tus elecciones deben ser coherentes con tu visión.
- Tu esfuerzo debe corresponderse con el tamaño de tu visión.
- Tu comportamiento debe ser coherente con tus valores y principios.

La investigación conduce a la aceptación, la cual conduce al poder

Solo hay una persona con la que tienes que pasar cada segundo de tu vida. No es ninguno de tus padres. No es tu cónyuge. No es ninguno de tus hijos. No es tu mejor amigo. Eres *tú*. En el momento en que tengas claro con quién tendrás que pasar el resto de tu vida y aprendas a aceptarlo, prescindirás de la autocrítica, lo cual te permitirá ejecutar jugadas más audaces. Dejarás de pensar en exceso y serás más proactivo.

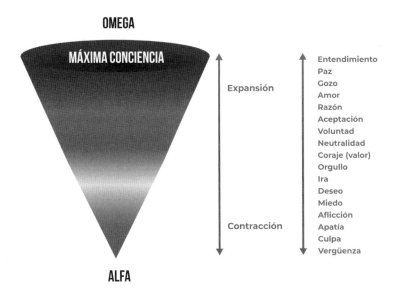

Cuando leí *El poder frente a la fuerza*, de David R. Hawkins, me fascinó la explicación que ofrece de los distintos niveles de conciencia. Antes de leer ese libro, habría pensado que el coraje (el valor) estaría en la cúspide de la pirámide. Solo después de hacer todo mi trabajo interno reconocí que, como puedes ver en el diagrama, la aceptación se sitúa en un nivel más alto que el coraje.*

Entiendo que puedas temer la autoindagación. Puede ser doloroso salir del escondite y sacar a la luz los propios defectos. Todas las horas que he dedicado a la introspección me han servido para descubrir mucho sobre mí mismo: encontré algunos aspectos buenos, otros malos y otros terribles. Gracias a que hice el trabajo duro de examinarme a mí mismo, comencé a aceptarme. También aprendí que estaba bien ser vulnerable y mostrarme tal como era ante los demás. Cuando lo hice ante mi amigo Byron Udell, que dirige una empresa de buen tamaño en Chicago, me recomendó el libro *The Hypomanic Edge: The Link Between (a Little) Craziness and (a Lot of) Success in America* [El borde hipomaníaco: el vínculo entre (un poco de) locura y (un gran) éxito en Estados Unidos], de John D. Gartner. Esta obra me ayudó a ver que no era el único (hipo)maníaco del mundo. Acepté mi locura y comencé a usarla a mi favor. Gracias a este libro, también me di cuenta de que mi temperamento me impulsaba a hacer grandes cosas y de que mi personalidad era positiva para construir una empresa. Fui aprendiendo a aceptarme a mí mismo, con todos mis defectos.

Cuatro tipos de motivación

Cuando me dedicaba a conseguir socios para Bally Total Fitness, trabajé con un tipo llamado Stuart. Como yo, Stuart se fue de allí para vender seguros. Ambos iniciamos nuestra propia agencia de seguros casi al mismo tiempo. Un día estábamos almorzando, hablando de nuestras metas, y Stuart dijo:

---

* N. del T.: Una vez más, no se reproducen los textos del libro en castellano, sino que se traducen los textos que ofrece el autor del libro que tienes en las manos.

—Nuestra visión es ser una de las agencias de seguros más grandes de todo el estado de California. Si trabajo duro durante algunos años, el dinero llegará a raudales, y a partir de ahí todo será fácil.

Le dije a Stuart:

—Pues nosotros vamos a tener medio millón de agentes. Seremos la agencia más grande de Estados Unidos.

Me miró como si estuviera delirando. Yo lo miré confundido, mientras me preguntaba cómo alguien podía pensar tan en pequeño cuando el potencial del mercado era tan grande. Yo quería hacer historia; él perseguía una vida más sencilla.

Stuart está motivado por la idea de tener libertad financiera. Gana medio millón de dólares al año y apenas tiene que trabajar. Él sabía qué era lo que lo motivaba, y consiguió su objetivo. Es probable que, al mirar mi vida, piense que esquivó una bala. ¿Por qué debería soportar tanto estrés, semanas laborales de cien horas y una presión constante si lo que le motiva es la libertad financiera?

¿Estás viendo lo que pretendo al decirte todo esto? Tienes que saber qué es lo que te impulsa *a ti*. Cada persona tiene su motivación. Una vez que tuve claro qué era lo que me impulsaba, dejé de necesitar un despertador. Mi impulso es la razón por la que, aunque ahora gozo de seguridad financiera, estoy más motivado que nunca.

Es debido a esta motivación por lo que he soportado esas semanas laborales de cien horas; también debido a esta motivación, cuando me invade el más mínimo sentimiento de autocompasión, me detengo y me recuerdo a mí mismo que estoy actuando según mi elección. Empiezo a sonar como un viejo anuncio de Toyota que decía «lo pediste, lo tienes»... Lo interesante es que si me hubiera quedado en mi puesto anterior, podría haberme abierto camino hasta ganar cinco millones de dólares al año. Pero incluso cuando pareció que podría arruinarme y volverme loco (todo al mismo tiempo), nunca me arrepentí de mi decisión.

¿Por qué? Porque me había tomado el tiempo necesario para tener claro qué es lo que me motiva.

Es tu turno. Puedes comenzar dividiendo la motivación en cuatro categorías: avance, locura, individualidad y propósito.

AVANCE

- Próximo ascenso.
- Acabar una tarea.
- Cumplir con un plazo de entrega.
- Conseguir un objetivo como equipo.

INDIVIDUALIDAD

- Estilo de vida.
- Reconocimiento.
- Seguridad.

LOCURA

- Oposición.
- Competición.
- Control.
- Poder y fama.
- Demostrar que los demás están equivocados.
- Necesidad de evitar la vergüenza.
- Maestría, dominio.
- Deseo de ser el mejor (batir récords).

PROPÓSITO

- Hacer historia.
- Ayudar a los demás.
- Inducir un cambio.
- Tener un impacto.
- Sabiduría/autorrealización.

Es normal tener más de una motivación. También es normal que las prioridades cambien. Mira atentamente la lista anterior y piensa detenidamente sobre qué es lo que te impulsa. La mayoría de las veces, necesitamos algún catalizador para examinar lo que nos motiva. Hay cuatro razones que pueden impulsarnos a reconsiderar nuestras motivaciones:

- El aburrimiento.
- Unos resultados decrecientes.
- El estancamiento.
- La sensación de que el propio talento está menguando.

Si sientes algo de eso, este es el momento perfecto para que profundices y determines qué es lo que quieres realmente.

La evolución de la motivación

Otra forma de pensar sobre la motivación es preguntarse «¿cuál es mi para qué?». Cuando alguien te pregunte por qué haces lo que haces, tal vez le digas «en realidad no lo sé», «creo que estoy haciendo esto por mi familia» o «quiero tener libertad financiera». Todo el mundo tiene una motivación. Lo que ocurre es que la mayoría de las personas nunca trascienden su motivación inicial.

Quizá estés familiarizado con la jerarquía de necesidades del psicólogo Abraham Maslow. En su artículo titulado «A Theory of Human Motivation» [Una teoría de la motivación humana], publicado en 1943 en *Psychological Review*, Maslow expuso cómo evolucionan las necesidades del ser humano. Si te enfrentas a la muerte, no vas a pensar en tu propósito. Si tienes dificultades para alimentar a tu familia, no estarás pensando en tu legado. Tiene sentido. También tiene sentido que una vez que tengas satisfechas tus necesidades básicas, te sitúes en niveles superiores de la pirámide y anheles satisfacer otras como son el sentimiento de pertenencia, la autoestima y el crecimiento.

Para mí, el deseo de crecimiento supone «graduarse» de la motivación anterior y situarse en la siguiente. Contemplo cuatro niveles en el proceso de crecimiento (ver la figura en la página siguiente).

Cuatro niveles de motivación

NIVEL 1: SUPERVIVENCIA

Todos los que tienen un trabajo para ganar dinero están pensando en pagar sus facturas. Algunas personas se detienen aquí.

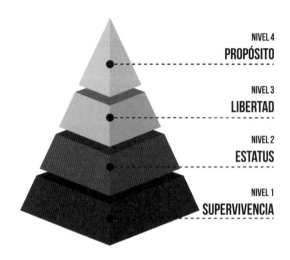

NIVEL 4
PROPÓSITO

NIVEL 3
LIBERTAD

NIVEL 2
ESTATUS

NIVEL 1
SUPERVIVENCIA

NIVEL 2: ESTATUS

Hay quienes dicen cosas como «quiero ganar cantidades de siete cifras, ¿sabes?». ¿Por qué? Por una cuestión de estatus. Tal vez deseen tener un buen automóvil o una buena casa o enviar a sus hijos a una escuela de prestigio. Quieren poder decir que tienen esto o aquello. No quieren quedar rezagados en la escala social. El estatus aún no es una motivación elevada, pero es superior a la supervivencia. La mayoría de la gente que alcanza este nivel reduce la velocidad y se queda ahí.

NIVEL 3: LIBERTAD

Algunas personas dicen: «¿Sabes qué? Estoy cansado de las seis cifras. Quiero ser libre. Quiero ganar una cantidad de dinero que me deje espacio para respirar; no quiero tener que ir a la oficina todos los días». Es posible que estas personas deseen vivir en un vecindario en el que sus hijos puedan jugar al aire libre sin tener que preocuparse por ellos. O quizá quieran ser nómadas digitales, para poder hacer surf en verano y esquiar en invierno.

La libertad como motivación tiene un componente egoísta. No hay nada de malo en querer la libertad, pero uno puede sentirse vacío una vez que la ha alcanzado. Si este es tu caso y tu sentimiento de satisfacción se ha convertido en frustración, ahora puedes darte el lujo de profundizar y concentrarte en aspectos de la vida que te proporcionarán un verdadero sentimiento de realización.

NIVEL 4: PROPÓSITO

Para definir tu propósito, hazte estas preguntas: «¿Cómo quiero que me recuerden? ¿Qué impacto quiero tener en la vida de otras personas?». Se trata de que descubras por qué te pusieron en esta tierra y amplíes los límites de la mejor versión de ti mismo. Estas son las motivaciones en el nivel más alto de la pirámide:

- Hacer historia.
- Ayudar a los demás.
- Inducir un cambio.
- Tener un impacto.
- Conseguir sabiduría o la autorrealización.

Muy pocas personas alcanzan el nivel del propósito. ¿Por qué? En parte, debido al miedo. En parte, debido a la identificación con el modo de supervivencia, en el que puede no haber tiempo para pensar. En parte, debido al exceso de distracciones, ya sean las redes sociales, los deportes o los programas de entretenimiento. Aunque en realidad nadie es presa de estas distracciones. Las personas *las eligen* para huir de la realidad y evitar el difícil trabajo que es la autoindagación. Todo se reduce a que la gente no pasa el tiempo suficiente haciéndose las preguntas correctas.

Si deseas tener un gran impacto, solo lo conseguirás si estás dispuesto a sentarte y hacerte algunas preguntas importantes sobre la vida. Desafortunadamente, muchas veces las personas se limitan a hacer, hacer y hacer, y mueren sin haberse hecho nunca las preguntas más relevantes.

Te reto a lo siguiente: sea cual sea el nivel en el que te encuentres ahora mismo, aclárate en cuanto a tu propósito.

La auditoría de la identidad personal

Entre todas las herramientas que ofrezco en este libro, tal vez la más importante sea la *auditoría de la identidad personal*. Tendemos a abusar de la expresión *esto cambiará tu vida*. En este caso, hablo por experiencia cuando digo que realizar una auditoría de la identidad personal (responder una serie de preguntas que conducen al auto-descubrimiento) cambió mi vida de forma radical y exponencial.

Todos los revolucionarios, fundadores, líderes y deportistas a los que admiras no llegaron allí fruto de la suerte. Hubo un momento (o muchos momentos) en que fueron brutalmente honestos consigo mismos. Se trata de momentos íntimos en que las personas se encaran a los vicios, miedos y creencias limitantes que han almacenado en la mente y el corazón y las han estado frenando. Esto suele ocurrir al ser golpeadas por la adversidad.

La realidad es que muy pocos están dispuestos a hacer una pausa en su vida para experimentar un gran avance. Hoy la vida está más acelerada que nunca. Piensa en todas las aplicaciones diferentes que debemos revisar en nuestros teléfonos inteligentes que no nos preocupaban hace diez años. ¿Con qué frecuencia consultamos Instagram, Facebook, Twitter, YouTube, el correo electrónico, LinkedIn y las aplicaciones de noticias? La lista de todas las cosas que comprobamos externas a nosotros mismos puede ser incluso mucho más larga.

En agosto de 2003, un amigo mío perspicaz pudo percibir que yo lo estaba pasando mal. Con veinticuatro años, había comenzado a dar muestras de talento y perseverancia. Era un buen vendedor, y tenía hambre de conocimiento. Pero también estaba enojado y confundido. En lugar de sermonearme o enviarme a un psiquiatra, ese amigo me dio una lista de ochenta y tres preguntas. Sus únicas instrucciones fueron: «Vete a un lugar tranquilo, ve abordando las preguntas y no te vayas hasta haber encontrado algunas respuestas».

Hice exactamente lo que me dijo. Me senté solo en una playa durante siete u ocho horas y respondí esas preguntas. Me suscitaron muchas emociones; el proceso fue intenso. Pasé por momentos de frustración y decepción. No dejaba de preguntarme por qué había tantas personas que experimentaban el éxito mientras que este no era mi caso. Al estar solo, pude ver lo que estaba pasando y comencé a advertir tendencias y patrones. Al final experimenté una sensación de alivio, porque me di cuenta de que todos los problemas y respuestas residían dentro de mí. Al descubrir esto, supe que dependía de mí aplicar las soluciones.

Ese ejercicio fue tan valioso que he condensado las preguntas más importantes para crear lo que he bautizado como *auditoría de la identidad personal*.

Cuando estudies a la persona más importante (tú), comenzarás a saber cómo dominar a la persona más importante que te está frenando (tú).

Esas preguntas, junto con la reflexión que resultó de ellas, cambiaron mi vida por completo. Me llevaron de ser una persona promedio a darme cuenta del potencial que albergaba. Tras responderlas, me sentí libre. Pasé a aceptar mis limitaciones y aquellos aspectos en los que debía mejorar. Ahora, cuando asesoro a emprendedores, les pido que hagan este ejercicio.

La clave es abordarlo con el máximo respeto. No es necesario terminar rápido o aspirar a obtener una puntuación perfecta; la única respuesta correcta es la respuesta honesta. La idea es que este ejercicio te induzca un gran avance, y cuantas más emociones experimentes, más probabilidades habrá de que esto sea así. Cuando hayas pasado por esta peculiar auditoría, anima a otras personas a que también hagan el ejercicio. No hay nada como experimentar un gran avance en la vida e invitar a otros a que tengan esta misma oportunidad.

La auditoría de la identidad personal se encuentra en el apéndice A, a partir de la página 355.

Desde que publiqué la auditoría de la identidad personal en mi sitio web, más de doscientas mil personas de ciento treinta países la han respondido. Los resultados han sido transformadores. Por favor, tómate tu tiempo con este ejercicio. Espero que la experiencia sea tan profunda para ti como lo ha sido para muchas otras personas.

LOS BENEFICIOS DEL AUTODESCUBRIMIENTO Y DE
SOMETERSE A UNA AUDITORÍA PERSONAL

1. La conciencia te muestra que estás en el centro de todos tus problemas (y soluciones).
2. Te das cuenta de que tus problemas pueden resolverse.
3. Rompes tus creencias limitantes.
4. Al detectar patrones, puedes acabar con tus hábitos perjudiciales.
5. Tu ira hacia los demás se extingue una vez que ves que nadie más que tú controla tu destino.

Estudia tus puntos ciegos buscándolos activamente

Por más que te estudies a ti mismo, no podrás evitar los puntos ciegos o ángulos muertos. El primer paso para reconocerlos es *querer* reconocerlos. Este deseo surgirá de la comprensión de que descubrir los propios puntos ciegos acaba por hacernos mejores.

No nací conociéndome a mí mismo. De hecho, al principio de mi carrera, apenas me conocía. Cuando fundé mi compañía de seguros, me mostraba arrogante en las reuniones. Me reunía con las principales compañías de seguros y empezaba diciendo: «Vamos a tener medio millón de agentes de seguros autorizados. Vamos a vender más pólizas que nadie en la historia».

En su libro de 1994 *Built to Last: Successful Habits of Visionary Companies* [Construidas para durar: hábitos exitosos de compañías visionarias], Jim Collins y Jerry I. Porras acuñaron la denominación *Big Hairy Audacious Goal* (BHAG, 'objetivo grande, complicado y audaz'). Según estos autores, un BHAG es «un objetivo audaz por alcanzar en un plazo de diez a treinta años para avanzar hacia un futuro previsto».

Después de declarar mi BHAG a los representantes de esas grandes compañías de seguros, siempre respondían preguntándome: «¿Cuánto tiempo llevas en el negocio?». Y yo respondía: «Dos semanas».

Mi ángulo muerto no era tener un BHAG. Era que no me ponía en la piel de mis interlocutores. Los mercados financieros habían colapsado a finales de 2008. Los daños fueron tan graves que AIG, el gigante del sector de los seguros, casi quebró. La totalidad del sector no tuvo más remedio que empezar a jugar a la defensiva. Y ahí estaba yo en 2009, un tipo de Oriente Medio de treinta años, proclamando que iba a tener medio millón de agentes. Lo último por lo que querían apostar las otras compañías de seguros era por una empresa emergente que todavía no había demostrado nada cuando estaban enfocadas en la supervivencia, el cumplimiento y la gestión de riesgos.

Cathy Larson era una ejecutiva de Allianz, una empresa de cuatrocientos mil millones de dólares. Cuando le di mi audaz discurso, dijo: «Te estás pasando de la raya. ¿Sabes cuántas personas dicen este tipo de cosas? Será mejor que esperes a tener una trayectoria más larga antes de comenzar a hacer estas proclamaciones extravagantes».

Su consejo dio en el blanco. Aunque estaba seguro de mi verdad futura (la había visto materializada en mi mente), necesitaba adaptar mi discurso para satisfacer las necesidades de mis interlocutores. Mi visión no cambió, pero debía trabajar seriamente en la forma de explicarme.

Empecé a pensar en *cómo* podía adaptar mi tono. Pensé profundamente en cómo era yo. Con esta mayor autoconciencia, se me ocurrió un plan que reflejaba lo que quería lograr. Aprendí a hacer que mi BHAG estuviese presente en mis próximas jugadas y, lo que es más importante, a comprender la *secuencia* de estas jugadas en el contexto de la nueva conciencia que había desarrollado sobre mis interlocutores.

Conocerse a sí mismo es un proceso laborioso; rara vez es fruto de una revelación

Debes saber cómo eres, qué te motiva, qué cantidad de riesgo puedes manejar y qué tipo de familia deseas crear. El elemento clave que hay detrás de todas las historias y ejercicios de la primera jugada de este libro (el autoconocimiento) es la honestidad. Mirarse en el espejo puede ser doloroso a veces. Ya he dicho que lloré cuando me sometí a la auditoría de la identidad personal... Ese dolor valió la pena.

Una vez que conozcas bien el producto más importante (tú), tus decisiones fluirán de manera natural y te llevarán a lograr tus objetivos.

3

. . . .

Tu camino hacia la riqueza: ¿emprendedor o emprendedor interno?

El dinero no es más que una herramienta. Te llevará adonde quieras, pero no te reemplazará a ti como conductor.

—Aynd Rand

Eric Drache fue uno de los jugadores de póquer más talentosos del mundo. En un lapso de treinta y seis años, desde 1973 hasta 2009, terminó segundo en los eventos de la Serie Mundial de Póquer tres veces. Muchos consideraban a Drache como el séptimo mejor jugador de póquer del mundo. ¡El chiste era que solo jugaba contra los seis mejores! A pesar de su talento, solía estar arruinado. Tómalo como ejemplo de cómo *no* debes elegir tu ocupación.

Te conviene elegir un camino en el que las probabilidades de ganar estén a tu favor; en el póquer, se llama *selección de manos*. Lo que determinará si vas a ganar en cualquier juego (o emprendimiento) no es lo bueno que eres; es lo bueno que eres *en relación con tus competidores*. Por eso es tan importante que conozcas tus puntos fuertes y débiles y encuentres un sector de mercado en el que cuentes con una ventaja inherente.

Los dos primeros capítulos de este libro trataban sobre el autoconocimiento. Ahora que has definido quién quieres ser y has estudiado el producto más importante (tú), es hora de que concretes más y elijas una profesión que se corresponda con tu visión.

No creo que todo el mundo quiera crear la próxima Apple. No creo que todo el mundo quiera ser el próximo Elon Musk. No creo que todo el mundo quiera tener una vida en la que deba trabajar de ochenta a cien horas semanales durante más de veinte años para construir un gran imperio. Algunas personas no quieren más que construir una pequeña empresa de la que tengan el control y no tener que lidiar, así, con las decisiones que dictan otros en una empresa de la lista Fortune 500. Otras quieren crear un negocio en línea que puedan administrar mientras viajan por el mundo.

Es fundamental que te conozcas a ti mismo antes de elegir tu camino. Si eres honesto contigo mismo, tal vez te darás cuenta de que ser empresario no es lo tuyo. Si este es el caso, cuentas igualmente con muchas opciones para vivir una vida plena y lucrativa, como verás en este capítulo.

Toma el control subiendo tu propia escalera

Siempre que doy una charla, pregunto a todos los asistentes quién es la persona más rica que conocen.

La mayoría pueden responder a esta pregunta enseguida. Todos conocemos a ese tío, primo o amigo de la familia, el que recibe a la familia extendida en celebraciones como el Día de Acción de Gracias en su gran casa, el que siempre publica fotos de lugares exóticos.

A continuación formulo la segunda pregunta: «Este individuo ¿acumuló toda esa riqueza como empleado o como propietario?».

Cuando hago la segunda pregunta, la comprensión ilumina la cara de los presentes.

Sin embargo, desde el momento en que aprendemos a hablar, se nos enseña a creer que debemos subir las escaleras de otras personas. Primero debemos subir la escalera educativa: tenemos que obtener buenas calificaciones, ingresar en una buena universidad e intentar que nos admitan en una facultad de Derecho, Administración de Empresas o Medicina que sea aún mejor. Si lo has hecho muy bien en tu ascenso por la escalera educativa, puedes comenzar a subir la escalera corporativa: trabajas para obtener un salario decente y realizas tareas que no tienen un significado personal para ti con el fin de poder llegar a ser un mando intermedio. Entonces has alcanzado la «seguridad».

Pero esto es mentira, como pueden atestiguar los que han subido la escalera. El libro de Robert Kiyosaki *Padre rico, padre pobre* desmontó el mito de que la formación académica es el camino a la riqueza. A la mayoría de nosotros, la riqueza y el éxito no nos esperan en la cima de la escalera de ninguna otra persona. Una vida más rica —en los ámbitos financiero, emocional e intelectual— solo es posible cuando nos hacemos responsables de nuestro propio éxito.

Hay más de una forma de asumir la responsabilidad por el propio éxito: se puede trabajar a comisión para una empresa; o, como verás dentro de un momento, se puede desempeñar el papel de emprendedor interno (intraemprendedor) dentro de una gran empresa.

Algo que puedo decirte con certeza es que no puedes hacerte emprendedor motivado por el dinero. Sé que estas palabras te parecerán extrañas si estás enfocado en llegar a ser millonario o multimillonario. Pero el caso es que si tu motivación es el dinero solamente, te detendrás en algún momento. Te volverás perezoso o complaciente. Si quieres ser emprendedor, tu motivación tiene que ir más allá de la riqueza.

El dolor asociado a ser propietario de un negocio es demasiado grande para que podamos tolerarlo si nuestro único incentivo es el dinero. De ninguna manera estoy diciendo que la vanidad no sea un factor de motivación importante para muchas personas. El reconocimiento, el poder, la fama, el prestigio y el respeto (demostrar que aquellos que han sido críticos o negativos con nosotros están equivocados) a menudo juegan un papel importante en la elección de este camino. Pero los que perseveran en la lucha están motivados por algo mucho más grande que el dinero.

Como acabo de comentar, hay muchas maneras de acumular riqueza y vivir una vida satisfactoria. El emprendimiento puede presentar las mayores ventajas desde el punto de vista económico, pero también es el que se cobra la mayor cantidad de víctimas. Te voy a mostrar varias posibilidades y el camino de varias personas para que dispongas de la información oportuna.

59. 100 millones de razones por las que ser un emprendedor interno

Recibí un mensaje en LinkedIn de un ejecutivo de IBM que decía: «Pat, llevo un tiempo en IBM y llevo unos años siguiendo tu contenido. Gano una buena cantidad de dinero, pero en realidad quiero ser empresario. Sin embargo, tengo una esposa y tres hijos, y estoy un poco preocupado por ellos. ¿Qué debería hacer?».

Intercambiamos algunos correos electrónicos y le hice preguntas sobre sus aspiraciones. Comenzó a ver que el emprendimiento interno (o intraemprendimiento) parecía la opción ideal para él. Consiste en ser parte de una empresa y crear una nueva unidad de negocios, liderar una nueva iniciativa o recibir incentivos por impulsar el crecimiento y la innovación. En algunos casos, puede consistir en ser alguien tan indispensable que la empresa tenga que darte participaciones para retenerte.

En promedio, los directores financieros y los directores de tecnología permanecen menos de tres años en una empresa dada. Por lo general, se quedan el tiempo requerido para recuperar los derechos sobre sus acciones. Sin embargo, algunos terminan quedándose más tiempo en la empresa, debido a que surgen nuevas oportunidades en la organización. Entonces no solo ganan un muy buen sueldo, sino que además gozan de grandes ventajas. Se podría decir que es como tener tu propio pastel y comértelo.

En marzo de 2020, el patrimonio neto del emprendedor interno más rico del mundo, Steve Ballmer, era de 59.100 millones de dólares. En 1980, Ballmer dejó de cursar un máster en la Universidad de Stanford para convertirse en el empleado número treinta de Microsoft. Después de estar ahí veinte años pensando y actuando como un emprendedor interno, pasó a ser el director ejecutivo de la empresa en el año 2000, cargo que ocupó hasta 2013. Amasó una fortuna a través de acciones y bonos. Cuando el equipo Los Angeles Clippers de la NBA salió a la venta en 2014, superó fácilmente a los otros pretendientes. Su éxito como intraemprendedor hizo que no le costara nada desembolsar los dos mil millones de dólares que costaba ese equipo.

Todos recordamos que Steve Jobs fundó Apple en 1976, pero algunos olvidan que fue despedido en 1985. Fue solo después de fundar NeXT y Pixar Animation Studios que regresó a Apple en 1997 como director ejecutivo. Negoció un trato para que la empresa le diera cinco millones y medio de acciones, las cuales, por supuesto, acabaron por valer miles de millones de dólares. ¿Cuál es la moraleja de la historia? Que hasta Jobs fue un emprendedor interno.

¿Cuáles son las cualidades de los intraemprendedores? ¿Y cómo puedes identificar una empresa que los atraiga y los apoye? Empecemos por responder la primera pregunta.

CINCO CUALIDADES DE LOS EMPRENDEDORES INTERNOS EXITOSOS

1. Un intraemprendedor piensa como un emprendedor.
2. Un intraemprendedor trabaja como un emprendedor.
3. Un intraemprendedor posee el sentimiento de urgencia de un emprendedor.
4. Un intraemprendedor innova como un emprendedor.

5. Un intraemprendedor protege la marca (y el dinero) como un emprendedor.

En la lista de cualidades de los emprendedores internos exitosos destaca el hecho de que no actúan ni piensan como empleados convencionales, sino que lo hacen como propietarios. No trabajan por una paga, sino para construir algo que les aporte orgullo y satisfacción. Quieren reconocimiento, autonomía, recursos y sentirse propietarios.

Algo que distingue a los intraemprendedores de los emprendedores es que los primeros suelen ser respetuosos con la autoridad, mientras que los segundos son desafiantes. Los emprendedores internos tienen esta actitud hacia el jefe: «Mira, pienso como tú, trabajo como tú, soy igual que tú, pero tú pones el dinero. Tuviste la visión y asumiste todo el riesgo». Los emprendedores internos trabajan dentro del sistema, pero encuentran formas de mejorarse a sí mismos y, a la vez, mejorar la empresa. Si no tienes un grado de respeto por el fundador o el director ejecutivo, no estás en el lugar correcto para construir un negocio dentro de un negocio.

Cómo apoyan a los emprendedores internos las empresas

Google contrata a personas creativas y, para aprovechar sus habilidades, creó una política con el fin de fomentar el emprendimiento interno. En su carta de salida a bolsa, sus fundadores, Larry Page y Sergey Brin, expusieron su idea del «veinte por ciento»:

> Alentamos a nuestros empleados a que, además de atender sus proyectos habituales, dediquen el veinte por ciento de su tiempo a trabajar en lo que crean que beneficiará más a Google. Esto les permite ser más creativos e innovadores. Muchos de nuestros avances significativos han tenido su origen ahí.

Entre los productos que se crearon durante este veinte por ciento de tiempo están Google News, Gmail y AdSense.

Las empresas que atraen y apoyan a los intraemprendedores lo hacen comunicándose de una manera que pueda ser atractiva para innovadores y estrellas que podrían sentirse más a gusto trabajando en un entorno empresarial. Estas organizaciones presentan la visión de que cualquier empleado puede ir subiendo de rango y tener la libertad de innovar, ejecutar sus ideas y sacar provecho de estas sin tener que desprenderse de sus ahorros, arriesgarse a perder la salud mental y pasarse noches sin dormir.

Cuando tenía veinte años, era una gran fuente de ingresos para una compañía de seguros. Mi idea era hacer crecer mi riqueza convirtiéndome en el director ejecutivo. No pensaba que tuviese que dejar el empleo para tener un gran impacto y enriquecerme de resultas de ello. Un día copié una jugada de la película *Jerry Maguire* y envié una carta de dieciséis páginas a los altos mandos en la que exponía mi visión. Nadie contestó. Luego la envié a la empresa matriz. Al cabo de treinta minutos, un hombre llamado Jack respondió y convocó una reunión. Les conté mis ideas a varios de los ejecutivos y trataron de implementar algunas de ellas, pero una mujer llamada Katie no permitió que ninguno de esos planteamientos prosperase.

La cultura de esa empresa era opuesta a la de Google. Esa organización me dejó claro que no quería que yo innovara. Así como la periodista Laura Ingraham le dijo a LeBron James «cállate y regatea», esa empresa básicamente me dijo que me callara y vendiera.

Katie era un ejemplo perfecto de aristócrata y burócrata. En el libro *De bárbaros a burócratas: estrategias para el ciclo vital de las empresas,* Lawrence M. Miller explicó que las empresas pasan por múltiples estados (profeta, bárbaro, constructor, explorador, administrador, burócrata y aristócrata) y que de vez en cuando aparece un creador de sinergias que salva a la empresa de la quiebra.[*] En esa época

---

[*] N. del T.: No se reproducen aquí los términos que puedan constar en el libro *De bárbaros a burócratas* (título del original inglés: *Barbarians to Bureaucrats: Corporate Life*

había muchas demandas contra esa compañía de seguros, por no mencionar la reputación que tenía de llevar a cabo prácticas poco éticas que dañaban su marca.

La terquedad y el inmovilismo de Katie terminó costándole varios cientos de millones de dólares a la empresa. No es una cantidad pequeña. Era una mujer arrogante y pomposa. Me recordaba a Cersei Lannister, de *Juego de tronos*, la villana que se cree superior a todos. Aunque lo peor de todo fue, quizá, que la compañía tolerase el comportamiento de Katie. Esto ocurre muy a menudo cuando el profeta original se va y los constructores y exploradores existentes dan demasiado poder a alguien que no lo merece.

Katie forzó mi mano. Me acorraló. En esa época, no contemplaba que mi próxima jugada fuese invertir todos mis ahorros para hacerme emprendedor. Antes de tomar una decisión, concerté una reunión con ella, el equipo ejecutivo y sus abogados. En esa sala había varias personas a las que respetaba enormemente. Fui allí para exponer mis próximas cinco jugadas y ver lo que tenían que decir.

No dijeron mucho en ese momento. Solo más tarde me llegó la noticia de que habían pensado que todo era una estratagema. Habían supuesto que estaba amenazando con irme con el fin de que me dieran dinero para que me quedase. El presidente que tenía la compañía en ese momento, un hombre al que respetaba de veras, me dijo: «Patrick, esto es muy habitual en este sector. Un agente importante como tú viene y exige dinero para no irse. La empresa no va a caer en tu trampa».

Puedo asegurarte que ninguna de las personas que había en esa mesa tiene ni la más mínima posibilidad de ganar la Serie Mundial de Póquer. Interpretaron la situación de una forma completamente errónea. Mi sinceridad era absoluta. Pero en lugar de ver mis sugerencias como una oportunidad de crecimiento, se pusieron a

---

Cycle Strategies), sino que traducimos los términos directamente del libro que tienes en las manos.

la defensiva y trataron de justificar el *statu quo* afirmando que mi intención era aprovecharme de la empresa.

Quiero dejar claro que de ninguna manera me veo como una víctima en esta historia, ni creo que actuasen con ánimo vengativo. Sencillamente, pienso que la cultura de la empresa empoderó a una persona impulsada por el ego y su propia imagen en lugar de estar motivada por la rentabilidad y la eficacia. Ahora me correspondía a mí decidir mi próxima jugada.

En esa etapa de mi vida no tenía ningún deseo de exponerme a que me demandaran, de trabajar cien horas a la semana durante diez años ni de lidiar con un montón de siglas que aún no entendía, como TI, HR o CRM.* Si Katie hubiera sabido cómo hablarles a los leones (trataré este tema en el capítulo nueve), me habría quedado. Pero como no sabía apoyar a los emprendedores internos, me fui.

Quiero reiterar que no me considero una víctima en esta historia. En el ámbito empresarial, a veces suceden cosas que uno no puede controlar. La forma en que elegimos reaccionar ante ellas determina si nos vamos a convertir en maestros en nuestro oficio.

A veces nos vemos obligados a hacer nuestra próxima jugada antes de lo que pretendíamos. Yo tenía claro cuáles eran mis puntos innegociables, y cuando vi que no iban a satisfacerse, tuve que volver al «tablero» e idear un nuevo plan de ataque.

CARACTERÍSTICAS DE LAS EMPRESAS QUE
ATRAEN EMPRENDEDORES INTERNOS

1. Sus ejecutivos se sienten cómodos asumiendo riesgos calculados y fomentando la creatividad.'
2. Su plan de retribuciones incentiva la innovación y el rendimiento sobresaliente.

---

* N. del T.: Estas siglas hacen referencia a departamentos y significan, respectivamente, 'informática', 'recursos humanos' y 'gestión de relaciones con clientes'.

3. Sus ejecutivos juegan al ataque (persiguen las mejoras) en lugar de limitarse a jugar a la defensiva (evitar los riesgos).
4. Sus ejecutivos apoyan a las estrellas potenciales en lugar de frenarlas.
5. Sus ejecutivos buscan activamente ideas en todos los niveles de la organización.
6. Sus ejecutivos buscan activamente jóvenes talentos para que la empresa siga siendo dinámica e innovadora.

Quiero dejar claro a quién le estoy diciendo todo esto. Te estoy hablando a ti si todavía estás decidiendo tu camino o si estás contemplando la posibilidad de dejar tu empleo para crear tu propio negocio. Quiero que veas que si estás en la empresa adecuada, convertirte en emprendedor interno puede tener mucho sentido. También te hablo a ti si diriges una empresa. Saber cómo atraer intraemprendedores y cómo recompensarlos tendrá un gran impacto en la capacidad de crecimiento de tu organización.

Antes de dejar el tema del emprendimiento interno, quiero contar una historia más. Hace poco estaba negociando con una compañía de seguros. Los empleados no dudaron en hablarme de lo frustrados que estaban con su jefe. Rechazaba sus ideas de forma sistemática, por lo que siempre estaban jugando a la defensiva. La cultura de la empresa (empezando por el tipo que estaba en la cima, que sentía aversión al riesgo) los obligaba a seguir haciendo lo de siempre y mantener el *statu quo*. ¿Es de extrañar que las ventas estuviesen estancadas y que los empleados más ambiciosos se fueran? Recuerda que no realizar una jugada también es un tipo de jugada. Perder tiempo acabará por volverse en tu contra, ya sea que estés jugando al ajedrez o al juego de los negocios.

Las empresas deben construir una estructura de retribuciones que premie las ideas y la innovación. Los intraemprendedores quieren ver que si trabajan, actúan e innovan su empresa los recompensará como emprendedores con bonos, con opciones sobre acciones o con cualquier otra medida que le resulte factible. Si eres una estrella en ascenso dentro de una organización y ves un camino hacia la riqueza dentro de esa organización, será probable que te quedes. Si no, esa empresa te perderá. Esto es exactamente lo que me pasó a mí.

Como el ejecutivo de IBM que se dirigió a mí para pedirme consejo, es posible que, aunque seas alguien ambicioso y con talento, tengas buenas razones para no crear tu propia empresa. Trabajar con (no para) una empresa que fomente el emprendimiento interno es una gran alternativa.

No juzgues a un emprendedor por el resultado final

Por más perfecta que parezca la vida de una persona, seguro que esa persona ha tenido problemas en algún momento de su carrera.

Un tuit de Elon Musk constituye un ejemplo perfecto de la brecha que hay entre cómo se percibe a los emprendedores y la realidad que han vivido.

Eric Diepeveen
@EricDiepeveen

Seguir a @ElonMusk en Instagram muestra una vida asombrosa. Me pregunto si los altibajos que atravesó hacen que su vida sea más agradable.

Elon Musk
@ElonMusk

@EricDiepeveen La realidad son grandes picos, unos momentos bajos terribles y un estrés implacable. No creas que la gente quiere saber sobre los dos últimos.

Demasiadas personas juzgan a los emprendedores por lo que son ahora en lugar de hacerlo por lo que eran antes. Tampoco ven (o no quieren ver) la presión asociada al éxito. Este enfoque erróneo es un ángulo muerto que puede inducirte a hacer la jugada equivocada.

Cuando conozco a empresarios triunfadores, quiero saber sobre el período en el que se sintieron como si estuvieran en el infierno. Les digo cosas como estas: «¿Cuál era su horario cuando no estaba seguro de poder pagar la hipoteca?», «¿Lloró usted hasta quedarse dormido o se quedó despierto toda la noche paralizado por el miedo?», «Hábleme de los momentos más duros que tuvo que superar», «Dígame qué fue lo que le hizo sentir pánico» o «Explíqueme qué fue lo que lo ayudó a superar todos tus miedos e inseguridades».

Hago lo mismo cuando entrevisto a personalidades y celebridades en Valuetainment. No hago las preguntas típicas que hace todo el mundo ni glorifico la notoriedad, y sobre todo evito resaltar los aspectos glamurosos asociados al hecho de ser un director ejecutivo. Quiero ir más a lo profundo, porque ahí es donde voy a encontrar el verdadero valor de la historia de esa persona.

■ ■ ■ ■ ■ ■

Llevé a varios de mis colegas conmigo a un viaje a Dubái en 2015, incluidos Sheena y Matt Sapaula, una pareja recién casada. Hacía muy poco que habíamos llegado cuando Sheena y Matt se encontraron en un ascensor con algunos de mis amigos, a los que no conocían (y estos amigos tampoco conocían a la pareja). Durante ese viaje en ascensor, Sheena y Matt discutieron acaloradamente. Ambos sentían el peso de un gran estrés, principalmente porque tenían menos de mil dólares en la cuenta bancaria.

Más tarde, esa noche, reuní a todos para cenar en una mesa y presenté a Sheena y Matt a algunos de los presentes. Dije: «Esta es una pareja muy potente. Van a arrasar». Sheena y Matt se pusieron colorados y algunos sonrieron y se rieron, como si hubiese ocurrido algo divertido. No tenía ni idea de lo que estaba pasando.

Después de la cena, estábamos en un yate; todos habíamos tomado unas copas y Matt dijo:

—Pat, estos colegas nos vieron discutir terriblemente en el ascensor a Sheena y a mí.

Ambos se sintieron incómodos, pero mientras hablábamos, la conversación pasó a versar sobre el matrimonio, y comenzaron a preguntarme sobre el mío.

—Dejadme que os diga algo —dije—. Mi esposa y yo tenemos unas discusiones terribles. La semana pasada tuvimos una. Si las escucharais a escondidas, pensaríais que estamos a diez segundos de pedir el divorcio. Pero después resolvemos el tema y seguimos adelante.

»Las cosas se calientan porque estamos lidiando con muchos asuntos. Tenemos dos niños pequeños. [En 2015, mi hijo pequeño aún no había nacido]. Cada uno tenemos nuestra familia de origen y toda la carga que eso conlleva. Estamos llevando una empresa. Tratamos de hacer ejercicio y mantenernos en forma. Y podría continuar con una lista de problemas y dificultades que encontraríais mareante.

Puede parecer que mi esposa y yo tenemos el matrimonio perfecto en el que siempre nos mostramos dulces y cariñosos el uno con el otro, pero el estrés motivado por el trabajo y las cosas de la vida hacen que la perfección sea imposible. Pregúntales a los miembros de cualquier pareja que lleve veinte o treinta años casada si alguna vez se plantearon dejarlo. Apuesto que la gran mayoría te dirán que sí.

Lo interesante de esta historia es que Sheena y Matt acababan de unirse a la empresa en 2015. Cuatro años después, entre los dos ganaban más de un millón y medio de dólares al año. Su éxito está a la vista de todos, pero pocas personas fueron testigos de lo que tuvieron que soportar para llegar ahí.

En lugar de juzgar a un emprendedor por el resultado final, contempla el proceso. Acepta la realidad de todas las adversidades que hay que afrontar y sé honesto contigo mismo acerca de lo difícil que será tu camino. Si mis palabras te suenan aterradoras, ¡misión cumplida!; estoy aquí para decir cómo son las cosas. Tal vez habrá lectores que se estarán dando cuenta de que el emprendimiento no es para ellos, mientras que otros estarán sintiendo con más fuerza que nunca que es el camino que deben tomar.

Encuentra tu «océano azul»

No voy a entrar en los aspectos prácticos asociados a iniciar un tipo de negocio en concreto. Hay muchos libros y recursos en línea que te indicarán cómo abrir una franquicia de restaurante o desarrollar una aplicación. En lugar de ello, quiero que pienses de manera amplia sobre cómo encontrar un juego en el que puedas ganar.

En el año 2004 se publicó la versión original del libro *La estrategia del océano azul: crear nuevos espacios de mercado donde la competencia sea irrelevante*, cuyos autores son W. Chan Kim y Renée Mauborgne, profesores del INSEAD* en Fontainebleau (Francia). Este libro fue el recurso clave que me llevó a encontrar un juego en el que podía ganar. Su premisa es que en lugar de competir en juegos en los que no eres el favorito, encuentres nuevos mercados inexplorados en los que puedas ganar (y, en última instancia, en los que puedas hacer que la competencia sea irrelevante).

A fines de la década de 1950, cuando Haloid Company vio que no tenía opciones frente a competidores más grandes, pasó a enfocarse en un área en la que vio un océano azul: las fotocopiadoras. Incluso cambió su nombre por el de Haloid Xerox en 1958. El 16 de septiembre de 1959, se anunció la Xerox 914 en la televisión.

---

* N. del T.: INSEAD son las siglas de Institut Européen d'Administration des Affaires ('instituto europeo de administración de negocios').

El producto tuvo tanto éxito que la empresa volvió a cambiar su nombre en 1961; pasó a llamarse Xerox Corporation.

Las empresas necesitan contar con una propuesta de venta única. En parte, encontrar un sector de mercado en el que poder ganar tiene como base el autoconocimiento. Analiza el panorama competitivo: ¿es ese un sector en el que crees que puedes tener un buen papel, considerando quiénes son tus competidores? ¿Posees los recursos necesarios para competir? ¿Necesitas adquirir unos determinados recursos antes de poder competir?

En el pasado, competí contra empresas respaldadas por el Gobierno, y siempre estuve en desventaja. Para ganar en ese juego, había que tener lazos con el Gobierno. Aprendí por las malas que si no estás dentro, estás fuera. Como esas empresas tenían influencias y otros recursos de los que yo carecía, podía perder a pesar de trabajar duro.

¿Te has informado sobre la competencia? ¿Cuenta tu competidor con alguna ventaja que no puedas contrarrestar hagas lo que hagas? Si es así, estás en el lugar equivocado. No te quejes de que el juego está amañado; en lugar de ello, busca un juego en el que cuentes con una ventaja significativa.

En *La estrategia del océano azul*, los autores advierten en contra de tratar de vencer a los competidores combatiendo sus puntos fuertes. Insisten en que esta es una estrategia perdedora y lo demuestran de forma palpable. En cambio, creen en el *marketing* de océano azul, que consiste en entrar en áreas que son relativamente nuevas y en las que es posible un gran crecimiento.

Retrocedamos ahora al año 2007. Barack Obama, un senador recién elegido, estaba usando las redes sociales para construir su plataforma y convertirse en el candidato presidencial con más posibilidades. Mientras tanto, el 17 de diciembre de ese mismo año, Ron Paul,* a la edad de setenta y dos años, recaudó 6,2 millones de

---

* N. del T.: Ron Paul fue un político estadounidense que se postuló tres veces para la presidencia de Estados Unidos: en 1988 como candidato del Partido Libertario y

dólares (cincuenta y cinco mil donaciones, más de veinticuatro mil nuevos donantes) en línea en un día. El viejo sistema establecido restó importancia a este hecho. ¿Cómo podría habérsela dado si no usaba las redes sociales?

Yo tenía veintinueve años y no tenía ningún tarjetero de una universidad prestigiosa, mucho menos un título universitario. Era un inmigrante iraní, un forastero en un sector en el que el agente de seguros promedio era un hombre blanco de cincuenta y siete años.

Si tu primer pensamiento es que estaba en desventaja, es posible que seas más propenso a ver amenazas que oportunidades. Tal vez estés usando tu falta de formación como una excusa para no ir adelante. Lo que quiero que veas es que el hecho de examinar tanto tu conjunto de habilidades único como el panorama competitivo te llevará a océanos azules.

Piensa en lo que suele *faltarle* a un hombre blanco de cincuenta y siete años estadounidense. Para empezar, muy pocos hablan castellano. En segundo lugar, la mayoría no se sienten lo suficientemente cómodos con las redes sociales como para utilizarlas como herramienta de *marketing*. Y por último, pero no menos importante, a los *baby boomers* a menudo les cuesta comprender cómo ven el mundo los *millennials*, lo cual hace que tengan dificultades para conectar con ellos.

En 2007, el agente de seguros típico era un hombre blanco de cierta edad. Pero en 2007, Estados Unidos ya no se correspondía a la imagen que daba *La casa de la pradera.*[*] Estados Unidos era Los Ángeles, Chicago, Miami y Nueva York; había una gran diversidad. Vi este hecho como una oportunidad. Los *baby boomers* ya no eran la generación más grande de todos los tiempos; habían sido

---

en 2008 y 2012 como republicano. Durante 2007 recaudó una cantidad extraordinaria de fondos para su campaña, en gran parte gracias a su presencia en Internet. (Fuente: Wikipedia).

[*] N. del T.: Nombre de una serie de televisión que recibió varios nombres en función del país en el que se emitió: *Los pioneros, La familia Ingalls* o *La pequeña casa en la pradera.*

reemplazados por los *millennials*, que no iban a ninguna parte sin su teléfono inteligente.

El sector financiero, como los políticos de la vieja guardia, estaba abordando el *marketing* de una manera que ya no se correspondía con los tiempos. Aún no estaba aprovechando las redes sociales. A la vez, había cambiado sus políticas. Los *baby boomers* estaban acostumbrados a recibir llamadas en frío de venta de servicios financieros. En 2003, la legislación que dio lugar al National Do Not Call Registry ('registro nacional de «no llamar»') tipificó como delito las llamadas en frío. En consecuencia, la vieja guardia no tenía forma de llegar a nuevos clientes.

Al mismo tiempo, había expertos en tecnología que creían que los seguros de vida podían venderse en línea. Una vez más, parecía como si yo estuviera en desventaja. Apenas podía pronunciar la palabra *algoritmo*, y mucho menos construir una plataforma para vender seguros a través de Internet. Pero también en este caso percibí una ventaja. Sabía que, a diferencia de lo que ocurre con los seguros de automóvil, las personas no *compran* seguros de vida. Hay que *vendérselos*, y esto se debe hacer cara a cara. Otro factor que nos favorecía fue que Google descubrió lo valiosas que eran las recomendaciones de seguros, por lo que convirtió *seguro* en la palabra clave más cara: pasó a costar 54,91 dólares comprarla, un precio mucho más caro que el de las tres palabras siguientes: *hipoteca* (47,12 dólares), *abogado* (47,07 dólares) y *préstamo* (44,28 dólares).

La fuerza laboral había cambiado. Ahora solían ser las mujeres las que tomaban las decisiones de tipo económico en la familia. En 2007, la población latina superó los cuarenta y cinco millones y se preveía que llegaría a ser de más de noventa millones de personas en 2025. Mientras tanto, la competencia no buscaba contratar a mujeres ni a latinos.

Otra tendencia era que las empresas de servicios financieros estaban tratando de ser todo para todas las personas. Se realizó la jugada de crear un servicio centralizado para vender de todo, desde seguros de vida hasta fondos mutuos y préstamos, entre otros productos. En consecuencia, los agentes tenían que pasar más pruebas y recibir formación durante mucho más tiempo antes de poder ganar dinero. Mi reacción frente a esta realidad fue encontrar el océano azul. En lugar de ampliar el campo, lo mantuve reducido. Mis nuevos agentes, en lugar de tener que obtener cuatro o cinco licencias de inversión diferentes, debían obtener solo una. De esta manera, simplifiqué el proceso de formación y eludí el escrutinio, innecesario, por parte de la Comisión de Bolsa y Valores de Estados Unidos y otros organismos reguladores.

En 2008, Barack Obama, un hombre afroamericano que utilizó las redes sociales como un componente clave de su estrategia de campaña, fue elegido presidente. Venció a los candidatos del sistema establecido Hillary Clinton (en las primarias) y John McCain (en las elecciones generales). Mientras tanto, todo seguía igual para la vieja guardia del sector de los seguros. La consecuencia fue que encontré mi océano azul. Confié en que la estrategia de centrarnos en las mujeres y las minorías, junto con una fuerte presencia en las redes sociales, nos daría ventaja.

Teniendo en cuenta el ejemplo que acabo de exponer, quiero que te centres en usar tu talento único para encontrar tu público en el ámbito de negocio que has elegido.

Si compites contra personas cuyos conocimientos y habilidades son inferiores a los tuyos, es probable que ganes. Ningún negocio está exento de riesgos, pero puedes reducir el riesgo eligiendo un juego en el que las probabilidades estén a tu favor. Es genial tener valentía y creer que puedes vencer a cualquier competidor de tu sector, pero es una tontería creer que puedes ganar en el juego de otra persona.

PRIMERA JUGADA

Domina el conocimiento de ti mismo

¿QUIÉN QUIERES SER?

1. Ya sea en solitario, hablando con un mentor o siguiendo las indicaciones que se dan en el capítulo uno, dedica tiempo a aclararte en cuanto a quién quieres ser. Te resultará de ayuda aprovechar tu dolor. Crea una composición de imágenes que tengas a la vista constantemente para que te recuerde tu verdad futura.

ESTUDIA EL PRODUCTO MÁS IMPORTANTE: TÚ

2. No esperes a que acontezca una crisis para buscar claves sobre la persona más importante: tú. Reserva tiempo ahora mismo para examinarte. Siéntete a gusto haciéndote preguntas difíciles y aclárate en cuanto a qué es lo que te motiva. La auditoría de la identidad personal es un magnífico punto de partida.

TU CAMINO HACIA LA RIQUEZA: ¿EMPRENDEDOR O EMPRENDEDOR INTERNO?

3. Encuentra el camino que te permita usar tus talentos únicos para tener las mayores probabilidades de obtener la mayor rentabilidad posible; además, este camino debe entusiasmarte. Ya sea que quieras ser emprendedor, intraemprendedor o tener algún otro papel, planea estratégicamente cómo vas a generar tu riqueza. Identifica la ventaja competitiva que te permitirá diferenciarte y encontrar tu océano azul.

DOMINA LA CAPACIDAD DE RAZONAR

4

El increíble poder de procesar los asuntos

Puedes controlar tu mente, no los acontecimientos externos.
Si te das cuenta de esto, encontrarás la fortaleza.

—Emperador romano Marco Aurelio. *Meditaciones*

Nos enfrentamos a problemas a diario y todo el rato: nuestro mejor cliente amenaza con dejarnos si no le ofrecemos un precio más bajo. Nuestro empleado estrella nos dice que se irá si no le damos participaciones de la empresa. Una pandemia hace que el mercado se desplome un cuarenta por ciento en un solo mes. Un competidor más grande nos está acosando y está tratando de sacarnos del negocio. Nuestro hijo se pelea en la escuela... Los problemas nunca cesan.

No paramos de oír hablar a personas sobre las claves del éxito. Tal vez sea el tema más común entre los creadores de *podcasts* aficionados, probablemente porque no genera oposición y es fácil de tratar. Oirás respuestas que van desde «cásate con la persona adecuada» hasta «enfócate en la salud», «trabaja duro», «ten fe» y muchas otras.

Pasarás por momentos en los que tendrás la impresión de que el fin del mundo está cerca. Un aficionado entra en pánico, pero un gran maestro no.

Antes de hacer algo, un gran maestro «procesa» lo que está sucediendo sin perder el equilibrio. Por eso el estoicismo es tan importante y tan difícil, y por eso Marco Aurelio y Séneca son sabios que han resistido el paso del tiempo. La emoción puede eclipsar nuestros puntos fuertes y nublar nuestro juicio. Lamentablemente, he aprendido esta lección por las malas, después de haberla recibido demasiadas veces. Por eso, mi respuesta a la pregunta «¿cuál es la clave del éxito?» es la siguiente, sea cual sea el nivel en el que se encuentre la persona en la escalera empresarial: **hay que saber cómo procesar los asuntos**. La vida no para nunca, y la forma que tenemos de responder a ella tiene como base la manera en que procesamos las dificultades.

La mayoría de los empresarios no fracasan debido a un modelo de negocio defectuoso o a que un inversor se ha echado atrás. Fracasan porque se niegan a abandonar sus ideas preconcebidas sobre el trabajo y la vida. Se niegan a resolver todo tipo de problemas a medida que surgen y a aprender de ellos.

Algunas personas dicen que el sentido común no se puede enseñar. Puedo decirte que *sí* se puede enseñar, y también se puede aprender, porque una vez que aprendas a pensar de forma más estratégica, tomarás decisiones importantes con mucha naturalidad. No hace mucho, yo era un director ejecutivo muy nervioso con un temperamento horrible. En 2013, tuve un ataque de pánico que me envió al hospital; ese ataque se repitió todos los días durante dieciocho meses. ¡La causa principal de esos ataques era mi indecisión! Lo que me mantenía despierto por la noche y hacía que mi corazón latiera más rápido no era mi carga de trabajo, la cual podía manejar. El problema era que nunca podía dejar de darle vueltas a la cabeza. Reproducía cada decisión y cada conversación en mi mente una y otra vez. Esta dinámica me estaba comiendo vivo y estaba dañando tanto mi vida laboral como mi vida personal.

No gozaba de paz mental porque me preocupaba mucho la posibilidad de tomar decisiones equivocadas.

Sé lo que es trabajar dieciocho horas diarias y aun así tener la sensación de que no avanzas. Como la mayoría de nosotros, pasé los primeros años de mi carrera persiguiendo certezas y tratando cada asunto como si fuera en blanco o negro, como si hubiera una única solución correcta para cada problema, la cual debía descubrir. Esta actitud fue tan improductiva como agotadora.

Si yo pude aprender a procesar los asuntos, tú también puedes hacerlo. Voy a mostrarte cómo resolver cualquier problema con calma y eficacia, sin importar lo que esté en juego. Construir un negocio requiere matar muchos dragones. Los problemas son inevitables, por lo que será mejor que te acostumbres a resolverlos. Con este fin, debes procesar constantemente.

1. Procesar es la capacidad de tomar decisiones efectivas al acceder a la información disponible procurando que las probabilidades de acertar nos favorezcan.
2. Procesar consiste en someter cada elección difícil, problema y oportunidad que se presente a un análisis mental riguroso.
3. Procesar es desarrollar estrategias, ver las consecuencias ocultas y secuenciar una serie de jugadas para resolver los problemas de forma permanente.

El elemento más importante para procesar con eficacia: asumir la responsabilidad

Los individuos que procesan muy bien conjugan los verbos en primera persona y ven el papel que han desempeñado en cualquier problema que haya tenido lugar. Se hacen preguntas del estilo «¿cómo contribuí a esto?», «¿qué hice para cocrear esta situación?» o «¿cómo puedo mejorar para estar mejor preparado para manejar algo como esto en el futuro?».

Los que procesan mal se victimizan y culpan a los demás y a los sucesos externos en lugar de ver cómo contribuyeron ellos al problema. Sabemos que estamos ante alguien que procesa mal cuando es manifiesto que no conjuga los verbos en primera persona. Estos individuos dicen cosas como «todos los *millennials* son perezosos», «estos niños no tienen ética profesional», o «están perjudicando la empresa».

Aquellos que procesan muy bien reemplazan los verbos en tercera (o segunda) persona por los verbos en primera persona. Dirán, por ejemplo: «No estoy llevando bien a los *millennials*. Necesito ver cuáles son mis puntos ciegos. Debo aprender a entender mejor a los *millennials* para saber qué los motiva. O debo contratar a personas de otra generación. En cualquier caso, depende de mí resolver este problema».

Lo que diferencia a los individuos mediocres de los excepcionales es la profundidad con la que procesan. La mayoría de las personas procesan a un nivel superficial, pero las mejores entre las mejores van mucho más allá. Un gran maestro piensa a largo plazo, mientras que un aficionado lo hace a corto plazo. Quienes procesan de manera superficial buscan soluciones rápidas. Solo piensan en la próxima jugada, y su objetivo es hacer que el problema desaparezca momentáneamente. Quienes procesan con profundidad miran bajo la superficie para encontrar las causas. Contemplan varias jugadas y planifican una secuencia de movimientos para asegurarse de que el problema no vuelva a producirse.

Es importante que veas cómo lo hace la mayoría de la gente. Culpar y escapar son las respuestas más comunes, y también es posible que constituyan tu reacción inicial. Lo entiendo. Todos somos humanos. Mira la lista siguiente para ver cuál es tu respuesta.

TRES ENFOQUES PARA TRATAR UN PROBLEMA

1. Encuentras a alguien a quien **culpar**. Es mucho más fácil considerar que el problema tiene un origen externo que lidiar con él. Si no puedes identificar a un culpable, mandas un correo electrónico a todos tus contactos con un mensaje en

el que les dices que se vayan al infierno, seguido de una fila de emoticonos que muestran el dedo corazón.

2. Encuentras un lugar seguro al que **escapar**. Buscas una distracción. Consultas Instagram. Te pones a ver las noticias, un canal de deportes o un programa de chismes sobre famosos. Finges que puedes estar en modo multitarea cuando en realidad solo estás limpiando tu bandeja de entrada. Mejor aún: lo dejas por hoy, te vas a casa y te acuestas en tu cama caliente.

3. Encuentras una manera de **procesar asumiendo la responsabilidad**. Respiras hondo y te recuerdas que estos son los momentos que distinguen a los ganadores de los perdedores.

Los grandes se responsabilizan de su papel

Los ganadores dicen cosas como «lo siento», «he cometido un error» y «no tenemos a nadie a quien culpar salvo a nosotros mismos».

¿Qué hacen las víctimas en cambio? Culpan al *software*. Culpan al mercado. Culpan a sus compañeros. Culpan a sus clientes. Culpan a sus jefes. Señalan con el dedo a todos menos a sí mismos. En consecuencia, siguen cometiendo los mismos errores y siguen perdiendo.

Apuesto que conoces a algunas de estas personas. Son las que dicen que siempre es culpa de los demás. No paran de hacerse las víctimas ni de quejarse. Culpar a los demás les permite eludir un hecho: que ellas mismas son el factor que está siempre presente en todas sus interacciones. El autor y *coach* de relaciones Mark Manson dijo: «Siempre les digo a los hombres que si todas las chicas con las que salen son inestables y están locas, eso es un reflejo de su grado de madurez emocional (el de ellos). Es un reflejo de su confianza o falta de confianza. Es un reflejo de su necesidad».

¿Estás ante una víctima o un ganador? Es fácil de ver. Los ganadores son los que asumen la responsabilidad por los problemas.

Los niños dicen: «Se rompió». Los adultos maduros y responsables dicen: «Lo rompí».

Joe Rogan es un ejemplo perfecto de líder que se hace responsable. Rogan ha encontrado el éxito como cómico, actor, practicante de artes marciales, comentarista de combates de artes marciales y autor de *podcasts*. En mi opinión, la clave de su éxito es su capacidad de procesar los problemas y de aceptar la responsabilidad. No reprime sus opiniones y pensamientos. Sus palabras reflejan el funcionamiento de su mente y, al hacerlo, podemos hacernos una idea de cómo procesa los asuntos.

En uno de sus *podcasts* hablaba, desahogándose, sobre cómo un tipo con el que se había asociado para vender café usó su plataforma de una manera que no le sentó bien a Rogan. Su tono de voz reflejaba frustración. Pero Rogan no culpó al otro tipo, sino que asumió la responsabilidad. En lugar de mostrarse como una víctima, *reconoció* su papel en lo que había sucedido. Sus palabras fueron: «Yo creí en él, maldita sea. Hemos permitido que se genere un problema».

Tenía todo el derecho de estar enojado. La mayoría de la gente se habría centrado en lo que hizo la otra persona. Pero en lugar de decir que lo habían engañado (y que, por lo tanto, era una víctima de la que se habían aprovechado), Rogan reconoció el hecho de que él había creído en su socio (por lo que cocreó el problema como cómplice). Cuando uno procesa los asuntos y asume la responsabilidad, deja de culpar a los demás. Sin duda, Rogan empezó mostrándose enojado, pero mientras procesaba el asunto, dijo: «Me siento mal porque me gusta el chico. [...] Ni siquiera creo que sea intencionado». En otras palabras: no le tomó mucho tiempo darse cuenta de que la raíz de su frustración eran sus propios actos.

Un profesional que lleva décadas procesando asuntos entiende que nadie le hace nada sin que él lo permita. En lugar de amargarse, los triunfadores usan la adversidad como una palanca para mejorar. En este caso, Rogan aprovechó su frustración para proponerse no volver a cometer el mismo error. En una situación en que la mayoría de la gente criticaría al otro en las redes sociales o amenazaría con interponer una demanda, Rogan se estaba formando a sí mismo. Dijo: «He leído más sobre el café en las últimas tres semanas de lo que nunca quise leer o pensé que tendría que leer».

PASOS DE PROCESAMIENTO QUE DEBES SEGUIR
CUANDO ALGUIEN TE HAGA SENTIR ENOJADO
1. Asume la responsabilidad por tu papel en lo sucedido.
2. Indica específicamente lo que hiciste para crear el problema.
3. Canaliza tu frustración hacia tu mejora y la prevención de problemas futuros.

Esta es una forma de procesar ganadora. Este es un enfoque efectivo por parte de una persona que ha creado el hábito de abordar los problemas y usarlos para aprender y crecer. No es algo innato o que se aprenda de la noche a la mañana, pero no cabe duda de que se puede aprender.

También es algo que se puede enseñar. Si tienes personas a tu cargo, debes ir más allá de procesar los asuntos tú solo. Conviene que transfieras esta habilidad a tus gerentes y empleados. La mejor manera de hacerlo es dando ejemplo. Si eres una persona que procesa a un nivel profundo, das ejemplo en la forma de abordar los asuntos. Esto es esencial para que puedas hacer crecer tu negocio.

Insisto en que procesar asuntos es la habilidad más importante que debes dominar porque es algo que tendrás que hacer varias veces al día durante el resto de tu vida. Para empezar, pasar a ser alguien que asume la responsabilidad en lugar de seguir culpando a los demás lo cambiará todo. Pasarás de ser una víctima de las circunstancias a ser una persona que crea su propia realidad.

Cómo lidiar con una crisis

Creo firmemente en asumir la propia responsabilidad y en reconocer que uno mismo ha contribuido en alguna medida a la situación que se está dando. Actuar como una víctima es lo opuesto a ser un gran maestro. Al mismo tiempo, debemos reconocer que ocurren cosas que escapan a nuestro control. Como aprendimos de la pandemia que comenzó a principios de 2020, tendrás que lidiar con fuerzas externas que no tienen nada que ver con tus elecciones.

Hay muchas cosas que no son culpa tuya. Acontecen sucesos negativos que están más allá de lo que puedes controlar.

DIEZ TIPOS DE CRISIS
1. Relativas a la salud.
2. Relativas a la tecnología y a las redes informáticas.
3. De tipo organizacional o institucional.
4. Violencia.
5. Venganza de un extrabajador.
6. Debidas a calumnias.
7. De tipo financiero (en el ámbito personal o a causa de una corrección del mercado).
8. Producidas por sucesos impredecibles.
9. De tipo personal.
10. Provocadas por fenómenos naturales.

Las crisis tienen duraciones muy diversas. Algunas duran una hora y otras pueden prolongarse durante un trimestre o incluso un año. Y así como el mercado de valores no puede soportar la incertidumbre, las empresas tampoco. Lo desconocido genera miedo. Cuando se produce una crisis, la responsabilidad del líder se multiplica por diez. En el contexto de una gran incertidumbre, demasiados líderes cometen el error de quedarse callados. Al no tener un plan, creen que no decir nada es mejor que decir algo incorrecto.

Guardar silencio durante una crisis es un ejemplo de tomar la decisión fácil en lugar de la decisión efectiva. De hecho, en el contexto de una crisis es especialmente importante mantener una comunicación frecuente y de calidad. Cuando todo el mundo se está volviendo loco, te corresponde a ti, el líder, ser la calma en la tormenta. La capacidad de tomar decisiones, la resiliencia y la capacidad de procesar con calma los asuntos son habilidades aún más fundamentales en estos momentos.

Tu manera de reaccionar acortará la crisis o bien la prolongará. No hay ningún motivo por el que debas culparte por un accidente o una pandemia; tú no creaste esa crisis. Es tu forma de *reaccionar* ante ella lo que determinará si tu negocio se va a mantener o va a sucumbir.

CONDUCTAS Y ACTITUDES TUYAS QUE HACEN QUE UNA CRISIS DURE MÁS O MENOS

(Suponemos aquí que cualquier crisis dada se ubica en algún punto en una escala del 1 al 10).

1. Tus estrategias.
2. Tu grado de aplomo.
3. Sobrevalorar la crisis: convertir una crisis de grado 3 en una crisis de grado 9.
4. Infravalorar la crisis: convertir una crisis de grado 9 en una crisis de grado 3.
5. Tu capacidad de pensar en las próximas cinco jugadas.

Calcula el retorno de la inversión y del tiempo (ITR)

Si crees que me he excedido un poco al subrayar la necesidad de aceptar la responsabilidad, me declaro culpable de los cargos. En gran medida, el procesamiento tiene que ver con la perspectiva. En lugar de culpar a los sucesos externos, debes pasar a verte a ti mismo como la persona que crea y resuelve los problemas. Esta no es una habilidad menor, y no puedo insistir lo suficiente en lo importante que es. Tampoco puedo subrayar lo suficiente el hecho de que los individuos habituados a procesar poseen herramientas tanto emocionales como analíticas. Pongamos a trabajar, entonces, los músculos analíticos. Veamos cómo.

La mayoría de los asuntos implican tiempo y dinero. Tomamos malas decisiones cuando no tenemos en cuenta ambos en nuestro procesamiento. Los aficionados reaccionan primero y piensan después. Deciden emocionalmente y aplican el razonamiento lógico posteriormente: «¡Oh!, no voy a gastar dinero en nuevas contrataciones en este momento, en estos tiempos inciertos». O tal vez digan: «¡Este *software* nuevo es genial! Tenemos que empezar a utilizarlo mañana mismo».

Estas declaraciones tienen un componente emocional importante. Un estoico te aconsejaría que adoptaras un enfoque más moderado. El *software* puede ser genial, pero ¿has calculado cuánto tiempo te llevará recuperar tu inversión? ¿Has dedicado tiempo a calcular el coste real de una nueva contratación (el salario y las prestaciones son solo una parte de la ecuación), así como el aumento de ingresos que en principio generaría esa persona?

No puedes tomar decisiones sin efectuar un análisis adecuado y anticipar varias jugadas. Mi equipo debe de haberme oído decir «ITR» (Investment Time Return, 'retorno de la inversión y del tiempo') un millón de veces. Tal vez estén un poco hartos, pero saben lo valioso que es este concepto. Esta es la fórmula:

I Inversión
¿Cuánto costará o cuánto nos permitirá ahorrar?

T Tiempo
¿Cuánto tiempo nos llevará y cuánto tiempo ahorraremos?

R Retorno
Calcula el retorno del dinero y el tiempo implicados en la decisión

Antes de tomar una decisión, empieza aplicando la *regla de tres*: elabora tres propuestas diferentes para lidiar con un asunto, cada una con un precio diferente asociado. Las personas que no saben cómo trabajo acuden a mí con una idea y me dicen: «Esto es lo que va a costar». Entonces, les pido que me presenten dos propuestas más. Contar con tres propuestas o estimaciones de costes ayuda a estirar el dinero. Disponer de tres propuestas te da la opción de sacar el máximo partido a cualquier acción que vayas a emprender. Y no me digas que solo hay una opción. Si piensas eso, el dinero dará para menos y no para más.

A continuación, define el marco temporal. Por ejemplo, pongamos por caso que gastando cien mil dólares lograrás que algo se haga en seis meses, mientras que si gastas doscientos mil conseguirás que se termine en tres meses. Entonces, la pregunta pertinente es: ¿vale la pena gastar el doble de dinero para ejecutar el proyecto en la mitad de tiempo?

Para responderla, hay que tomar en consideración el flujo de efectivo y lo urgente que es el proyecto. Si es imprescindible terminarlo pronto, será mejor que gastes esa cantidad de dinero adicional. Por otra parte, si tienes que pedir dinero prestado para financiar el proyecto, será mejor que incluyas el coste del capital en la ecuación.

Después de haber calculado el coste y el tiempo, calcula el retorno. Pongamos por caso que un proyecto que cuesta doscientos mil dólares y tardará un año en completarse reducirá tu riesgo de perder clientes en un ocho por ciento. Actualmente, estás vendiendo treinta mil pólizas al año. Si multiplicamos treinta mil contratos por el ocho por ciento, el total es dos mil cuatrocientos contratos. Si cada contrato es por valor de doscientos dólares, el retorno total es de cuatrocientos ochenta mil dólares.

PÓLIZAS	RETENCIÓN DE CLIENTES	VALOR DEL CONTRATO	=	AHORRO
30.000	8 %	200 $		480.000 $

No hay que ser un genio de las matemáticas para darse cuenta de que esta inversión vale la pena. Pero hay que profundizar un poco más en los números. Haz una lista de los puntos ciegos o las cosas que podrían salir mal con la decisión. Es fácil pensar en lo que podría salir bien, pero también es importante ver el otro lado.

Toma una página del libro de Dale Carnegie *Cómo suprimir las preocupaciones y disfrutar de la vida* y sitúate en el peor escenario posible. En esta situación, lo peor que puede pasar es que pierdas doscientos mil dólares. ¿Podrías sobrellevar esta situación? ¿Entrarías en bancarrota? Tu decisión debería basarse en la valoración del riesgo total en lugar de estar basada en la improvisación o en el potencial positivo únicamente.

La gente tiende a justificar sus decisiones calculando los números correspondientes al mejor de los casos. Pero hay que ser realista con las suposiciones. Incluso si la inversión permitiese salvar el cuatro por ciento de las pólizas solamente (0,04 x 30.000 x 200), los ingresos serían de doscientos cuarenta mil dólares. Si tuvieses que pedir dinero prestado al doce por ciento para financiar el proyecto (lo cual haría que los gastos reales fuesen de doscientos veinticuatro mil dólares), la inversión aún valdría la pena. De hecho, es una buena idea calcular el punto de equilibrio* de cualquier proyecto antes de comprometerse con él.

PÓLIZAS	RETENCIÓN DE CLIENTES	VALOR DEL CONTRATO		AHORRO
30.000	4 %	200 $	=	240.000 $

Como puedes ver, no hay que realizar cálculos difíciles. Solo debes aplicar la fórmula del retorno de la inversión y del tiempo (ITR) y efectuar proyecciones sólidas. Aunque no tengas que saber mucho de cálculo, no puedes ser perezoso con los números y siempre debes contemplar varios resultados diferentes. El ITR es una herramienta fundamental que usarás una y otra vez.

Las personas que procesan muy bien rara vez repiten sus errores

Hace años, tuve la oportunidad de invertir en una empresa de ropa. Me gusta la moda y me impresionaron tanto el producto como la personalidad del propietario, Ray. Además, Ray estaba dispuesto a vender el sesenta por ciento de su compañía por cien mil dólares solamente, y me pareció que era una buena oportunidad.

Mi negocio iba muy bien en ese momento. Me felicité por ser lo suficientemente flexible como para comprar una gran participación accionarial en esa empresa de ropa. ¿Por qué debería haberme molestado en investigar cuando estaba claro que Ray era un tipo sincero y talentoso?

---

* N. del T.: En el ámbito empresarial, el punto de equilibrio es aquel en el que los ingresos cubren los gastos fijos y variables. Por debajo de este punto habrá pérdidas y por encima habrá ganancias.

Inmediatamente después de cerrar el trato, me volví mucho más popular. De hecho, mi teléfono no dejaba de sonar. Tan pronto como los acreedores de Ray se enteraron de que tenía un inversor con mucho dinero, hicieron fila para recuperar el suyo. Me defendí. Me volví terco. Terminé perdiendo demasiadas horas, que debí haber dedicado a mi empresa, para combatir a esas personas. Culpé a los acreedores. Culpé a Ray. Culpé a todos los que no se llamaban Patrick. Y seguí cavando un hoyo más profundo para mí.

Hay una expresión sabia que tiene perfecto sentido: cuando estés en un hoyo, deja de cavar. El problema es que cuando estás en ese agujero, a menudo estás demasiado enojado y eres demasiado presa de las emociones como para hacer algo distinto de luchar por tu propia vida. Estos son los momentos en los que es importante tener gente inteligente alrededor que no tenga miedo de sacarte del hoyo. Afortunadamente, con el empujón de mi círculo íntimo acabé por ceder y tiré la toalla sobre el fundador; acepté la pérdida y volví a centrarme en mi negocio principal.

Me disgusté más a causa del *proceso* que seguí para tomar mi decisión que por el dinero en sí. Fui en contra de mis propios principios no negociables (invertí en un sector del que no sabía nada, no indagué acerca de los problemas personales de un fundador carismático, traté de generalizar en lugar de especializarme), y acabé por pagar un precio. Mi instinto me dijo desde el principio que no debía involucrarme, pero no logré ver más que la próxima jugada. Procesé a un nivel superficial y las consecuencias no fueron buenas.

Cuando finalmente asumí la responsabilidad, comprendí el papel que había tenido yo en el fiasco. Reflexioné sobre todos los errores que había cometido: no había llevado a cabo una investigación adecuada ni había realizado las diligencias oportunas. Había invertido en un sector ajeno a la esfera de mi competencia. Había sido tanto arrogante como codicioso. No había recordado un dicho sabio muy simple: si parece demasiado bueno para ser verdad, probablemente lo sea.

Una vez que hube asumido mis errores, me quedé con un armario lleno de ropa que me iba a recordar mi error de cien mil dólares, por no hablar de todo el tiempo que había desperdiciado. Si pierdes, no te pierdas la lección. Las experiencias nos sirven o bien para volvernos más amargos o bien para mejorar. Para mejorar, debemos reflexionar sobre nuestros errores. Me acordé de cómo Magnus Carlsen, después de una derrota, analizaba cada decisión que había tomado para ver exactamente en qué punto empezaron a ir mal las cosas y por qué. *Todo maestro, tanto en el ajedrez como en el ámbito empresarial, aprende más estudiando las jugadas que lo llevaron a la derrota que las que lo condujeron a la victoria.*

Los ocho rasgos de una persona que procesa muy bien

Los individuos que conozco que son expertos en procesar tienen personalidades y estrategias empresariales muy diferentes, pero tienen estos ocho rasgos en común:

1. Hacen muchas preguntas. Tener más datos conduce a hacer mejores suposiciones: «¿Qué causó esto?», «¿Cómo podemos resolverlo?», «¿Cómo podemos evitar que vuelva a suceder?».

2. No les importa tener razón o no. Solo les interesa la verdad. Las personas que procesan muy bien quieren manejar la situación y seguir adelante. Si otro individuo tiene una idea mejor, genial. El ego no es un obstáculo para tomar la decisión correcta.

3. No ponen excusas. No es su estilo perder tiempo y malgastar esfuerzos tratando de averiguar por qué las cosas salieron mal.

4. Les gusta que los desafíen. Su prioridad es gestionar las situaciones de manera rápida y efectiva, y si otros tienen una solución, aunque difiera de la suya, quieren escucharla. Disfrutan

con las personas que les hacen considerar alternativas o defender su posición.

5. **Tienen curiosidad.** No se pueden resolver problemas sin contar con conocimiento. Las personas que procesan no dejan de aprender más sobre su ámbito de negocio y el funcionamiento de este. Los detalles fundamentales les encantan tanto como las grandes ideas.

6. **Previenen más problemas de los que solucionan.** A aquellos a los que se les da realmente bien procesar asuntos también se les da muy bien detectar señales de alarma antes de que se vuelvan rojas.

7. **Son grandes negociadores.** Los solucionadores de problemas que tienen curiosidad usan la lógica para encontrar la manera de que todas las partes implicadas salgan ganando.

8. **Están más interesados en resolver los problemas de forma permanente que en ponerles parches.**

A las personas expertas en procesar les encanta afrontar problemas (los abordan como un juego)

No es por casualidad que las personas que son muy buenas procesando y que poseen las cualidades enumeradas se convierten en líderes. A medida que van procesando los asuntos de manera lógica y eficiente y van satisfaciendo las necesidades de los demás, se van ganando la confianza de todos los que trabajan con ellas.

Los individuos que son expertos en procesar no temen los problemas. Los acogen con agrado y los tratan como un juego. Si el empleado que más vende de tu empresa amenaza con irse, empieza por asumir la responsabilidad. Esto te llevará a reconocer que tu plan de retribuciones es muy malo y que no cuentas con una estrategia para retener el talento. Además, la formación en ventas que se imparte en tu empresa no es la mejor y necesitas encontrar formas de mejorarla. En lugar de entrar en pánico, aceptas la situación. Te dices a ti mismo: «No solo podemos descubrir la forma de retener a esta persona, sino que también desarrollaremos una estrategia para llegar a tener el equipo de ventas más leal del sector». Cuando adviertas un punto débil, no te demores; en lugar de ello, procesa la situación y planifica tus próximas jugadas.

Tu mentalidad lo es todo. Cuando empiezas a ver una crisis como una oportunidad, estás ganando el juego.

La palabra china que significa 'crisis' tiene un carácter en común con la palabra que significa 'oportunidad'.

He sido mentor de algunos jóvenes empresarios magníficos durante mi carrera y he tenido el privilegio de ver cómo llegaban a ser extraordinariamente buenos procesando asuntos. También he sido testigo de cómo este conjunto de habilidades los situaba por encima de otros empresarios una y otra vez. Esta es la razón por la que ubico el procesamiento en la parte superior de mi lista de destrezas para los aspirantes a empresarios y para mis propios hijos.

Una vez al mes, reúnete en una sala con tu equipo de liderazgo (o con un grupo de tres, cuatro o cinco compañeros de mente abierta y de confianza) y dedicad una hora al próximo gran problema por resolver. Lo que hago en estas reuniones es plantear algún problema y dejar que se produzca un debate constructivo sobre el tema. Cuanto más fuerte es el debate, más nos acercamos a la mejor decisión. Escucha en lugar de discutir. Conserva la curiosidad.

Esta es la clave del éxito empresarial. Haz que las mejores prácticas de procesamiento formen parte de la cultura de tu empresa y esta habilidad se filtrará en la mente de tu gente, que cada vez será más diestra a este respecto. La rentabilidad de tu empresa se incrementará, sin duda, pero también contará con mejores líderes y mejores seres humanos. Todos los problemas del mundo son cuestiones que deben procesarse, y aunque no estés en condiciones de resolver el problema del hambre mundial, sí puedes resolver los problemas del ámbito en el que vives y trabajas.

La mayoría de nosotros no procesamos los asuntos de forma natural. En el matrimonio ocurre algo similar. Piensa en las parejas que conoces que tienen problemas profundos que no están dispuestas a abordar. Evitan ciertos temas (problemas con el sexo, los suegros, la religión) hasta que hacen estallar el matrimonio. Tal vez los miembros de la pareja se las arreglen para permanecer juntos un tiempo, a menudo por el bien de los niños. No son felices; acaso vivan juntos, pero están separados desde el punto de vista psicológico. Y cuando se hacen mayores, no aguantan más y se divorcian. Viven muchos años enojados (¡cuántos años desperdiciados!) porque nunca abordaron sus problemas.

Cuando te niegas a procesar los asuntos, vives una mentira y pagas las consecuencias. No malgastes tu tiempo, ni en tu vida personal ni en el terreno profesional.

Si puedes aprender a afrontar la realidad y a tomar decisiones basándote en tu propia guía interior, podrás tener éxito como emprendedor o empresario. Las exageraciones que leemos en Internet pueden hacernos creer que algunos individuos nacen con un apetito natural por el riesgo que los conduce directamente al éxito. La verdad es mucho más básica. A lo largo de la vida, es necesaria una determinada mentalidad —un enfoque firme y agresivo en la resolución de problemas— para triunfar en el mundo empresarial, ya sea como empresario, intraemprendedor, etc. La mejor estrategia es perfeccionar la propia capacidad de procesar los asuntos.

5

Cómo despejar la X: una metodología para tomar decisiones de manera efectiva

Dentro de cuarenta horas estaré en plena batalla, con poca información, y en el calor del momento tendré que tomar las decisiones más trascendentales, pero creo que el espíritu de uno se agranda con la responsabilidad y que, con la ayuda de Dios, las tomaré, y que serán las acertadas. Parece que toda mi vida ha estado apuntando a este momento. Cuando termine esta tarea, supongo que se me señalará el siguiente escalón en la escalera del destino. Si cumplo con mi deber, el resto se pondrá en su lugar por sí mismo.

—General George S. Patton

E l procesamiento de los asuntos es un tema tan importante que quiero dar continuidad al capítulo anterior y brindarte una metodología específica para procesar y tomar decisiones.

En mi opinión, una de las claves del éxito es tener un sistema. Aquellos que cuentan con un sistema para tomar mejores decisiones ganan. Algunas decisiones se toman con rapidez, mientras que otras requieren tiempo. Necesitas una metodología específica para abordar cualquier cuestión, de la misma manera que un maestro de ajedrez sabe cómo jugar cualquier apertura o cómo defenderse de una al principio de la partida.

Necesitaba desarrollar un sistema en el que pudiera confiar para que me ayudase a identificar qué tenía que arreglar exactamente y para ver con mayor claridad todas mis opciones. Necesitaba contar con una forma de pensar organizada que me permitiera tomar decisiones con las mayores probabilidades de éxito, tanto en el momento como a largo plazo. El sistema que acabé por desarrollar no siempre me condujo a la elección perfecta, pero como me llevaba a abordar y analizar los asuntos de forma minuciosa, me sentía bien. Disponer de una metodología fue lo que acabó por darme tranquilidad y lo que puso fin a mis ataques de pánico. Por primera vez en mi vida, pude despreocuparme lo suficiente de los asuntos y seguir adelante sin sentir el miedo y el arrepentimiento fluyendo por mis venas.

La capacidad de resolver bien los problemas es la capacidad de tomar un asunto complejo al que nos enfrentamos y someterlo a una fórmula que nos ayude a identificar la raíz del problema siguiendo unos pasos. Así se procede en el álgebra, y lo mismo es aplicable al ámbito empresarial. Por eso digo a menudo que se trata de «despejar la X».

La X es la variable desconocida. En matemáticas, una vez que averiguamos cuál es el valor de X resolvemos el problema. En el campo empresarial y en la vida, si identificamos X también resolvemos el problema.

Aunque X es un factor desconocido, no es incognoscible. Tu trabajo consiste en averiguar cuál es exactamente.

Contempla la vida como una gran lista de problemas matemáticos por resolver. Muchas de las decisiones que tomas en tu vida hoy se basan en una lista de fórmulas que has reunido en tu mente. La forma de cocinar espaguetis se basa en una fórmula. La manera de llegar al trabajo más rápido responde a una fórmula. El modo de incrementar tus ingresos también obedece a una fórmula.

Si no estás satisfecho y contento con los resultados que estás obteniendo en distintas áreas de tu vida, lo más probable es que necesites hacer algunos ajustes en algunas de las fórmulas que llevas un tiempo usando. Tu forma de pensar te ha llevado al punto en el que te encuentras hoy. Para que las cosas cambien, tu forma de pensar debe cambiar. Y esto puede ser, con mucho, lo más difícil para ti. No es fácil admitir que muchas de las decisiones que hemos estado tomando se han basado en una fórmula equivocada.

Debes estar preparado para X, es decir, para todas las incógnitas que surgirán durante el curso de la gestión de tu negocio.

Llegar a la causa despejando la X

Un colega llamado Charlie me dijo hace poco:

—¿Sabes qué? Ya no sé si me sigue gustando esto.

—¿Qué es *esto*? —le pregunté. Pareció confundido e intenté ser más explícito—: Has dicho que no sabes si te sigue gustando *esto*. ¿Qué es *esto*?

Charlie dijo que se refería al negocio de los servicios financieros. Y comenté:

—Bueno, para mí *esto* es otra cosa, a pesar de que estamos en el mismo campo. Piénsalo. Si estás en el negocio inmobiliario, ¿te encantan los ladrillos? Si vendes productos farmacéuticos, ¿te encantan las pastillas? Redefine lo que significa *esto* para ti. En mi caso, *esto* es la gente. Me encanta la gente; siento curiosidad por las personas. Todos los días en el trabajo, las estudio, averiguo sus tendencias y realizo movimientos para que saquen lo mejor de sí mismas.

—¡Oh!, nunca antes había adoptado este enfoque.

Nuestra conversación lo motivó a pensar de una manera diferente. Procesó qué era *esto* (la X que debía despejar) y trató de llegar a la raíz de su frustración.

Despejar la X significa identificar bien el problema. No basta con que digas que tu problema es tu jefe. Debes profundizar para determinar si el problema es que no tienes la autonomía que querrías, si te fastidia que no te paguen en función de tus méritos o si no tienes opción de potenciar tu intelecto. No puedes despejar una incógnita llamada *tu jefe*; debes enfrentarte a un problema más específico y acotado.

Charlie debía averiguar cuál era la verdadera causa de su descontento. Si se sentía agotado, tal vez lo que necesitaba era un descanso para recuperar la energía. En su caso, se sentía agotado porque había engordado. Se dio cuenta de que debía empezar a levantarse más temprano y recuperar su rutina de ejercicio. Ese fue el primer paso.

En segundo lugar, tenía que procesar más profundamente. Su autoestima estaba baja porque no pasaba por un buen momento como vendedor. En consecuencia, cada rechazo le dolía más. Estaba en una espiral descendente, inmerso en una dinámica negativa. Tras llevar a cabo una reflexión, se dio cuenta de que no odiaba vender servicios financieros. Lo que odiaba era sentirse agotado todo el tiempo y tener un bajo rendimiento como vendedor de servicios financieros. Charlie rendía bien cuando obtenía resultados y tenía una sensación de logro.

Procesar en profundidad significa meterse por debajo de la superficie. Por supuesto, habrá días en los que tu motivación se tambaleará. Es normal sentirse agotado a veces. Entonces debes explorar profundamente y despejar la X que está causando tu dolor.

Charlie decidió dar un paso más. Se recordó a sí mismo por qué había elegido hacerse emprendedor. Pensó en cómo lo había hecho sentir su exjefe cuando le dio un puesto de alto nivel a su hijo, que estaba poco cualificado, en lugar de dárselo al tipo que lo había dado todo por él durante cinco años. Pensó en lo mucho que había odiado ese empleo y visualizó todo aquello que lo había impulsado a optar por esta nueva forma de vivir tan exigente.

Cuando hubo despejado la X, pudo tomar decisiones sobre su trabajo que mejoraron tanto su actitud como sus ingresos.

DESPEJAR LA X
Hoja de trabajo

Problema:

CUESTIONES QUE INVESTIGAR	PROCESO DE RESOLUCIÓN	IMPLEMENTACIÓN
URGENCIA 0-10	¿A QUIÉN SE NECESITA?	¿QUIÉN DEBE PARTICIPAR?
IMPACTO TOTAL BENEFICIOS POTENCIALES: PÉRDIDAS POTENCIALES:	LISTA DE SOLUCIONES	RESPONSABILIDADES ASIGNADAS
VERDADERA(S) CAUSA(S) DEL PROBLEMA(S)	CONSECUENCIA(S) POTENCIALMENTE NEGATIVA(S)	NUEVOS PROTOCOLOS
¿Por qué? ¿Por qué? ¿Por qué?		

Cómo despejar la X

Si no tenemos una metodología, tendemos a caminar en círculos, paralizados por el miedo. Cuando contamos con una, disponemos de un enfoque organizado para procesar los asuntos. Una metodología te permitirá procesar cualquier cuestión de una forma organizada.

El procesamiento cuando peligra el propio negocio

El problema más crucial al que me he enfrentado apareció justo cuando pensaba que había realizado mi sueño. Solo tenía treinta años y por fin había dado el salto de crear mi propia agencia. A las cinco semanas de haber fundado la compañía, un gigante del sector de cuatrocientos mil millones de dólares, Aegon, presentó una demanda en mi contra. Su objetivo era simple: echarme del sector incluso antes de que comenzara.

A los altos directivos y abogados de Aegon no les importaba lo duro que había trabajado para ahorrar el dinero que me permitió lanzar mi negocio. No les importaba que me acabara de casar. Y, desde luego, no les importaba que hubiera convencido a sesenta y seis agentes leales de que abandonaran su empleo en empresas establecidas para unirse a este loco soñador en una misión. Para Aegon, demandarme fue solo una cuestión de negocios (y también fue solo por una cuestión de negocios que, años después, el director ejecutivo que me había demandado terminara uniéndose a mi consejo asesor). No lo tomé como algo personal, a pesar de que los ahorros de toda mi vida estaban en juego.

Esa demanda fue la prueba más difícil a la que me había enfrentado nunca. Pero en lugar de hacer lo que hacen la mayoría de los empresarios cuando las cosas van mal (culpar, quejarse, enojarse y dar vueltas en círculos debido a todas las dudas), decidí que no dedicaría energía a aquello que escapaba a mi control.

Lo que tenía que hacer era establecer claramente qué era lo que podía controlar y qué era lo que no podía controlar. Hice las dos listas siguientes:

LO QUE PUEDO CONTROLAR:
- La planificación de mis próximas jugadas.
- Mi esfuerzo diario.
- Mis elecciones en cuanto al abogado y otros recursos.
- Mantener a nuestro equipo de ventas y a nuestros directivos enfocados en los objetivos inminentes.

LO QUE NO PUEDO CONTROLAR:
- La razón por la que Aegon eligió demandarme.
- La posibilidad de que la demanda acabe con la empresa.
- La posibilidad de que otras compañías de seguros cancelen el contrato que tienen con nosotros.

En lugar de entrar en pánico o reaccionar de forma exagerada, elaboré una estrategia centrada en capear la tormenta y lograr mis objetivos a largo plazo. Elegí pagar al demandante; extendí un cheque por una gran cantidad y seguí adelante. El gasto nos paralizó, porque había pensado en mis próximas cinco jugadas, pero la empresa pudo mantenerse. Lo importante no era vengarse de Aegon o ganar un pleito; tomé una decisión que nos dejó vía libre para concentrarnos en hacer crecer nuestro equipo de vendedores autorizados y conservar nuestro impulso.

Sucedió algo curioso una vez que hube extendido ese gran cheque: por fin pude dormir de nuevo. No es frecuente que uno se sienta tranquilo después de sufrir una pérdida tan grande, pero como había procesado el asunto a fondo y había pensado en mis próximas jugadas, pude dejar atrás la terrible experiencia; confié en el hecho de que había analizado la situación exhaustivamente y había llegado a la decisión correcta.

En el pasado, tal vez habría permitido que el ego, la emoción y el miedo se apoderaran de mí, lo cual me habría conducido a luchar contra la demanda, aunque eso hubiese implicado perder la empresa y llevar a mi familia a la bancarrota. Seguro que esto me habría hecho sentir bien... durante unos tres minutos. En lugar de eso, procesé el asunto siguiendo mi metodología paso a paso, como puedes ver en el cuadro de la página siguiente.

Identificar el verdadero problema y la causa más profunda

Los mejores emprendedores miran más allá de los síntomas y llegan al núcleo de los problemas. Con este fin, vamos a ahondar ahora en una parte fundamental de esta metodología (identificar el verdadero problema y la causa más profunda) para que sepas mejor cómo despejar la X.

La X no es siempre evidente. De hecho, el verdadero problema puede estar oculto tras muchas emociones y opiniones sesgadas. Por eso, tienes que poner orden en tu mente. ¿Qué es real y qué no lo es? ¿Te estás enfocando en algo porque es la opinión de otra persona o una suposición falsa que albergas? ¿Estás sobredimensionando algo porque tu ego está herido? ¿Estás separando la emoción de la lógica?

Una vez que hayas descartado las cuestiones poco o nada relevantes, céntrate en las causas. Se trata de que identifiques las *plataformas ardientes* y las *puertas doradas*.

Plataformas ardientes: problemas candentes que debes abordar de inmediato.

Puertas doradas: muy buenas oportunidades que debes aprovechar enseguida.

DESPEJAR LA X
Hoja de trabajo

Problema:

CUESTIONES A INVESTIGAR	PROCESO DE RESOLUCIÓN	IMPLEMENTACIÓN
URGENCIA 0-10 10	**¿A QUIÉN SE NECESITA?** • Abogado. • Banqueros. • Equipo de gestión de crisis.	**¿QUIÉN DEBE PARTICIPAR?** • Los jefes de ventas. • Una compañía de seguros dispuesta a ser paciente.
IMPACTO TOTAL BENEFICIOS POTENCIALES: PÉRDIDAS POTENCIALES: La totalidad de los ahorros.	**LISTA DE SOLUCIONES** 1. Pagar. 2. Poner una contrademanda. 3. Ganar el caso.	**RESPONSABILIDADES ASIGNADAS** Abogado para resolver el caso lo antes posible.
VERDADERA(S) CAUSA(S) DEL PROBLEMA(S) ¿Por qué? Aegon quiere deshacerse de un competidor. ¿Por qué? ¿Por qué?	**CONSECUENCIA(S) POTENCIALMENTE NEGATIVA(S)** • Que las compañías de seguros rescindan el contrato que tienen con nosotros. • El fin de la empresa.	**NUEVOS PROTOCOLOS** • Contratar un oficial de cumplimiento para evitar posibles demandas futuras. • Contratar dos nuevas firmas de abogados: 1. Expertas en seguros. 2. Expertas en leyes de organizacion de ventas.

Una vez que hayas identificado el verdadero problema, empieza a preguntarte ¿por qué? No dejes de hacerlo hasta que llegues a un punto en el que no puedas seguir preguntando por qué o en el que te veas obligado a repetir una explicación que ya has encontrado. Esta es la razón más profunda y la verdadera causa de tu problema. Por ejemplo:

- Hemos perdido a nuestro principal cliente. ¿Por qué?
- Un producto de la competencia cuesta menos. ¿Por qué?
- Porque tiene menos funciones. ¿Por qué?
- Porque la mayoría de los clientes no necesitan todas las funciones que tiene nuestro producto.
- ¡Ajá!

Acabas de identificar una de las principales razones por las que no se alcanzaron los objetivos de ventas: porque tu producto no se ajusta a las necesidades de tus clientes. Por lo tanto, resolver el problema es relativamente fácil: debes ofrecer una versión menos costosa del producto, que tenga menos funciones.

Utiliza este procedimiento iterativo y cuestionador para cualquier asunto. Pongamos por caso que tu mejor vendedor ha dejado la empresa. Al ir preguntando por qué, descubres que el vendedor se fue porque el plan de retribuciones había sido diseñado para vendedores mediocres y no para estrellas, y que ese diseño fue el resultado de una mala comunicación entre tu director de ventas y tu director financiero. La primera solución consiste en revisar el plan de retribuciones dentro de los próximos diez días. La segunda solución consiste en que el director de ventas y el director financiero se comuniquen trimestralmente para que estén al tanto de sus necesidades respectivas.

Si el envío de tu nuevo producto se retrasó, la mayoría de la gente buscará a alguien a quien culpar. Sin embargo, recuerda que las personas que procesan muy bien buscan las causas, porque las causas conducen a las soluciones. Al preguntar por qué, descubres que la demora se debió a que tu mejor ingeniera dejó la empresa cuando su jefe le dijo que no podía trabajar desde casa un día a la semana, sin una buena razón. La solución: implementar unos acuerdos laborales más flexibles que faciliten que los empleados quieran quedarse.

CINCO PREGUNTAS QUE HAY QUE HACER PARA
IDENTIFICAR EL VERDADERO PROBLEMA

1. ¿Sé cuál es el verdadero problema o estoy viendo un síntoma solamente?
2. ¿Tiene mi equipo los datos relativos al verdadero problema?
3. ¿Es real el problema, o es una suposición o la opinión de otra persona?
4. ¿Hay un problema tangible o solo se trata de un ego herido?
5. ¿Estoy pensando de manera lógica o presa de las emociones?

Ser profesional en el juego ofensivo y defensivo

Como emprendedor, sientes que vas a tener que afrontar muchísimos tipos de decisiones diferentes, ¿verdad? En realidad, solo dos tipos de sucesos exigirán que tomes decisiones:

1. **Los que requieran «pasar al ataque».** Son oportunidades de ganar dinero o de imprimir avances en tu empresa o tu carrera. Las opciones suelen tener que ver con el crecimiento, la expansión, el *marketing* o las ventas.
2. **Los que requieran adoptar una actitud defensiva.** Son oportunidades de resolver un problema, dejar de perder dinero o dejar de retroceder en algún sentido. Las opciones suelen tener que ver con cuestiones legales como la sujeción a leyes y reglas y la protección frente a los competidores o las correcciones del mercado.

Una vez que has clasificado el problema o la oportunidad en la categoría de ataque o en la de defensa, se vuelve menos intimidante enseguida. Lo has etiquetado y, en cualquiera de los dos casos, has lidiado con ambos tipos de cuestiones en el pasado. Entonces, la toma de decisiones pasa de ser algo aterrador y desconocido a algo manejable.

Jugar al ataque implica buscar oportunidades para ganar dinero o promover el crecimiento, la expansión, el *marketing* y las ventas. Jugar a la defensiva implica resolver un problema, evitar la pérdida de dinero o retroceder. Cuestiones como el cumplimiento de leyes y reglas, temas legales y la cobertura financiera entran en la categoría de la defensa.

Realizar los cálculos es más un arte que una ciencia

Contraté a Alice Terlecky como directora de operaciones. Anteriormente había estado en Pacific Life, una importante compañía de seguros, donde había tenido mucho éxito. Tras pasar a ser nuestra directora de operaciones, me di cuenta de que se tardaba mucho tiempo en procesar las solicitudes de pólizas.

Me sentí frustrado y quise saber qué estaba pasando. Me senté con Alice y le pedí que me explicara qué sucede exactamente cuando llega una solicitud. Hice muchas preguntas con el fin de tener todo claro: cuál era cada paso, qué acciones se realizaban y cuánto tiempo requería cada una. Era el mismo tipo de análisis que efectuaría un consultor de manufactura en una línea de montaje para identificar puntos de congestión.

Después le hice otra pregunta a Alice: ¿cuáles de esos pasos debían ejecutarse manualmente y cuáles podría ejecutarlos automáticamente alguna herramienta tecnológica que pudiésemos comprar o crear?

Hablamos sobre qué funciones debían ser realizadas por seres humanos y cuáles podían ser manejadas por ordenadores. Nos dimos cuenta de que si nuestros operadores pudieran manejar un determinado paso utilizando un *software* (solo unos pocos lo hacían en ese momento), se reduciría significativamente el tiempo de procesamiento de las solicitudes. Alice me ayudó a comprender por qué el proceso se había ralentizado. Había implementado un nuevo sistema que contribuía a mejorar la calidad de nuestros contratos de seguros, lo que marcaba una gran diferencia en nuestra posible responsabilidad. Aunque me complació enterarme de la mejora de la calidad, quise acelerar el tiempo de procesamiento.

Le indiqué a Alice que llamara a todos los operadores que no estaban usando el *software* y les pidiera que lo hicieran. Después llevé el tema a la siguiente reunión de nuestra junta y pregunté cuánto costaría agilizar aún más el procesamiento interno. Determinamos que, en el mejor de los casos, necesitaríamos emplear a cuatro personas en el departamento de informática durante doce meses con esta finalidad; cada una de ellas cobraría ciento cincuenta mil dólares durante este período. Cuando añadimos otros gastos, vimos que el coste del proyecto ascendería fácilmente a un millón de dólares.

Un millón de dólares es una cifra alucinante. También es una cifra que no significa nada si no se analiza. Por eso, nos tomamos tiempo para descomponer los números:

- Podríamos ahorrar cinco minutos de tiempo de procesamiento por póliza.
- Cinco minutos por treinta mil pólizas al año son ciento cincuenta mil minutos (dos mil quinientas horas).
- Dos mil quinientas horas por veinte dólares la hora (lo que ahorramos en mano de obra) son cincuenta mil dólares.

El retorno de la inversión y del tiempo (ITR) es una herramienta que se vuelve más valiosa cuanto más se usa. Estoy exponiendo este escenario para que, una vez más, puedas trabajar tus músculos analíticos. Cada asunto al que te enfrentes tendrá su propio conjunto de dificultades asociadas. Para resolver estas cuestiones, no solo hay que «hacer cuentas». Hay que saber cómo pensar en el asunto para saber qué números hay que conectar. El ITR solamente es útil cuando se parte de los supuestos correctos.

En este caso, pudimos ver que tardaríamos veinte años en amortizar la inversión. Si nos detuviéramos ahí (como haría cualquier pensador aficionado), los cálculos nos dirían que la inversión no vale la pena.

Inversión: un millón de dólares.

Tiempo: dieciocho meses hasta el final del proceso de desarrollo e implementación.

Retorno: cincuenta mil dólares al año (basándonos en las ventas actuales).

Este planteamiento lo hicimos en 2017. En ese momento, yo había proyectado nuestro crecimiento para la próxima década.

Quienes son muy buenos tomando decisiones abordan esta cuestión más como un arte que como una ciencia. Sí, tener una metodología ayuda. Debes ser metódico y debes comprender los números. También tienes que aprender a *analizar* los números. Resolver la cuestión de cómo procesar las pólizas con mayor rapidez iba más allá de determinar el coste en mano de obra que ahorrábamos. En algunos casos, este procesamiento más rápido podría hacernos ganar clientes. En otros, aumentar el rendimiento mejoraría la satisfacción tanto de nuestros clientes como de nuestros agentes. Pero el verdadero factor que faltaba en este análisis era nuestra tasa de crecimiento.

Cuando extrapolé nuestra tasa de crecimiento, los números fueron estos:

Año 1: 30.000 pólizas; 50.000 dólares ahorrados.

Año 2: 60.000 pólizas; 100.000 dólares ahorrados.

Año 3: 120.000 pólizas; 200.000 dólares ahorrados.
Año 4: 180.000 pólizas; 300.000 dólares ahorrados.
Año 5: 240.000 pólizas; 400.000 dólares ahorrados.

Cuando tomamos en cuenta nuestra tasa de crecimiento, pudimos ver que en lugar de tener que esperar veinte años tardaríamos menos de cinco en amortizar la inversión de un millón de dólares. Lo que parecía un proyecto carente de sentido se convirtió rápidamente en un proyecto que tenía mucho sentido.

También descubrí otra cosa: *los proyectos informáticos casi siempre toman más tiempo y cuestan más dinero de lo que se espera*. Debes tenerlo en cuenta al efectuar tus estimaciones de tiempo y costes. Al final resultó que el coste del proyecto se duplicó con creces. La razón, sin embargo, fue más positiva que negativa. En cada etapa del proceso, investigamos para ver qué otros procesos podíamos acelerar. Con cada nuevo hallazgo, el coste del proyecto aumentaba. La buena noticia fue que nuestra velocidad de procesamiento se triplicó con creces y el ahorro a largo plazo fue muy superior al coste final.

Con la ventaja que presenta ver las cosas en retrospectiva, invertir en nuestro flujo de procesos parecía la opción obvia. Pero volvamos atrás y piensa en los posibles puntos ciegos. Podría haber supuesto que Alice, dada su amplia experiencia, estaba procesando las solicitudes lo más rápidamente posible. Podría haber supuesto que su escrupulosidad la llevaba a tardar más. Podría haber supuesto que el coste de acelerar el proceso no valía la pena.

¿Estás viendo lo que hace falta para tomar muy buenas decisiones? La toma de decisiones acertada es a la vez un arte y una ciencia. La metodología te proporciona una estructura. El ITR te aporta una fórmula concreta. Tus proyecciones te dan los números que debes insertar en la fórmula. Mantener la curiosidad significa buscar siempre la forma de mejorar y ajustar las proyecciones. Tu mente te da la capacidad de tener en cuenta todo y tomar la decisión correcta. Necesité todas estas habilidades, y más, para superar mi prueba más difícil y sobrevivir a lo que podría haber sido una demanda fatídica.

■ ■ ■ ■ ■ ■

La raíz latina de la palabra *decisión* significa 'cortar'. Cuando tomas una decisión, no puedes tomar ningún otro curso de acción. Esto puede sonar limitante, pero no lo es; es liberador. Además, la alternativa es la indecisión y el estancamiento.

Como humanos que somos, tenemos puntos ciegos. La pereza, el miedo y la codicia hacen que aceptemos la información que nos dan y no profundicemos. En consecuencia, muchas veces no vemos o no tenemos en cuenta una pieza fundamental del rompecabezas y tomamos malas decisiones o no tomamos las buenas.

Usar esta metodología y el ITR requiere tiempo y también práctica. No esperes procesar como un maestro y despejar la X en un instante. Y no olvides esto: si siempre quieres tener razón o siempre temes estar equivocado, tendrás dificultades para procesar. La idea del acierto absoluto y el error absoluto es un obstáculo para el procesamiento. No pasa nada por cometer errores; es la voluntad de examinar tus errores lo que te impedirá volver a cometerlos.

Ten paciencia. Si no dejas de trabajar para procesar mejor, el resultado valdrá la pena: marcará una gran diferencia en tu empresa y en tu vida.

SEGUNDA JUGADA

Domina la capacidad de razonar

EL INCREÍBLE PODER DE PROCESAR LOS ASUNTOS

1. En adelante, asume el cien por ciento de la responsabilidad por cualquier cosa que no funcione. Considera que eres la persona que generó el problema y la que tiene la capacidad de resolverlo. Aplica la fórmula del retorno de la inversión y del tiempo (ITR) para tomar mejores decisiones y aprovechar mejor tus recursos. Reflexiona sobre cualquier posible error o punto débil, y realiza tu(s) próxima(s) jugada(s) a partir de ahí.

CÓMO DESPEJAR LA X: UNA METODOLOGÍA PARA TOMAR DECISIONES DE MANERA EFECTIVA

2. Explica la metodología para despejar la X a tu equipo directivo y utilizadla para procesar tres problemas que tengáis sobre la mesa en estos momentos. En el apéndice B encontrarás la hoja de trabajo para despejar la X. Aseguraos de identificar las verdaderas causas de los problemas y las razones por las que sucedieron.

DOMINA LA CONSTRUCCIÓN DEL EQUIPO ADECUADO

6

El mito del emprendedor independiente: cómo construir tu equipo

Por más brillante que sea tu mente o tu estrategia, si estás jugando en solitario siempre perderás ante un equipo.

—Reid Hoffman, cofundador de LinkedIn

Sea cual sea el sector en el que desarrolles tu actividad, solo conservarás el éxito si trabajas bien con otras personas, ya sean clientes, empleados, inversores, socios o proveedores externos.

Cuando pienses en las próximas cinco jugadas, evita que tu ego te diga que puedes hacerlo todo solo. No supongas que si lograste mucho en solitario en el pasado podrás lograr aún más en solitario en el futuro. A los veintisiete años, yo era un vendedor estrella y un gerente de ventas mediocre. Tuve que aprender por las malas cómo llevar a personas. Con el tiempo fui mejorando. A los treinta años, me había convertido en un gerente de ventas sólido, pero no lo estaba haciendo muy bien como fundador. Incluso cuando ya llevaba cinco años dirigiendo la empresa me veía como un director ejecutivo promedio. Entonces me di cuenta de que el solo hecho de pensar en grande no lo era todo, ni mucho menos. Necesitaba el equipo adecuado para poder hacer crecer mi negocio.

Mi objetivo es evitarte gran parte del sufrimiento que experimenté mostrándote cómo construir tu equipo. Trabajar de manera efectiva con otras personas significará la diferencia entre disfrutar el proceso y buscar desesperadamente un trabajo diurno mientras te escondes debajo de tu escritorio. En este capítulo, te daré una caja de herramientas para que te ayuden con estas cuestiones:

1. Elegir a tus socios y consejeros.
2. Mejorar la retención de empleados (crear las denominadas *esposas de oro*).
3. Hacer que tu gente rinda al máximo de su capacidad.
4. Contratar y despedir a miembros del equipo sin crearte enemigos.

¿Qué programa de beneficios ofreces?

Para dar el siguiente paso a partir de la posición de emprendedor independiente o persona que tiene un segundo empleo, será mejor que tengas una buena respuesta a esta pregunta:

¿POR QUÉ ALGUIEN DEBERÍA TRABAJAR CONTIGO?

Esta pregunta es igualmente relevante si tu posición actual es la de director ejecutivo.

Antes de que tu empresa crezca, no contratas personas para tu empresa; las contratas para *ti*. En los inicios, debido a que la gente está creyendo en ti (y es probable que no tengas los recursos para ofrecer un buen plan de retiro), es mejor que ofrezcas un programa de beneficios atractivo. Más tarde sí contratarás personas para tu negocio. Incluso entonces, deberás seguir mejorando el programa de beneficios, o tus mejores empleados se irán a una empresa que tenga uno mejor.

Formúlate estas preguntas: si las personas se acercan a ti, ¿saldrán ganando? ¿Les irá mejor la vida? ¿Tienes una lista de historias de éxito de gente cuya vida se ha enriquecido por el hecho de trabajar contigo? En otras palabras: piensa en el programa de beneficios que vas a ofrecer a los posibles empleados. Si quieres atraer a individuos competentes, deben creer que tienes algo que ofrecerles.

En lugar de ser egoísta y buscar lo que podía tomar de los otros, aprendí a enfocarme en lo que podía darles, y mejoré mi propio valor en el proceso. Esta sola decisión supuso un cambio de paradigma para mí, y mi vida cambió para mejor. Dejé de preguntarme cómo podrían mejorar mi vida otras personas y pasé a preguntarme cómo podría mejorar la vida de los demás con los beneficios que les ofreciera.

Sabrás que estás teniendo éxito en la vida cuando otros estén ganando por el simple hecho de trabajar contigo. Estas ganancias podrían tener como base el ejemplo que das, tus contactos, la formación y asesoramiento que les ofreces, tus conocimientos o tu amor acompañado de severidad. Piensa en estas tres preguntas:

1. ¿Qué beneficios estás ofreciendo actualmente a los demás?
2. ¿De qué manera mejoran los demás al trabajar contigo?
3. ¿Cuántas vidas has cambiado en un sentido positivo en el último año?

Una vez que cuentes con un historial de casos en los que has beneficiado a otros, podrás comenzar a atraer gente a tu equipo. Piensa en el tipo de ayuda que necesitas no solo para que a tu empresa le vaya bien hoy, sino también para alcanzar tus objetivos a largo plazo. Cuida de estas personas y te respaldarán.

Este consejo no es solo para los aspirantes a directores ejecutivos; es igualmente relevante para los ejecutivos establecidos.

Algunos directores ejecutivos cometen el error de pensar que la contratación termina una vez que la persona se incorpora a la empresa. La realidad es que cuando se contrata a los mejores talentos, hay que «reincorporarlos» constantemente.

Es ingenuo pensar que los miembros de tu equipo no reciben constantemente ofertas de otras empresas. Hay una razón por la que hay tantos cazatalentos por ahí. Su trabajo es quitarte a los empleados más valiosos para que pasen a prestar sus servicios a otras empresas que necesitan exactamente esos perfiles. A los cazatalentos se les paga generosamente por hacer esto, por lo que puedes apostar que irán tras estas personas. Por lo tanto, será mejor que te asegures de saber cómo retenerlas. Dependiendo del tamaño de la empresa, un cazatalentos gana entre treinta mil y sesenta mil dólares por colocar a un director financiero. La tarifa más baja para colocar a un director ejecutivo es de unos ochenta mil dólares, y puede llegar a ser de hasta quinientos mil.

Además, aquellos a los que contratas también te observan de cerca. Están reevaluando el programa de beneficios constantemente, y si no cumple con sus expectativas, comenzarán a buscar en otra parte. Tus mejores trabajadores, especialmente, te están observando para ver si te estás desarrollando constantemente y si estás encontrando formas de llevar la empresa al siguiente nivel. Quieren ver si estás incorporando otros talentos importantes para que el valor de la empresa siga aumentando. Mostrarles que estás haciendo todo esto forma parte de la estrategia de «volver a incorporar» a tu mejor gente. Esta dinámica no puede cesar nunca.

PREGUNTAS QUE TE HARÁN LAS PERSONAS (Y QUE DEBES RESPONDER) CUANDO ESTÉN DECIDIENDO SI TRABAJAR PARA TI
1. ¿Qué diferencia a tu empresa de la competencia?
2. ¿Qué distingue tu liderazgo del de los demás?

3. ¿Tienes un código de honor? ¿Lo respetas tú mismo?
4. ¿Qué programa de beneficios obtendrán al trabajar contigo?
5. ¿Ven los demás que estás creciendo constantemente? ¿Pueden decir que estás evolucionando?

Todo el mundo necesita consejo: cómo encontrar asesores de confianza

Ni siquiera los más grandes emprendedores actúan en solitario. Por muchas razones, necesitan ayuda. Disponen de una cantidad limitada de horas al día. Su conocimiento se limita a ciertas áreas. Necesitan otros puntos de vista para que eso les ayude a conformar los suyos.

En las familias mafiosas, hay alguien que tiene específicamente el papel de brindar sabios consejos: el *consigliere*. Ocurre lo mismo en el mundo empresarial. Aunque sea Warren Buffett quien aparezca en los titulares, Charlie Munger es indispensable para su éxito. Steve Jobs contaba con Steve Wozniak. Bill Gates contaba con Paul Allen. Mark Zuckerberg contó con Sean Parker para que lo desafiase a expandir su visión y después con Sheryl Sandberg para ejecutar esa visión.

Patty McCord pasó catorce años en Netflix y es la autora de *Powerful: Building a Culture of Freedom and Responsibility* [Poderosa: la construcción de una cultura de libertad y responsabilidad]. Su experiencia es en gestión de recursos humanos; en Netflix era directora de talentos. En mi opinión, lo mejor que hizo fue desafiar al director ejecutivo Reed Hastings. Cuando la entrevisté, me contó una historia sobre un momento en que Hastings tenía que pronunciar un discurso importante al día siguiente. McCord notó una mirada insegura en su rostro mientras aporreaba el teclado de su ordenador.

Sospechaba que Hastings estaba haciendo lo que le había hecho tener éxito como individuo en lugar de lo que tenía que hacer como líder. Lo miró a la cara y le dijo: «Estás arreglando errores. Deja de ser un ingeniero friki y conviértete en un líder». Tengamos en cuenta que Hastings tenía autoridad para despedirla. Pero no solo la conservó durante catorce años, sino que además solían compartir coche para trabajar juntos. ¿La razón? Ella no tenía miedo de desafiarlo y señalar sus puntos ciegos.

Los líderes inseguros se rodean de personas que les dicen sí a todo. Los líderes efectivos se rodean de personas que los desafían. También encuentran y contratan personas que son mucho más listas que ellos, especialmente en las áreas que no dominan.

En mis vídeos, siempre hablo de Mario. Es uno de los tipos de los que más dependo. Cuando comencé a hacer vídeos, lo pasaba muy mal frente a la cámara. Mario tenía una forma increíble de hacer que sacara lo mejor de mí sin hacerme sentir cohibido. Aunque técnicamente trabaja para mí, no dudaba en mostrarse exigente conmigo para que diese la talla según lo que habíamos establecido para el contenido y la marca.

Tu futuro *consigliere* es probablemente alguien a quien ya conoces. La clave es buscar a alguien que tenga unos valores similares a los tuyos pero un temperamento diferente. Si eres una persona impaciente y exaltada, te conviene alguien que sea tranquilo y reflexivo. Si eres introvertido, encuentra a alguien extrovertido. Si eres más bien un individuo crítico e implacable, busca a alguien que sea empático y que acepte a los demás. Y sea cual sea su temperamento, es importante que sea alguien tranquilo y que controle sus emociones.

Tanto en los negocios como en la vida, soy muy selectivo con aquellos a los que dejo entrar en mi círculo íntimo. Una de las razones por las que me casé con mi esposa, Jennifer Bet-David, es que ella es la única persona que puede calmar mis nervios. He cultivado un pequeño grupo de personas a las que puedo acudir en busca de consejo sobre diferentes temas en relación con distintas facetas de la vida.

Confío tanto en el contraste equilibrador que cuando me enfrento a una decisión importante suelo invitar a dos personalidades diferentes a la sala de juntas para que me ayuden a procesar la cuestión. La efectividad es mayor cuando las dos personas son polos opuestos. Después de presentarles el asunto, me quedo ahí sentado escuchando su intercambio de impresiones. De vez en cuando, hago una pregunta para avivar el fuego. Quiero asegurarme de escuchar los argumentos más convincentes relativos a todos los aspectos del asunto. El choque de dos opiniones me acerca a la verdad.

Tengo un amigo que escribe contenidos. Es impaciente y su principal creencia es que la perfección es la enemiga de la finalización. Su socio es paciente hasta la médula y cree que la urgencia es enemiga de la profesionalidad. Este contraste de tipo «yin y yang» da lugar al equilibrio perfecto. Mario y yo mantenemos una dinámica similar. No necesitamos *fingir* que jugamos a ser el policía bueno y el policía malo. Debido a que tenemos valores similares pero temperamentos diferentes, él me equilibra de forma natural y evita que sea mi peor enemigo. Yo también le he evitado esto mismo a él en muchas ocasiones, y nos reímos de estas historias cuando estamos trabajando o viajando juntos. Por mucho que adore los números, sería totalmente incapaz de calcular lo que vale tener a alguien con quien poder reflexionar y compartir recuerdos.

UN CONSEJERO DE CONFIANZA

1. Es hábil procesando asuntos; es capaz de ver muchas jugadas con antelación.
2. Tiene unos valores similares a los tuyos pero un temperamento diferente (lo que en ti es un punto débil, en él o ella es un punto fuerte).
3. Conserva la calma cuando está bajo presión.
4. No tiene miedo de desafiarte y señalar tus puntos ciegos.
5. Es leal; no te aconseja para sacar partido.

No incorpores a Donnie Brasco a tu empresa

Uno de los peores errores que cometen los empresarios es no efectuar las comprobaciones oportunas antes de realizar una contratación clave. Contratas a alguien que viene muy recomendado. Hace un gran trabajo y gusta a todo el mundo. Lo asciendes hasta que tiene un puesto influyente dentro de tu empresa. Confías absolutamente en esa persona, con la que compartes información sin reservas. Es inconcebible que alguna vez traicione tu confianza.

Hasta que lo hace.

Es posible que hayas visto la película o leído el libro centrados en Donnie Brasco, el nombre que usó el agente encubierto del FBI Joe Pistone cuando se infiltró en la mafia. Trabajó de incógnito durante seis años como parte de la familia Bonanno y se ganó la confianza de los elementos más importantes, incluido el rey del crimen Dominick Napolitano, también conocido como Sonny Black. Como resultado del trabajo encubierto de Pistone, el FBI arrestó a doscientos doce mafiosos.

Transcurridos esos seis años, el FBI quiso sacar a Pistone de ahí, pero este insistió en quedarse más tiempo para acabar de «hacerse un hombre». Los agentes del FBI finalmente acudieron a Sonny Black y le dijeron que el tipo al que conocía como Donnie Brasco era en realidad un agente del FBI. Sonny respondió: «No me lo creo».

Al final, Sonny Black fue asesinado y su cuerpo fue hallado con las manos cortadas. Los capos de la mafia estaban furiosos con Sonny por haber dejado entrar a una rata en su operación. El hecho de que la rata hubiera estrechado la mano de todos ellos era la ofensa máxima.

Probablemente no haya un grupo más receloso y desconfiado que la mafia, pero sus miembros confiaron en el tipo al que conocían como Donnie Brasco. Esta es la lección que quiero que aprendas: tienes que efectuar las comprobaciones pertinentes por más confiable que parezca la otra persona. Debes hacerlo, especialmente, si le vas a dar acceso a información confidencial que no quieres que tengan tus competidores. Pasa tiempo con esa persona. Hazle preguntas. Pregunta a otras personas sobre ella. Observa su comportamiento. Nunca podrás saber con certeza si es digna de tu confianza, pero sí puedes hacerte una idea de cómo es. Esto puede ser suficiente para que confíes en ella, al menos en ciertas circunstancias y en ciertas áreas de la empresa.

Michael McGowan trabajó como agente encubierto del FBI durante treinta años; en el ejercicio de sus funciones, trabajó en estrecha colaboración con la mafia rusa, con tres familias de la Cosa Nostra y con el Cártel de Sinaloa (un sindicato del crimen internacional). Le pregunté por qué la familia Bonanno había permitido que Brasco se introdujera tan profundamente en su seno. Su respuesta fue simple: por codicia. La historia de Donnie Brasco es la advertencia perfecta para recordarte que investigues antes de permitir que alguien acceda a información privilegiada sobre tu empresa.

A los empresarios les gusta pensar que conocen a su gente mejor que sus terapeutas o cónyuges, pero eso no es cierto. No sabes si tu mano derecha tiene un problema secreto con el juego. No sabes si tu director financiero podría tomar malas decisiones debido a un evento traumático que haya vivido. En lugar de pensar que puedes ver el alma de las personas, comienza por servirte de los datos y un enfoque sistemático para investigar a tus nuevos empleados.

CINCO PREGUNTAS QUE DEBES RESPONDER ANTES DE CONTRATAR A ALGUIEN PARA UN PUESTO IMPORTANTE

1. ¿A cuántas personas has llamado para que te den referencias? ¿Qué tipo de personas son estas a las que has llamado? ¿Has hablado con gente que trabajó con el empleado para informarte sobre el tipo de persona que es?

2. ¿Es agradable esta persona (esta ha sido la razón por la que la has contratado) pero carece de un conjunto de habilidades significativas?

3. ¿Has indagado en sus antecedentes para determinar si hay algo en su pasado que podría constituir una señal de alerta?

4. ¿Has indagado acerca de algún aspecto dudoso presente en su currículum? Por ejemplo, si se tomó dos años sabáticos, ¿has averiguado la causa de ello?

5. El contrato que le has ofrecido a la persona ¿incluye un período de prueba de entre noventa y ciento veinte días? Esto te dará suficiente tiempo para evaluar su desempeño. También le dará tiempo al nuevo empleado para saber en qué aspectos debe mejorar y para esforzarse con este fin.

No puedo subrayar lo suficiente lo importante que es ser concienzudo al contratar. Contrata a la persona incorrecta y pagarás por ello todos los días. Patty McCord explicó por qué esto es así en un artículo de enero de 2014 publicado en *Harvard Business Review*:

> Si tienes cuidado de contratar personas que antepongan los intereses de la empresa, que entiendan y apoyen el deseo de tener un lugar de trabajo caracterizado por un alto rendimiento, el noventa y siete por ciento de tus empleados harán lo correcto. La mayoría de las empresas gastan mucho tiempo y dinero redactando y haciendo cumplir políticas de recursos humanos para abordar los problemas que podría causar el otro tres por ciento. Nosotros, en cambio, nos esforzábamos mucho por no contratar a esas personas y dejábamos que se fuesen si resultaba que nos habíamos equivocado al contratarlas.

Otorgar participaciones para construir un equipo

¿Por qué recibe Estados Unidos más inmigrantes que ningún otro país? ¿Por qué tiene más de cuarenta y cuatro millones de inmigrantes, muchos más que el segundo país de la lista? Estados Unidos no es el país más poblado ni el más grande, pero tiene algo que relativamente pocos países pueden ofrecer: la oportunidad de obtener patrimonio y enriquecerse. Las personas pueden venir a Estados Unidos, fundar una empresa y poseerla; pueden comprar un terreno o un edificio y poseerlo. Este es el sueño americano: la oportunidad de poseer una parte del país.

En consecuencia, Estados Unidos atrae a las personas mejores y más trabajadoras. ¿Quieres atraer a las personas mejores y más trabajadoras a tu empresa? Entonces, dales un pedazo de ella.

Al principio de mi carrera, trabajé para una empresa en la que era uno de los vendedores que generaban más ingresos. No estaba contento con la forma en que se dirigía la empresa y, como mencioné en otro capítulo, escribí una carta de dieciséis páginas a la dirección. Una de mis peticiones fue que les dieran a los empleados clave la oportunidad de recibir participaciones o participar en los beneficios.

Al no ser copropietario ni participar en los beneficios, solo me consideraba a mí mismo un empleado. Al no darme participaciones ni siquiera siendo como era el vendedor estrella de la empresa, yo era más un adversario que un aliado. Perderme reduciría los ingresos de la empresa en varios millones de dólares. Todo lo que era necesario para que no me fuese era darme un pequeño incentivo que me permitiese sentir que era copropietario de la empresa.

La alta dirección dijo que no. Además, estaban convencidos de que nunca me iría, dado que perdería mis comisiones por las renovaciones de los seguros y las lucrativas comisiones residuales que obtenía por los varios miles de clientes que tenía registrados.

Mi plan era ayudar a que la compañía creciera hasta convertirse en la agencia de seguros más grande y llegar a ser, algún día, su director ejecutivo.

Les dije: «¿Creen que las comisiones por las renovaciones son suficientes para evitar que me vaya? ¿Creen que me voy a conformar con eso? Están locos».

Me fui. Pero no soy solo yo quien necesita sentirse copropietario de la empresa en la que está. Esto le pasa a cualquier persona que sea ambiciosa, tenga grandes sueños y posea talento. Siempre les doy este consejo a quienes trabajan para empresarios: dirígete a la persona que manda más y pregúntale qué puedes hacer para ser dueño de una parte de la empresa. Si te dice «nada», márchate. Si te dice «algo», quédate y alcanza las metas que habéis establecido de mutuo acuerdo como condición para acceder a tu petición.

Ahora bien, no vas a conseguir algo a cambio de nada. No digas «tengo un talento y un éxito increíbles, así que deme una parte de la empresa». Tienes que obtener logros para conseguir lo que quieres, y siempre que los objetivos por cumplir sean justos, el trato es bueno tanto para el empresario como para las personas que rinden a un alto nivel. No amenaces con marcharte; esta no es una estrategia efectiva. La clave es preguntar qué logros concretos debes conseguir para obtener participaciones en la empresa.

Si eres el propietario de una empresa, tal vez tengas reservas sobre la concesión de participaciones. Quizá estés pensando: «Bueno, Pat puede hacer esto porque tiene una gran empresa que obtiene muchos ingresos, pero yo no soy tan grande, así que no puedo ofrecer el mismo tipo de trato». Si piensas así, solo estás viendo la jugada inmediata. Compara este nivel de pensamiento con el de un gran maestro, que anticipa la suficiente cantidad de jugadas como para ver el lado positivo de esta medida. Ten en cuenta que no te estoy diciendo que empieces a repartir participaciones por doquier. Lo que estoy diciendo es que otorgar incluso unas pocas participaciones es suficiente para que los trabajadores sientan la empresa como suya y permanezcan en ella durante mucho tiempo.

Si tienes una mentalidad de escasez, siempre estás pensando que no hay suficiente o que algún desastre está a la vuelta de la esquina y hará que no tengas suficiente.

Si estás convencido al cien por ciento de tu verdad futura, tu forma de pensar es otra. Si tu convicción no te basta, realiza los cálculos. Pongamos por caso que tu empresa ha obtenido unos ingresos medios de diez millones de dólares en los últimos cinco años con un margen de beneficio del quince por ciento. Eso son un millón y medio de dólares en ingresos netos. Decides que quieres contratar a Johnny para que te ayude a hacer crecer el negocio, pero Johnny insiste en que quiere tener participaciones de la empresa o recibir bonificaciones. Al principio, te resistes a aceptar. Johnny te dice que si contribuye a que los ingresos pasen de ser de diez millones de dólares a ser de quince millones, quiere una prima de doscientos cincuenta mil dólares. Tu respuesta inicial es que no puedes permitirte pagar una cantidad tan elevada.

Efectúas los cálculos. Tus ingresos netos pasarán de ser de 1,5 millones de dólares a ser de 2,25 millones. ¿Cómo puedes regatearle a Johnny la cantidad que pide, dado ese incremento en las ganancias? Esencialmente, se trata de un intercambio de dos por uno a tu favor: Johnny está pidiendo doscientos cincuenta mil dólares, mientras que su arduo trabajo hará que la empresa gane quinientos mil dólares más. (Este ejemplo presupone que tu empresa ha dejado de crecer. Si estuviera creciendo, deberías estructurar los incentivos en función de la capacidad que tuviese Johnny de impulsar un ritmo de crecimiento superior al actual. Por ejemplo, si la empresa hubiese estado creciendo a un ritmo del veinte por ciento anual en los últimos tres años y Johnny incrementase este ritmo de tal forma que pasase a ser del cincuenta por ciento, ese treinta por ciento adicional se le atribuiría a él).

Lo único que puede explicar que le digas que no a Johnny es que eres alguien que piensa a corto plazo o que tienes un talante burocrático. Si aún protestas, pensando que todos los miembros de la empresa van a querer lo mismo, tu forma de pensar a corto plazo te está sumiendo en una pesadilla lógica. Considera esto: ¿qué podría ser mejor que el hecho de que todo el personal de tu empresa quisiese generar más ganancias para incrementar su riqueza y la tuya?

¿Crees que Bill Gates envidia toda la riqueza que consiguieron quienes trabajaron en Microsoft? Gates no *regaló* participaciones a esas personas. Como siempre estaba anticipando varias jugadas, *otorgó* participaciones a quienes se lo ganaron. Según una estimación que vi, Microsoft ha generado tres multimillonarios (no olvidemos a Steve Ballmer) y doce milmillonarios.

■ ■ ■ ■ ■ ■

¿Empiezas a ver que la forma de generar riqueza es dar a otros la oportunidad de generarla junto a ti?

Algunas personas se sienten motivadas por las participaciones que reciben, otras por participar en las ganancias, otras por los grandes sueldos, algunas por las primas y otras por la seguridad a largo plazo. No hay dos casos iguales. La clave es crear el tipo de plan de retribuciones apropiado, que atraiga y retenga el tipo de talento que estás buscando.

Personalmente, prefiero las participaciones y la participación en las ganancias sobre las primas, ya que esta medida incrementa las probabilidades de que las personas adecuadas estén contigo a largo plazo (ahondaré en este tema en el próximo apartado). Además, de la misma manera que los propietarios tratan sus casas mejor que los inquilinos, una vez que conviertes a los trabajadores en copropietarios, su forma de pensar cambia. De repente, están trabajando para sí mismas y cuentan con un incentivo para aumentar no solo sus propios ingresos, sino también el valor de la empresa.

Todo esto puede parecer de sentido común, pero es fácil que la codicia engañe a la sabiduría. Tomemos como ejemplo una empresa europea, uno de los mayores fabricantes de pilas del continente. Acudió a mí porque estaba creciendo un dos por ciento anual solamente. Cuando me reuní con el director ejecutivo, la primera pregunta que le hice fue:

—¿Cuánto le paga a su personal de ventas?

—Dos mil quinientos dólares mensuales.

—Está bien, pero ¿cuánto más que eso pueden recibir? —pregunté.

—No lo entiendo —dijo.

—Quiero decir, ¿cuánto reciben por su desempeño además de su salario?

—Nada.

—¿Nada?

No pude dar crédito. ¿Cuánto te esforzarías tú si todo lo que pudieras esperar fueran dos mil quinientos dólares cada mes, fuese cual fuese tu rendimiento?

Cambió el plan de retribuciones; se enfocó en implementar un plan de participación en beneficios. Poco después de ponerlo en marcha, el ritmo de crecimiento de la empresa aumentó en un veinticinco por ciento. A veces, la clave del crecimiento está justo delante. Cambia tu plan de retribuciones para que los empleados sientan que la empresa es un poco suya y trabajarán más duro, durante más tiempo y de una manera más creativa.

No te rindas en la primera cita: cómo crear «esposas de oro»

Esta es la estrategia: brinda participaciones a los trabajadores que son más importantes para tu empresa, pero no lo hagas de inmediato. Deja que se lo ganen.

Es posible que seas un tipo inteligente y perceptivo, pero nadie lee las mentes. Hay empleados que pueden parecer maravillosos a primera vista, pero debes conocerlos antes de invertir en ellos. Al determinar un período de espera antes de otorgar participaciones, les das tiempo para convencerte de que tu empresa es su lugar. Yo siempre estoy convenciendo a mi gente. Forma parte de mi trabajo hacer que se identifiquen una y otra vez con nuestra misión y nuestra visión. Les hablo del dinero que pueden ganar y el futuro que pueden tener. Les hablo de la cultura de la empresa. Yo creo en la compañía que creé y quiero asegurarme de que también crean en ella.

Cuando las personas son contratadas, a menudo dejan de autopromocionarse. Creen que una vez que están dentro pueden dedicarse a lo suyo, sin más. Pero no. Necesito sentir que quienes están en la empresa quieren estar ahí, que están entusiasmados al respecto, que crean que son capaces de ayudarnos a alcanzar nuestros objetivos como nadie más podría hacerlo. Presto atención a lo que dicen y hacen. Si sus palabras y actos se corresponden con lo que necesita la empresa, se ganan mi confianza.

No te precipites al juzgar a las personas a las que contratas. En lugar de ello, ten paciencia y observa. Pueden parecer individuos perfectos y pueden tener mucho talento, pero es posible que no encajen bien en la cultura que estás creando. Cuando responden a la entrevista y comienzan a trabajar, se comportan de la mejor manera. No te fíes. Haz que te convenzan.

Hacer que tu equipo participe de la empresa es más un arte que una ciencia. Si lo haces bien, lograrás tres objetivos:

1. Los miembros de tu equipo pasarán de pensar como empleados a hacerlo como propietarios.
2. Incentivarás a tu gente a trabajar más duro y de manera más inteligente con el fin de incrementar el valor de tu empresa.
3. Al estructurar las retribuciones de manera inteligente, retendrás más a los empleados.

Solo dos años después de fundar mi empresa, creé un plan de participaciones. Ten en cuenta que por las características que tienen los servicios financieros, que incluyen los ingresos pasivos derivados de las renovaciones, hay pocos empleados que se marchen. Pero yo no estaba contento con ser el mejor de la clase; quería un plan de retribuciones que redefiniera el sector.

Enfoqué la cuestión de la misma manera que lo haría un compositor o un coreógrafo. Crear el plan de retribuciones adecuado es como crear la melodía apropiada. Lo que hace especial al compositor Hans Zimmer, ganador de un Óscar, es que sabe cómo tomar melodías diferentes y unirlas para que funcionen a la perfección en toda una película. Ocurre lo mismo con un plan de retribuciones efectivo: todas las piezas deben estar en su lugar para tener el mejor resultado. Tal vez pienses que estoy exagerando, pero el caso es que algo tan importante requiere este grado de detalle. Estas son las claves para crear la estructura de retribuciones más efectiva:

1. Decide qué comportamiento o resultado final quieres premiar.
2. Estudia la estructura de retribuciones que impera actualmente en tu sector. Incluso si vas a alterar el *statu quo*, primero debes saber cuál es el *statu quo*.
3. Encuentra formas de crear tres niveles de incentivos por los que esforzarse. Esto es mucho más eficaz que un incentivo del tipo «o todo o nada».

Creé un plan que permite a los agentes comenzar a ganar participaciones cuando llevan dos años en la empresa. El esquema de la adjudicación es complejo. Cuando estés listo para hacer esto en tu empresa, necesitarás un director financiero experto o un consultor externo para manejar los detalles.

La idea general es que tu equipo vaya ganando participaciones en la empresa con el tiempo. Como resultado, se sentirán dueños, se les pagará como dueños (lo cual, a la vez, te enriquecerá a ti) y sabrán que para ganar lo máximo posible tiene sentido que permanezcan en tu empresa. La denominación *golden handcuffs* ('esposas de oro'), creada en 1976, significa que mientras permanezcan en tu empresa, seguirán obteniendo su oro.

Sobre todo, recuerda esto: trata bien a tu gente, u otro lo hará.

LO QUE DEBES RECONOCER PARA RETENER EL TALENTO

- Los empleados quieren ser compensados adecuadamente por sus esfuerzos.
- Los empleados que sobresalen quieren participar en el éxito de la empresa.
- Los empleados quieren saber que forman parte de una organización que está teniendo un impacto.
- Los empleados quieren obtener reconocimiento en presencia de sus compañeros por el trabajo que realizan.
- Los empleados quieren saber que tienen la oportunidad de prosperar dentro de la empresa.
- Los empleados quieren que se los juzgue sobre la base de un conjunto de expectativas claro, en lugar de que los objetivos cambien constantemente.

Comunica tus expectativas de manera clara, al principio y a menudo

Solemos creer, erróneamente, que el carácter de las personas es inmutable. En consecuencia, cuando vemos que un nuevo empleado muestra malos hábitos, pensamos que cometimos un error al contratarlo. En realidad, podemos formar a esa persona para que tenga éxito. La clave es estar atentos a su desempeño y brindarle retroalimentación y una mejor comunicación. Al hacer que los trabajadores y colaboradores sepan en qué situación se encuentran se logran tres objetivos importantes:

1. Saben qué deben hacer, específicamente, para conservar el empleo.
2. Si no realizan esas acciones, parecerá una medida justa y objetiva despedirlas.
3. Puedes iniciar el proceso de encontrar a otra persona que acabe sus tareas. En el mejor de los casos, mejorará y tú tendrás más «suplentes». Si no mejora y deja de estar en la empresa, otro empleado podrá ocupar su lugar y hacerse cargo de su trabajo sin problemas.

■ ■ ■ ■ ■ ■

Deja claras tus expectativas. Aquí tienes un ejemplo:

—Bob, me dijiste que eres alguien que llega puntual al trabajo, pero en las últimas dos semanas has llegado tarde tres veces.

Bob responde:

—¡Pero si solo han sido ocho minutos!

—Ocho minutos son demasiados, y nos dijiste que eras de fiar. Esperamos que el personal llegue a la hora. Solo quiero que sepas que si eso continúa, será un problema para nosotros.

Cuando se transige con las normas básicas, se fomenta un entorno en el que se acepta la mediocridad. A partir de ahí, todo va cuesta abajo.

Este planteamiento directo le da a Bob la opción de dejar el trabajo antes de que lo despidas. Esta opción es la que elegirían muchas personas. No siempre vas a acertar con las nuevas incorporaciones. Cuando veas que alguien no encaja bien, debes dejarle claro cuáles son tus principios y señalarle en qué puntos no los está respetando o no está dando la talla. Es muy posible que esa persona, para tu sorpresa, manifieste una gran mejora.

Supongamos que el comportamiento de Bob sigue siendo un problema. Cuando llegue el momento de despedirlo, no se sorprenderá, porque le comunicaste qué era aquello en lo que debía mejorar. Entonces, le dices: «Bob, no creo que esto te vaya a sorprender, porque llegaste tarde tres veces en dos semanas y te dije que eso es un problema. Aun así, has llegado tarde más veces. Me temo que no tenemos más remedio que despedirte».

Directo al grano.

Si en tu caso diriges una empresa próspera y su éxito no depende de que el personal llegue a la hora, la cosa cambia. Tal vez desarrolláis una actividad de tipo creativo y no pasa nada por que tus redactores o diseñadores aparezcan cuando les apetece, siempre y cuando hagan el trabajo. Eso está bien si funciona en tu sector. Sin embargo, si es necesario que los empleados lleguen a la hora, no puedes ser tolerante al respecto, o este mal comportamiento se extenderá.

Cuento esta historia para subrayar el hecho de que la forma en que contrates a personas nuevas y las dirijas reducirá la frecuencia con la que tengas que despedir a gente y hará que no te sientas tan mal cuando tengas que prescindir de alguien. A continuación, vamos a hablar de las estrategias de despido que son efectivas.

Despide con amabilidad. Lo repito: despide con amabilidad

Una de las cosas que más les cuesta hacer bien a los empresarios es despedir a sus trabajadores. Y despedir de la forma incorrecta es algo que puede envenenar la cultura de la empresa. Una vez que aceptes tu parte de responsabilidad por el hecho de que el empleado no tiene un buen comportamiento o un buen rendimiento, abordarás esta desagradable tarea con mayor empatía. No la tomes con tu empleado. En lugar de ello, aprende a despedir bien.

Como estás a punto de descubrir, esta es una habilidad empresarial importante pero muy descuidada. Muéstrame a alguien que rompe relaciones cada vez que despide a un trabajador, y te mostraré a alguien que carece de empatía en el mejor de los casos o es un sádico o un acosador en el peor. También alimentan los problemas los empresarios que no pueden apretar el gatillo, es decir, que advierten constantemente a los empleados problemáticos pero no tienen agallas para despedirlos. Si tienes un mal empleado, su actitud y sus acciones pueden afectar negativamente a los demás.

■ ■ ■ ■ ■ ■

Despedir a alguien no es muy diferente de romper una relación. Para evitar el componente desagradable de una ruptura, quizá hayas utilizado frases clásicas como estas:

- «Realmente no eres tú; soy yo».
- «Dado el rumbo de nuestra relación, los dos sabíamos que llegaría este día».
- «El problema soy yo».

De esta manera, trataste de ser amigable para reducir al mínimo la ira, la tristeza, la vergüenza y otras emociones fuertes que pueden surgir en estas situaciones. Como empresario que despide a alguien, te conviene expresarte en términos similares: «Estoy seguro de que te irá muy bien en otro lugar; solo ocurre que tenemos diferencias filosóficas» o «Tienes mucho talento; estoy seguro de que no tardarás en conseguir otro empleo y estaré encantado de darte buenas referencias».

En general, sin embargo, acudir a las expresiones clásicas de las rupturas no funcionará. La gente no es tonta. Los empleados son humanos, y esto significa que debes tratarlos con respeto. No solo por una cuestión de decencia, sino también porque no eres tú solamente quien va a dar referencias. Estas son las personas que usarán las redes sociales para hablar de ti, y no te conviene que perjudiquen tu reputación.

No demores los despidos, pero tampoco utilices «armamento nuclear». El tiempo no cura todas las heridas, ni convierte a alguien incompetente en alguien competente de pronto, por arte de magia. Si le has dado a esa persona una advertencia justa y no ha respondido, no sigas dándole una oportunidad tras otra de mejorar. Lo más probable es que no mejore. Reúnete con ella y poned fin a la relación contractual de manera limpia. Al mismo tiempo, déjame advertirte contra la estrategia de la tierra quemada. Si pierdes los estribos y decides deshacerte de todos los que alguna vez han cometido un error o te han disgustado de alguna manera, te quedarás solo en la oficina. Recuerda, también, que tal vez los estás despidiendo porque nunca debiste haberlos contratado.

Todo esto me hace pensar en Houtan Sarraf, más conocido como Hoot. Adoro a Hoot, que fue uno de mis asistentes favoritos. Pero no fue uno de mis favoritos porque fuese bueno en su trabajo. De hecho, probablemente era el peor asistente que haya habido en la historia mundial de los asistentes. Era desorganizado y no cumplía con las tareas. Sin embargo, era un gran tipo y me encantaba estar con él.

Llegados a cierto punto, no pude seguir tolerando su ineficacia y lo llamé a mi despacho.

—Hoot —le dije—, tengo una noticia buena y una mala. ¿Cuál quieres oír primero?

Dijo que la mala.

—De acuerdo. Eres terrible como asistente, y por eso te voy a despedir.

—¿Y cuál es la buena noticia? —preguntó.

—Que confío en ti. Eres un ser humano amable y maravilloso al que le irá bien. Pero no en un puesto de asistente.

Hablamos sobre lo que quería hacer en la vida y me confió que siempre había querido surfear las mejores olas del mundo. Lo animé a perseguir su sueño, y durante los diez años siguientes eso fue exactamente lo que hizo. Financió su aventura enseñando a surfear en las playas que frecuentaba y trabajando en restaurantes, y viajó a China, Nueva Zelanda y Australia en busca de grandes olas. Cuando regresó de su viaje, escuché un sinfín de historias sobre sus aventuras. Lo considero como un hermano pequeño. También confío en que nunca se volverá a presentar para un puesto de asistente.

Patty McCord resumió mi filosofía a la perfección: «Si solo queremos jugadores de primera categoría en nuestro equipo, tenemos que estar dispuestos a despedir a las personas cuyas habilidades ya no encajan, por más valiosas que hayan sido sus contribuciones en el pasado».

SEIS TÉCNICAS PARA DESPEDIR DE MANERA EFECTIVA

He compilado la lista siguiente sobre la base de mi dilatada experiencia. No olvides que puedes estar sujeto a acciones legales cuando despides a alguien. Por lo tanto, antes de despedir a cualquier persona, debes consultar al abogado de la empresa o al departamento de recursos humanos, si lo hay.

1. **Sé amable.** Cuando llegue el momento de decirle a alguien que ahí ha acabado la relación laboral, debes hacerlo sin alterarte. No tienes que culpar al otro. No tienes que tomar represalias si te culpa a ti. Si criticas al empleado, nadie querrá trabajar para ti, y si el empleado te critica, no le darás el tipo de referencia que lo ayudará a encontrar trabajo en otro lugar.
2. **Ve directo al grano.** Cuando estés despidiendo a alguien, no alargues el encuentro. Aunque al empleado pueda sorprenderle el despido y quiera protestar, no permitas que el proceso se prolongue. No pierdas el tiempo tratando de justificar tus actos o de demostrar que merece el despido. No tiene sentido que lo hagas, y terminarás desperdiciando tiempo y energía emocional.
3. **Sé firme pero amable.** Sí, te estoy recordando que seas amable otra vez, porque no quiero que te vuelvas tan firme que te conviertas en una roca y comiences a ser duro con los demás. Ser firme significa abordar el tema enseguida y no vacilar.

Recuerda que no se trata de mantener un debate sino de comunicar una decisión. La relación laboral no funcionó y ambos tenéis que seguir adelante. Punto.

4. **Acoge los sentimientos de la otra persona.** Háblale en unos términos similares a estos: «Escucha, entiendo que este puede ser un momento un poco frustrante y decepcionante para ti. Me han despedido antes, y sé que es desagradable. Sin embargo, quiero asegurarme de comprender totalmente tus sentimientos y lo que estás pensando». Escucha lo que diga y comunícale que «captas» la emoción que está expresando: «Sé que estás enojado...».

5. **Ten una buena estrategia de salida.** Una mala estrategia de salida es hacer que uno de tus empleados despida al empleado al que contrataste personalmente. Esta es una forma segura de tener un exempleado furioso. Pero ¿y si contrataste a John y ha estado trabajando para Sue? Entonces tú y Sue deberíais estar juntos en el despacho en el momento de darle a John la mala noticia. Y el formato del encuentro debería ser una entrevista en lugar de un despido sumario. En vez de echar a la persona de malas maneras, facilitadle la salida proporcionándole información y mostrando compasión. Si se trata de despedir a un vendedor que no trabaja en tu oficina, esta es otra historia; en este caso, sí puedes hacerlo a través de una llamada telefónica. Pero si se trata de despedir a alguien que ha trabajado en tu oficina, debes mantener una entrevista cara a cara con esa persona antes de que abandone la empresa.

6. **Háblale a la persona de sus cualidades.** Este punto es una extensión del anterior. Hazle sugerencias sobre cómo puede aprovechar sus puntos fuertes para tener éxito en su próximo empleo: «Eres realmente bueno en X, lo que significa que estarías bien preparado para hacer Y». Sé un *coach* empático que quiere ayudarla a encontrar su próximo puesto a partir de lo

que se le da bien. Si lo haces así, incluso tus exempleados serán «hinchas» de tu empresa.

■ ■ ■ ■ ■ ■

Sé lento al contratar y rápido al despedir. Tómate tu tiempo para asegurarte de contratar a los candidatos adecuados, pero cuando estés convencido de que alguien es la persona equivocada, no permitas que se quede más tiempo y perjudique la productividad y la moral del lugar.

Espero que a estas alturas ya no pienses en ser un emprendedor independiente. Una empresa de un solo miembro tiene un impacto limitado. Nadie construye una empresa de mil millones de dólares en solitario.

7

. . . .

Crea una cultura basada en los principios

El liderazgo consiste en hacer que los demás sean mejores debido a tu presencia y en asegurarte de que el impacto dure en tu ausencia.

—Sheryl Sandberg, directora de operaciones de Facebook y fundadora de LeanIn.org

Aunque seas ateo o agnóstico, hay elementos de las religiones que tienen su lugar en tu negocio. Antes de que descartes esta idea, examinémosla con cierto detalle. Realmente creo que podemos aprender mucho del estudio de las religiones del mundo. ¿Qué dos cosas tienen en común todas las religiones? Los verdaderos creyentes y los rituales.

¿Qué empresa puede tener éxito si no hay unas personas que creen en ella? ¿Y qué empresa no tiene unos símbolos, dichos y credos que son parte de su cultura?

Google es una religión. Apple también lo es, y lo mismo ocurre con Southwest Airlines y Walmart. Sus directores ejecutivos no lo reconocerán, pero cada una de estas compañías sigue unos «mandamientos», evangeliza a través de las redes sociales y otros medios y cree apasionadamente en su estrategia empresarial y en sus normas culturales.

Yo creo en esto mismo, y esta creencia da energía a mi empresa. Nos ayuda a sostenernos en medio de las dificultades y nos inspira en los buenos tiempos. Los verdaderos creyentes son formidables; por lo tanto, sea cual sea la aventura empresarial que inicies, asegúrate de que tú y tu gente estáis unidos por una creencia común.

Tener una idea de negocio magnífica y gente con talento no es suficiente. Como emprendedor que conoce la importancia de la estrategia y el talento, es posible que no estés de acuerdo. Pero te garantizo que si tu equipo no tiene unos principios y valores similares, nunca estará cerca de alcanzar su máximo potencial. No importa si habéis inventado una trampa para ratones mejor o si habéis contratado a los expertos mejores y más inteligentes. Si no compartís unos valores, no podréis sostener lo que habéis construido.

Una cosa es que sepas cómo quieres ser tú; otra cosa es que crees toda una organización que gire en torno a un conjunto de creencias fundamentales que se vayan a mantener tanto si tú estás como si no. En este capítulo te mostraré cómo puedes lograrlo.

Establece los principios

Inmediatamente después de fundar mi empresa, estaba en Hawái con la que entonces era mi novia y actualmente es mi esposa, y subimos a nuestra habitación. Hawái es un lugar romántico, así que, naturalmente, hicimos lo que hacen las parejas jóvenes. Sabes lo que quiero decir, ¿verdad? Mientras ponía el letrero de NO MOLESTAR en la puerta, no pude evitar pensar en ese éxito de los ochenta de The System y comencé a cantar: «Hang a sign up on the door. Say don't disturb this groove» ('cuelga un letrero en la puerta [que] diga no molestar'). Le di la vuelta a la cerradura de seguridad y me apresuré a ponerme manos a la obra. Cuando digo que me puse «manos a la obra» quiero decir que agarré un bolígrafo y una hoja de papel y dije: «Hagamos una lista de valores y principios por los que queramos regir nuestra vida. A ver cuántos encontramos».

Se nos ocurrieron cuarenta y tres de inmediato. Después redujimos la lista a diez.

Tal vez pienses que es raro hacer esto cuando estás en Hawái con tu novia, pero como te dirán todos los que me conocen, estoy obsesionado con los principios. Cuando decidimos tener hijos, mi esposa, Jennifer, y yo tomamos otra hoja de papel e hicimos el mismo ejercicio. Como resultado, nuestra familia tiene una cultura. Defendemos algo. Tenemos unos principios y unos valores claros que mencionamos una y otra vez.

LO QUE REPRESENTAMOS COMO FAMILIA
- Iniciativa, porque será necesaria en todas las situaciones que afrontemos.
- Respeto, porque todas las personas tienen algo que enseñarnos.
- Mejora, porque así es como sabemos que todo saldrá bien.
- Amor, porque todo el mundo está lidiando con alguna dificultad en la vida.

LO QUE NO TOLERAMOS
- Intimidar y ser intimidado.

NUESTROS VALORES MÁS IMPORTANTES
- **Valentía.** No tener miedo de desafiar a los demás.
- **Sabiduría.** Tomar las decisiones correctas.
- **Tolerancia.** Saber que estamos tratando con seres humanos, que cambian todo el tiempo.
- **Comprensión.** Apreciar y respetar que cada persona tiene unas ideas y unos valores diferentes.

Mis hijos se cansan de oír estos valores y principios. En el trabajo, mi equipo siempre se burla de mí porque repito estas creencias muy a menudo. A mi modo de ver, si tu gente no se burla de ti es porque no has repetido lo suficiente tu mensaje.

¿Por qué insisto tanto en repetir estos principios, tanto entre los miembros de mi familia empresarial como entre los miembros de mi familia propiamente dicha? Porque creo en el poder que tiene recordar y volver a recordar. Quiero que estos valores y principios sean lo más importante en todo momento para mi equipo y mi familia.

He observado que otros empresarios tienen problemas en su organización: tienen personas que navegan por sitios pornográficos cuando deberían estar trabajando, personas que hacen cosas poco éticas para ganar dinero y personas que trabajan lo suficiente para salir adelante pero no lo suficiente para destacar. Algunos no han logrado definir qué es lo que valoran; y algunos pueden haber dejado claro cuáles son sus creencias, pero no las han repetido lo suficiente, ni las han *manifestado* lo suficiente, como para que los empleados las hayan asimilado.

Demuestra lo que defiendes

Estaba de compras en Nordstrom con mi hijo Dylan, que tiene seis años. Estaba jugando y subiéndose a mi espalda cuando una señora lo miró y comenzó a sonreír. Dijo que sus hijos ya eran mayores pero que recordaba esa etapa. Le hice la misma pregunta que siempre hago a los padres que son mayores que yo: «¿Puede decirme tres cosas que hizo como madre que funcionaron?».

Sus dos primeras respuestas fueron las más habituales: ama a tus hijos y préstales mucha atención. La última tuvo que ver con la credibilidad. Dijo: «Si los amenazas con castigarlos o quitarles algo, hazlo o tu palabra perderá valor».

En 2010, solo un año después de fundar mi empresa, contraté a algunos agentes deshonestos. Como no tardé en descubrir, estaban dispuestos a tomar atajos y participar en prácticas poco éticas para ganar dinero. Obviamente, no sabía que eran agentes corruptos cuando los contraté. De hecho, parecían excelentes fichajes, porque estaban arrasando: ganaron más de cien mil dólares (cada uno) durante los primeros tres meses que estuvieron con nosotros.

Luego comencé a oír comentarios acerca de sus métodos turbios. En ese punto del desarrollo de la empresa, no podía justificar el gasto de contratar a un oficial de cumplimiento* a jornada completa, pero pronto me di cuenta de que para equilibrar nuestro rápido crecimiento también debíamos jugar a la defensiva. La razón por la que contraté a Amour Noubarentz (había sido el gerente de mi sucursal en 2002) fue que sabía que compartía mis principios. Le pedí que investigara las acusaciones que pesaban sobre esos agentes nuevos. Amour me advirtió que tenía que dejarle hacer su trabajo y que tal vez no me gustaría lo que iba a oír. Existía la posibilidad de que estas personas que estaban ganando tanto pudieran ser culpables de comportamientos que no fuesen coherentes con los principios que yo estaba inculcando en la cultura de nuestra empresa. Le prometí vía libre.

Tres meses más tarde, me presentó pruebas de que nuestro agente número uno había conseguido generar ingresos con una forma de proceder que no solo no era ética sino que también podía ser ilegal.

«Tienes que despedirlo», me dijo Amour. A pesar de nuestra conversación anterior, me resistía a hacerlo. Como muchos empresarios, valoro a las personas capaces de producir, y ese agente deshonesto estaba produciendo como un loco. Cuando Amour me mostró sus pruebas, que incluían un historial de problemas con el FBI (¿no te dije que aprendí por las malas sobre las contrataciones?), no tuve otra opción. Siempre es difícil despedir a los empleados, y en este caso, cuando me reuní con el agente y su socia, que era su esposa, ella lloró y me dijo que tenían hijos y que no sabían cómo podrían mantenerlos. Los acogí lo mejor que pude,

---

* N. del T.: *Compliance officer*. Se trata de la persona encargada de hacer cumplir el código de ética empresarial en una compañía.

pero aun así tuve que despedirlos. Sencillamente, no podemos tolerar a las personas que violan nuestros principios.

Después de ese incidente, puse en marcha el *club del libro del mes* de nuestra empresa. Para empezar, indiqué dos lecturas a los empleados: los libros *Winners Never Cheat: Everyday Values That We Learned as Children (but May Have Forgotten)* [Los ganadores nunca hacen trampa: valores cotidianos que aprendimos de niños (pero podemos haber olvidado)], de Jon Huntsman, y *The Power of Ethical Management* [El poder ético del directivo], de Ken Blanchard y Norman Vincent Peale. Quise que todos supieran que nuestra tolerancia hacia los comportamientos desprovistos de ética era cero.

Todos comenzaron a hablar sobre los principios y valores que exponían los libros. Algunas personas abandonaron la empresa porque no querían trabajar en un lugar en el que no pudiesen saltarse las reglas. A pesar de todas mis palabras sobre los principios, debía probar con mis actos que estaba comprometido con ellos. Despedir al agente que producía más y dejar de ingresar, así, millones de dólares fue una demostración bien elocuente de cuál era mi posición.

Como dicen Dalio y mi padre, nunca tengas miedo de la verdad

Hablando de libros, el que realmente reflejaba mi filosofía sobre los negocios y la vida era *Principios*, de Ray Dalio. (Sí, soy consciente de que esta es la tercera vez que lo menciono. ¿Estás comenzando a ver por qué mi carácter repetitivo vuelve loca a la gente?). Dalio, fundador de Bridgewater Associates, el fondo de cobertura más grande del mundo, escribió el libro para compartir los principios guía que le habían servido en su vida personal y profesional. Hice que fuese una lectura obligatoria para todos los miembros de mi empresa. La obra me impresionó tanto que contacté con Dalio para tenerlo como invitado en Valuetainment. Tuvimos una larga conversación sobre su cultura empresarial y su forma de plasmarla en la sede de su compañía, ubicada en Connecticut.

Como esperaba, algunos se sintieron incómodos con las ideas que se vertían en el libro, especialmente la de *transparencia radical*. Como parte de este principio, las personas están obligadas a llamarse la atención unas a otras cuando creen que alguien está cometiendo un error o se está pasando de la raya. Nuestra empresa también se fundó sobre este principio, pero no todo el mundo se sentía cómodo con él. En última instancia, el libro tuvo el efecto que yo quería, que era generar debates productivos (y a menudo acalorados) sobre las ideas de Dalio y nuestra cultura.

Incluso Alice, nuestra directora de operaciones, se enfrentó a mí y dijo: «Esto es demasiado radical. No puedes dirigir la oficina central como lo haces con el equipo de ventas».

Cuando alguien a quien respeto habla, escucho. Pero cuando procesamos el tema, no surgieron datos ni verdaderas pruebas que me convencieran en contra de la transparencia radical. El único argumento de Alice era que ese concepto era demasiado diferente. Aun así, entendí el origen de su postura. Como Alice había estado veintidós años en Pacific Life, se había formado una idea sobre cómo *debería* ser un agente de seguros. La transparencia radical era demasiado diferente de lo que ella imaginaba.

Ser radicalmente transparente no era un principio negociable para mí. Le dije a Alice que quería ser diferente. Me siento extremadamente a gusto siendo radicalmente transparente; lo que no soporto es ser «normal». Alice e Ian Benedict (nuestro director financiero) se reunieron y elaboraron una estrategia con todo el equipo. Mencionaron las preocupaciones del equipo y me presentaron la estrategia. Al final, decidimos que debíamos encontrar el equilibrio entre el respeto y la honestidad, sin dejar de mantener el compromiso de ser radicalmente transparentes.

■ ■ ■ ■ ■ ■

A lo largo de mi infancia, no puedo decirte cuántas veces dijo esta frase mi padre: «Nunca tengas miedo de la verdad». Me quedó grabada e inculqué este valor en nuestra empresa. Había estudiado muchas otras organizaciones y creía firmemente que ser directo y dolorosamente veraz era importante.

Uno de los estudios de caso más famosos de la Escuela de Negocios Harvard tiene como protagonistas a Morgan Stanley y Rob Parson. Cuando John Mack se convirtió en presidente de Morgan Stanley en 1993, quiso cambiar la cultura de la empresa y adoptar el trabajo en equipo para realizar ventas cruzadas, ampliar el alcance de la empresa y reducir las luchas internas. El mantra que expresaba su visión era *one-firm firm* ('una empresa de una sola empresa'). Los empleados serían juzgados sobre la base de una evaluación de desempeño de trescientos sesenta grados realizada por superiores, colegas y subordinados.

Parson era el ejemplo clásico de un generador de ingresos increíble y un compañero de equipo áspero. Amplió la cuota de mercado de Morgan Stanley, en su línea de negocio, del 2 al 12,5 % en poco tiempo y llevó a la empresa del décimo al segundo lugar en su sector. Sus colegas lo encontraban arrogante e iban con pies de plomo cuando estaban cerca de él, lo cual era un problema importante dada la directriz de Mack de cambiar la cultura de la compañía.

Muchas personas que leyeron ese estudio de caso pensaron que era evidente que había que despedir a Parson. Si Morgan Stanley quería ser fiel a su cultura, debía priorizar a los jugadores de equipo. Aunque Parson fuese un gran generador de ingresos, su comportamiento no se correspondía con la nueva misión de la organización.

Yo lo vi de otra manera. Lo que vi fue un gerente que tenía miedo de comunicarse directamente. El estudio de caso explicaba que el gerente «sugería» cosas y esperaba que Parson captara las indirectas. Lo que no hizo el jefe de Parson fue indicarle de manera directa y específica lo que había hecho mal y lo que debía cambiar para conservar el empleo. El problema no era la cultura de Morgan

Stanley; era la falta de comunicación directa por parte de uno de sus altos dirigentes.

Como suele ser el caso, los gerentes tienen miedo de decir honestamente cómo se sienten. Puedo entender que se tema herir los sentimientos de un vendedor estrella; pero es mejor esto que la alternativa. Al no recibir comentarios directos y al estar ausente la transparencia radical, Parson siguió tratando mal a sus compañeros de trabajo.

En mi opinión, finalmente se hizo justicia cuando el gerente de Parson, y no él, fue despedido.

MIS PRINCIPIOS EMPRESARIALES

- Nunca transijas en los valores no negociables de la empresa.
- Supervisa al detalle hasta que haya confianza.
- Lo que nos trajo aquí no nos llevará al siguiente nivel.
- Nadie tiene garantizado su empleo al cien por ciento, ni siquiera el fundador o el director ejecutivo.
- Fomenta una presión de grupo positiva en la que los compañeros se reten unos a otros.
- Supera tu mejor marca anterior.
- Trata el dinero de la empresa como si fuera tuyo.
- Sé totalmente abierto de mente, pero no fácil de persuadir.
- Resiste cualquier tentación de rebajar las expectativas y criterios.
- Crea un entorno en el que el equipo se sienta bien tratado tanto desde el punto de vista económico como profesional.

Además de dejar claro cuáles son mis principios empresariales, les hago saber a mis empleados que hay una serie de comportamientos y actitudes que no me gustan: sentirse «con derecho a», la queja, la negatividad, el pesimismo, la filtración de secretos, no cuidar la propia salud, el chismorreo y aceptar consejos por parte de las personas equivocadas.

Establece un código para tu empresa

Establecer un código empresarial es determinante si quieres dirigir un negocio próspero. Oímos hablar mucho de la construcción de una gran red. En consecuencia, tal vez olvidemos que nuestra red más importante está dentro de nuestra propia empresa. Las personas tienen que contar con límites, es decir, deben saber cuáles son las líneas que no pueden cruzar. Uno de los puntos del código puede ser que no se le puede robar un cliente a un colega. O que está prohibido faltarle el respeto al jefe cuando pide algo. O, en el caso de nuestra empresa y la Bridgewater Associates de Dalio, los empleados deben llamar la atención a los demás cuando estos violan los principios fundamentales de la empresa, aunque ocupen un cargo superior o lleven más tiempo en la organización.

Cuando dirigí mi primera oficina de ventas, a los veinticinco años, todos los que estábamos allí trabajábamos mucho, duro y hasta tarde. Ya sabes lo que pasa en una oficina de ventas repleta de energía y testosterona. Eso estuvo bien, pero establecimos un código: si ibas a salir con un familiar de alguien, un subordinado directo de alguien o cualquier otra persona respecto a la cual pudiesen existir sensibilidades, primero había que aclararlo con el afectado. No se trataba de que te acercases a alguien y le dijeras: «Oye, voy a dormir con tu hermana esta noche». Pero sí había que tener la cortesía, con los colegas, de solicitarles permiso para salir con alguien que fuera significativo para ellos. Al sujetarnos a ese código, evitamos que se creasen enemistades importantes y el tipo de animadversión que intoxica un ambiente laboral.

Soy un hombre con mucha testosterona. Mi impulso es muy fuerte, así que no puedo decirte que fui un ángel. Salí mucho de fiesta desde los dieciocho hasta los veinticinco años, pero tenía un código: mi vida privada era privada y mis elecciones no podían tener un impacto negativo en el trabajo. No me ceñí a este código a la perfección, pero sí tan bien como pude.

En esa etapa de mi vida, la mayor dificultad a la que nos enfrentábamos era que los componentes del equipo salíamos juntos de fiesta los fines de semana y las cosas se descontrolaban. Quince años después, ahora que soy el fundador y director ejecutivo de mi propia empresa, el código es más elaborado y más técnico. Especialmente cuando las personas tienen hijos y cónyuges que dependen de sus ingresos, la necesidad de integridad es aún mayor.

Si vas a establecer una cultura, tienes que hacerle saber a la gente qué valores defiendes. Ten un código claro y un conjunto de principios rectores, y asegúrate de que todos sepan, sin que puedan caber dudas al respecto, cuáles serán las consecuencias de violarlo.

Ten un plan de reemplazo

Una de las razones por las que es pertinente crear una cultura es que es algo beneficioso para todos. También permite que el negocio crezca más rápido.

Cuanto menos dependa de ti tu empresa, más valiosa será. Cuanto más dependa de ti tu empresa, menos valiosa será. Si tu empresa depende de tu personalidad, no podrás irte nunca.

Una compañía a la que rara vez se dedican titulares es Microsoft. Sin embargo, en septiembre de 2019 era la única empresa que cotiza en bolsa cuya capitalización de mercado era de más de un billón de dólares (en varios momentos, Apple, Amazon y Google han tenido valoraciones superiores al billón de dólares). ¿Estás empezando a advertir una tendencia? Si tu mente no ha pensado enseguida en el fomento del emprendimiento interno y en ofrecer participaciones o acciones de la empresa, no estás leyendo con suficiente atención. Ahora toma en consideración el hecho de que trece años antes de que la compañía fuese valorada en un billón de dólares, el 15 de junio de 2006, Bill Gates anunció su decisión de dejar su puesto a jornada completa en la empresa para enfocarse más en la filantropía.

En ese momento, la acción de Microsoft cotizaba a veintitrés dólares, y la capitalización de mercado de la empresa era de ciento setenta y seis mil millones de dólares. En otras palabras, ¡el valor de Microsoft ha aumentado en *más de un billón de dólares* desde que Gates se fue! ¿Aún piensas que las organizaciones no pueden crear una cultura que sea más poderosa que un líder visionario? Como se destacó en una historia publicada el 31 de diciembre de 2019 en *Barron's*, desde que Satya Nadella asumió el cargo de director ejecutivo el 4 de febrero de 2014, la valoración de Microsoft ha aumentado en novecientos treinta millones de dólares. Asimismo, desde que Tim Cook reemplazó a Steve Jobs como director general de Apple el 24 de agosto de 2011, las acciones de la empresa han aumentado en más de un billón de dólares. (Ten en cuenta las fechas al tomar en consideración estos ejemplos. Como estas empresas cotizan en bolsa, su valoración fluctúa constantemente).

La idea de tener un plan para contingencias parece simple, ¿verdad? Pero muchos empresarios no disponen de uno. Suelen tener un exceso de confianza; están convencidos de que son insustituibles. Muchos son tan egocéntricos que no pueden imaginar que alguien distinto de ellos dirija la empresa. Si tienes esta mentalidad, no cederás el control y tu negocio no va a prosperar.

Otro error es pensar que las personas que son más importantes para la empresa no se irán nunca. O creer que si alguien se va, otra persona podrá asumir su rol sin más. Ninguna de estas creencias es cierta. Lo ideal es que los empleados que tienes ahora formen a sus posibles sustitutos. Alternativamente, tú mismo deberás estar atento a los posibles reemplazos en las áreas de competencia adecuadas, ya se trate de empleados de tu propia empresa o de personas que no pertenezcan a esta.

Si cuentas con un plan para reemplazar a cada miembro clave de tu equipo, podrás gestionar una salida inesperada sin que la empresa pierda el ritmo. Además, dormirás mejor por la noche sabiendo que tus próximas jugadas están ya planificadas.

SEIS ESTRATEGIAS PARA REEMPLAZAR
PERSONAS Y TRANSFERIR HABILIDADES

1. **Haz una lista de tus tareas y habilidades.** Haz una lista de todas tus tareas y habilidades y determina en cuáles eres muy bueno y en cuáles no tanto. Céntrate en tus puntos fuertes y busca una persona o varias que se ocupen de todas las demás tareas en tu lugar.

2. **Identifica qué empleados van a estar en tu empresa temporalmente y cuáles van a estar ahí a largo plazo.** No puedes suponer que todo el mundo va a trabajar para ti para siempre. Debes identificar quién está ahí para cumplir una función durante seis años y quién está ahí para cumplir una función durante seis meses. Si determinas esto ahora, no tendrás una sorpresa cuando alguien deba ser reemplazado.

3. **Conoce los distintos lenguajes que utilizan tus equipos de ventas, asistencia, técnicos y ejecutivos.** Los líderes de ventas generan ingresos y construyen una empresa con sus esfuerzos. Los empleados son contratados para apoyar esos esfuerzos. Debes saber en qué se diferencian. Los ejecutivos necesitan oír un lenguaje empoderador que los haga sentir autónomos y respetados.

4. **Ten identificada a la persona que podrá mantener la cultura de la empresa.** Es muy importante que quien te reemplace comulgue con la cultura que estableciste para que la empresa pueda seguir creciendo después de tu partida.

5. **Conoce las prácticas y procedimientos de tu empresa.** Agarra un papel y un bolígrafo y anota las prácticas y procedimientos de cada departamento. Así, las personas sustitutas tendrán un manual que seguir, sea cual sea su rango, lo cual hará que la transmisión de los conocimientos pertinentes sea rápida e indolora.

6. **Forma a líderes para que contribuyan a difundir la mentalidad correcta.** Mantén conversaciones individuales con tus

futuros líderes para inculcarles la mentalidad de la empresa ahora, antes de que deban reemplazar a alguien. El hecho de que haya una mentalidad de desarrollo del liderazgo también aumentará el valor de tu empresa.

Los empresarios deben ir encontrando personas que los reemplacen en sus funciones, continuamente. Cuando creaste la empresa, te ocupaste de todo el papeleo; ahora puedes contratar a alguien para que se haga cargo de esta tarea. Gestionaste todas las finanzas; ahora puedes contratar a un director financiero para que lo haga. Esto te permite liberar tiempo para dedicarte a las tareas que son más importantes para el negocio.

El fundador de Media.net, Divyank Turakhia, un hombre de treinta y ocho años cuyo patrimonio neto asciende a ciento setenta y seis mil millones de dólares, dijo en una ocasión: «No dejes de averiguar cómo reemplazarte, porque tu tiempo es de lo más valioso en este proceso. Una vez que descubras qué es lo que te apasiona y lo hagas, tendrás éxito en eso, y no dejarás de esforzarte por aprender más».

Las fricciones son buenas

Existe la idea errónea de que en las mejores culturas empresariales todos cantan *Kumbayá* tomados de la mano, todos se llevan muy bien y nadie discute ni se enoja.

Volviendo a las relaciones personales: muéstrame un matrimonio en el que la pareja nunca discuta y te mostraré un matrimonio que se dirige hacia una explosión. Si tú y tu cónyuge no discutís, es probable que uno de vosotros haya encontrado a alguien con quien hacerlo.

Necesitamos la fricción en todas las áreas de nuestra vida. Es saludable y estimula el crecimiento, la creatividad y el aprendizaje.

Por eso genero fricciones cuando no las hay, y te animo a que hagas lo mismo. Cuando todavía trabajaba como gerente de ventas, antes de fundar mi empresa, implementé la política de llamar la atención a los empleados. Di un discurso en el que dije: «Algunos de vosotros me vais a decir que estáis molestos con tal tipo, que no os gusta lo que ha hecho o lo que ha dicho. Estos son los valores y principios que hemos establecido. Este es nuestro código. Si alguien viola estos valores y principios, llamadle la atención. Pero no vengáis a mí. Os estoy dando permiso para hacerlo, aunque esa persona sea un superior. Los valores y principios están por encima de los cargos y la antigüedad».

¿Sabes qué pasó después de que di ese discurso? Inmediatamente, la oficina comenzó a crecer y la fricción entre los trabajadores estimuló el crecimiento. *Presión positiva entre compañeros* es otra forma de definir el entorno que creamos. Todos se presionaban unos a otros para que dieran lo mejor de sí mismos y se convirtieran en mejores jugadores de equipo. Hacíamos que cada uno se hiciese responsable de sus actitudes y sus actos.

No estoy diciendo que los empleados empezaran a regañarse entre sí de forma vengativa o cruel. No se trataba de esto en absoluto. Lo que ocurría se parecía más a la forma que tienen de discutir los hermanos, con amor en el corazón pero un tono firme y unas palabras que llegan al alma. Y así como a veces un hijo o una hija puede llamarle la atención a un padre por una mala decisión, lo mismo debe ocurrir en el entorno empresarial.

La palabra clave en la expresión *amor duro* es *amor*. Para que dos personas soporten la incomodidad asociada a estas conversaciones, tienen que quererse lo suficiente.

■ ■ ■ ■ ■ ■

Hay dos libros que te ayudarán a encontrar tanto la valentía como la técnica que te permitirán afrontar este tipo de discusiones: *Las cinco disfunciones de un equipo*, de Patrick Lencioni, y *Conversaciones difíciles: cómo hablar de los asuntos importantes*, de Douglas Stone, Bruce

Patton y Sheila Heen. El libro de Lencioni se centra en cómo la política de la organización puede conducir al fracaso del equipo. *Conversaciones difíciles* enseña a lidiar con el conflicto y ofrece estrategias concretas para abordar disputas y hablar de temas delicados.

Si quieres ver un ejemplo de amor duro en acción, mira el vídeo de YouTube titulado «Joe Rogan breaks down Brendan Schaub» ('Joe Rogan derriba a Brendan Schaub'). Schaub, uno de los mejores luchadores de la UFC[*] y buen amigo de Rogan, estaba criticando su propia actuación en una pelea reciente. Hubo algunos intercambios de impresiones en ese diálogo entre dos expertos sobre los fundamentos de la lucha. Rogan dijo: «En esa pelea hubo muchas cosas que no estuvieron bien. [...] Se te veía muy rígido. No parecías fluido. [...] No parecías estar bien preparado. [...] Tus movimientos no parecían los de un luchador de élite».

Como puedes ver, hasta este momento de la conversación no surgió ningún aspecto personal; se trataba más de comentarios sobre la mecánica de la lucha. Por eso, a Schaub pareció sorprenderle el siguiente comentario de Rogan:

—Me preocupa tu compromiso con la lucha y me preocupa tu posición.

Schaub trató de interrumpirlo:

—¿En serio? —A continuación, Rogan dijo que pensaba que Schaub tenía «un pie fuera de la puerta», es decir, que estaba poco implicado. A lo cual Schaub replicó—: No estoy de acuerdo.

—La realidad de tu conjunto de habilidades, el punto en el que estás ahora. No te veo venciendo a los chicos de élite —dijo Rogan. Y le preguntó a su amigo—: Si tuvieras una pelea con Caín Velásquez, ¿cómo crees que lo harías?

—Creo que la gente se sorprendería.

---

[*] N. del T.: UFC son las siglas de Ultimate Fighting Championship (que se podría traducir como 'campeonato de lucha definitivo'), la mayor empresa de artes marciales mixtas del mundo. (Fuente: Wikipedia).

—Creo que serías tú quien tendría una sorpresa. Lo creo de verdad. Creo que [Velásquez] te destrozaría. [...] Hay un abismo entre tú y los mejores chicos del mundo, y no sé si puedes cruzar ese abismo. Esta es la realidad de la vida.

A pesar de lo duros que fueron sus comentarios, sentí que el corazón de Rogan estaba perfectamente presente. Se necesita valor para mirar a un amigo a los ojos y confrontarlo con la fría verdad. El intercambio continuó, y luego Rogan dijo:

—Me preocupo más por ti que por ellos. [...] Lo que te digo, lo digo con amor. Al cien por ciento. No digo esto para herir tus sentimientos; esto es lo último que quiero hacer. Si no te quisiera, no habría estado dispuesto a hacer esto, no habría querido hacerlo.

Este tipo de conversaciones son difíciles. Nadie dijo nunca que la transparencia radical fuera fácil. Nadie dijo que ser directo fuera cómodo. Pero ¿cuál es la alternativa a ocultar la verdad? ¿Ver a un ser querido autodestruirse sin hacer nada para detenerlo o, en el caso de Rogan, ver a su amigo correr el riesgo de sufrir una lesión horrible, sintiéndose cada vez más culpable a medida que todo aconteciera?

No puedo decirte cómo procesó esa información Brendan Schaub. Por la expresión de su rostro, habría preferido ir a un dentista que no usase anestésicos antes que oír esa crítica. Pero como dije antes, está la elección fácil y la elección efectiva. Rogan eligió la segunda. La forma en que decidiese reaccionar Schaub estaba más allá de lo que Rogan podía controlar.

Tanto en la vida como en el ámbito laboral, se requiere valentía y destreza para ser directo con las personas. ¿Estás dispuesto a ello en tu vida? Si no estás dispuesto a ello en el ámbito de tus relaciones personales, en tu empresa ¿vas a presenciar cómo tu empleado estrella trata mal a sus compañeros de trabajo (piensa en Rob Parson) y a rezar para que capte telepáticamente lo que querrías decirle?

Si quieres amor sin conflictos, ten un perro. A mí me gusta tanto el amor sin conflictos que tengo dos *shih tzus* adorables,

Jimbo y Kucci. Pero si quieres construir una cultura efectiva basada en principios, aprende no solo a aceptar las fricciones, sino también a fomentarlas.

Hablar a espaldas de la gente

Tus padres probablemente te dijeron: «No hables a espaldas de tus amigos. No es agradable». Tus padres tenían razón. No es agradable. Pero si quieres resultados, puede ser una táctica ganadora.

En *Cómo ganar amigos e influir sobre las personas*, Dale Carnegie habló sobre darle a la gente una reputación para emular. Otros lo llaman *construcción de la identidad*. Si alabas constantemente una habilidad en particular o un rasgo de carácter delante de una persona, esa persona manifestará con más frecuencia esa habilidad o ese rasgo. A la vez, ese individuo repetirá ese elogio, y pasará a formar parte de su carácter.

Pongamos por caso que tengo un empleado llamado Garrett. Le digo a otra empleada, Lois, que Garrett hace un seguimiento muy bueno de las solicitudes, que nunca pasa nada por alto y que siempre se muestra responsable con las tareas que tiene asignadas. Sin duda, Lois le dirá a alguien que le dije eso sobre Garrett, esa persona se lo dirá a otro empleado, y así sucesivamente, hasta que Garrett acabará por enterarse.

Cuando Garrett oye lo que le dije a Lois, se emociona con ese reconocimiento. Me gusta pensar en ello como una fricción positiva. Puedes felicitar a alguien como Garrett directamente, lo cual está bien, pero cuando le llegan comentarios positivos a través de otros empleados, el elogio adquiere mucho más peso. Garrett sabe que los demás están al tanto de los comentarios halagadores del jefe sobre su buen proceder, y esto solidifica la conexión entre Garrett y yo y entre Garrett y la empresa. Este empleado va a tener mayor confianza en sí mismo y va a estar más motivado en el futuro.

Piensa en ello en relación con tus propios empleados. ¿Quién tiene talento pero le falta agresividad o confianza? ¿Has intentado animar a ese individuo a ser un negociador más contundente y no lo has conseguido? ¿Y si mencionaras algo positivo sobre esa persona a otro empleado? ¿Qué dirías y cómo lo dirías? Espera unos días a ver qué sucede. Has tratado de descubrir de qué forma y en qué momento motivar a ese empleado de una manera impactante y duradera. Ahora ya sabes exactamente lo que tienes que hacer.

Convierte en un hábito el hecho de decir cosas positivas a espaldas de tus compañeros; no lo hagas solo una vez al año. Si no adquieres este hábito, tu lugar de trabajo carecerá de la fricción que conduce a resolver creativamente los problemas y de la presión positiva entre compañeros. No dejes la fricción al azar. Crea una cultura en la que se hable bien de los demás.

■ ■ ■ ■ ■ ■

Comenzamos este capítulo comparando la cultura empresarial con la religión. Hemos visto que no basta con tener grandes ideas y personas con talento, de la misma manera que en una familia el amor no es suficiente. Hace falta contar con unos principios. Debes escribirlos, repetirlos a menudo y mostrar con el ejemplo que estás comprometido a respetarlos.

Espero que el ejemplo de Microsoft te haya proporcionado un *billón* de razones para hacer de la cultura algo prioritario. La cultura es la clave de la escalabilidad y la clave para que tu empresa se vuelva menos dependiente de ti. Si tu objetivo principal es que todos te quieran, estás en el ámbito equivocado. Hay que ser valiente para tener conversaciones difíciles. Si crees lo suficiente en tus principios, encontrarás el coraje necesario para ser radicalmente transparente y, en consecuencia, increíblemente eficaz.

8

Confianza = velocidad: el poder de la fiabilidad

Cuanto más os conozcáis el uno al otro, cuanto más sepáis lo que piensa el otro, antes podréis confiar en el otro cuando entréis en el campo.

—Tom Brady

E stoy en el negocio de la anticipación. Estoy en el sector de los seguros de vida no porque las personas vayan a morir mañana, sino porque cuando lo hagan, su familia no estará preparada. Los contratos tienen que ver con la anticipación. Después de haber sido estafado y fastidiado demasiadas veces, aprendí la importancia de anticiparme a los problemas y establecer documentos y controles para protegerme de lo desconocido.

No soy pesimista sobre la naturaleza humana. Pero soy realista en cuanto a los detalles de la negociación de un contrato. Fue John McAfee, el excéntrico empresario de *software*, quien dijo que cuando un soldado es capturado revelará cualquier secreto que se le haya confiado, que entregaría a su propia madre bajo tortura. Tal vez esto no sea así en el caso de todas las personas, pero sí creo que los empresarios deben tener cuidado al confiar en cualquier miembro del equipo, sobre todo en lo relativo a información que podría dañar o incluso destruir la empresa.

La confianza es multidimensional, no unidimensional.

Tal vez confíes en uno de los tuyos para gestionar las ventas, pero no los recursos humanos. Tal vez le confiarías a alguien información sobre tus planes actuales, pero no sobre tu estrategia futura. La confianza tiene muchas caras. Por ejemplo, confío en mis enemigos: confío en que inventarán una historia para intentar arruinarme.

Dado que la confianza es tan importante para la velocidad, también debemos preguntarnos por qué es tan importante la velocidad. La respuesta casi parece demasiado obvia como para tener que darla. Decir que la velocidad lo es todo no parece exagerado. Ya sea que vendas un producto o un servicio, se requiere rapidez para hacerlo, para entregarlo y para pasar de la venta a un depósito en tu cuenta bancaria. El tiempo es dinero. La rapidez con la que haces todo afecta a cada parte de tu negocio.

Para que un avión de pasajeros Boeing 747 despegue, debe alcanzar una velocidad de doscientos noventa y seis kilómetros por hora. Y así como un avión debe alcanzar cierta velocidad para despegar, ocurre lo mismo en el caso de los empresarios. Si un avión no adquiere impulso y lo mantiene durante un largo período de tiempo, se estrellará. Necesita velocidad, necesita combustible y necesita un piloto competente que lo lleve a su destino. Estos son los equivalentes en el ámbito empresarial:

Velocidad = impulso (*momentum*).
Combustible = dinero/capital.
Piloto = fundador, empresario, director ejecutivo.

Una vez que entiendas por qué es tan fundamental la velocidad, verás por qué la confianza es tan importante para la velocidad. Imagina que antes de sentarte en un restaurante y pedir lo que quieres tuvieras que llenar una larga solicitud de crédito. Imagina que la policía tuviera que hacerte una foto y tomar tus huellas

dactilares antes de que pudieses comprar un granizado carbonata-
do en una tienda de conveniencia. Incluso en la actualidad, la idea
de tener que entrar en un local e interactuar con una persona para
comprar gasolina nos parece molesta. En resumen: la razón por la
que cultivar relaciones de confianza es acelerar cada elemento de
la gestión empresarial.

Te amo, pero firma el acuerdo prenupcial, por favor

He visto a mucha gente casarse, y al principio todo era hermoso.
Mirabas a esas parejas y jurarías que se amarían para siempre. Nunca adivinarías que un día llegarían a odiarse y decidirían divorciarse.

En ese momento, cada miembro de la pareja se pone en contacto con un abogado y lo que era una situación mala se vuelve in-
finitamente peor, al menos en cuanto a la ira y el estrés que se viven y los gastos que se generan. Los abogados suelen enfrentar al
marido con la esposa y elevan la tensión para subir sus honorarios;
una pelea judicial enconada significa más dinero para ellos. Al final, la pareja acaba agotada tanto en el aspecto emocional como en
el económico.

Las cosas no tienen por qué ser de esta manera. Antes de ca-
sarte, puedes decirle esto a tu futuro cónyuge: «Te amo, pero no
sabemos en qué situación estaremos dentro de cinco, diez o quince
años. Hagamos planes para lo peor pero esperemos lo mejor. Esto
significa determinar ahora mismo qué haríamos en el peor de los
casos (un divorcio) en lo que respecta al dinero, los niños y todo lo
demás». En otras palabras: planifiquemos anticipando cinco jugadas por lo menos.

Después de algunas citas con Jennifer, la mujer que se convertiría en mi esposa (esto fue mucho antes de nuestro viaje a Hawái),
fuimos a una librería ubicada en Third Street Promenade, en Santa
Mónica, y compramos un libro titulado *101 Questions to Ask Before*

You Get Engaged [101 preguntas que debes hacer antes de comprometerte]. Una de las preguntas era: «¿Cuántos hijos quieres tener?». Yo respondí «cinco»; mi esposa respondió «tres». Acabamos teniendo tres hijos; actualmente, parece el número perfecto. Nos pusimos de acuerdo en este tema y otros; Jennifer transigió en algunas cosas y yo en otras.

Hablamos de antemano sobre todos los temas maritales clave y llegamos a un acuerdo. Los acuerdos prenupciales son excelentes para los acuerdos de divorcio, pero también son valiosos para los matrimonios. Al haber hablado de los temas clave con antelación, es posible superar bien los momentos difíciles que surgen en toda relación a largo plazo.

Algunos empresarios dicen con orgullo: «No necesito un contrato; tenemos un acuerdo de apretón de manos, y mi palabra me obliga». Esto es genial, suponiendo que la otra persona sea igualmente franca y honesta. Por desgracia, esto no siempre es así.

Los románticos pueden argumentar que al firmar un contrato estás planeando el fracaso. Los realistas lo ven como algo que todo empresario inteligente entiende: contar con un plan de contingencia. En el ámbito empresarial, te relacionarás con empleados, socios, inversores, proveedores y asesores. Es posible que sientas amor por todas y cada una de estas personas, pero si no estableces acuerdos formales, estás llamando al tipo de estrés y pérdida económica que acompaña a los divorcios más polémicos.

Cuando contrates a alguien, documenta todo: el código de conducta, la participación en el capital, el salario, el período de adquisición de derechos, el período de prueba. Si todo esto no está documentado, no contarás con un plan cuando haya un conflicto. Antes de firmar cualquier acuerdo importante, te conviene que incluya lo siguiente:

1. Límite de responsabilidad: ¿qué es lo máximo que podemos perder?

2. Indemnización: no se me puede demandar.
3. Plazo finito: cuando se ha acabado, se ha acabado.

Volvamos a nuestra analogía del matrimonio: las personas se casan a causa de sus emociones y se divorcian usando la lógica. Más específicamente, se enamoran y piensan que el amor podrá con todos los problemas que hierven a fuego lento debajo de la superficie; no sopesan lógicamente los pros y los contras de casarse con alguien. Cuando se divorcian, aunque es evidente que hay emociones implicadas, el proceso es mucho más lógico: las personas discuten sobre lo que quieren y lo que están dispuestas a dar. Los abogados insisten en poner un marco cognitivo en torno a las cuestiones emocionales. Hay que abordar los números: «¿Cuántos fines de semana pasarán sus hijos con usted y cuántos con su cónyuge?», «¿Cuánto apoyo brindará usted?», «¿Qué división de la propiedad sería lógica?».

En el ámbito empresarial, las cosas funcionan de la misma manera: te «enamoras» de un candidato a un puesto de trabajo, un inversor, un proveedor o un cliente y piensas: «Esto será para siempre». No puedo decirte cuántas veces me emocioné con una nueva incorporación para luego, unos meses o años más tarde, darme cuenta de que me había equivocado. En todos los casos, cuando no se documentaron los términos de la relación, la ruptura fue caótica y estresante.

Uno de nuestros inversores me dijo: «Mira, te acabamos de dar diez millones de dólares. ¿Qué pasa si mueres? Nos gustaría suscribir una póliza de seguro de vida de diez millones de dólares para este caso».

No me molesté ni protesté diciendo que estaba en muy buena forma y no planeaba morirme. Al revés; me encantó lo que dijo cuando me di cuenta de que su mensaje era «te amo, pero firma el acuerdo prenupcial, por favor».

Haz preguntas que vayan debajo de la superficie

La gente me dice que soy exigente. Cuando me describen, la expresión *amor duro* aparece mucho. Antes de poder cuidar de alguien, hay que conocerlo. Creo que lo que me distingue como líder es mi deseo de comprender realmente a las personas. Lo hago haciendo las preguntas correctas y responsabilizando a las personas de sus propias respuestas.

Hace poco recibí una llamada de un viejo colega llamado Danny. Me dijo: «No tienes ni idea de lo que me ha costado llamarte. Ha pasado una década».

Tenía curiosidad por saber hacia dónde iría la conversación. Cuando era gerente de ventas, fui especialmente duro con Danny. Era uno de esos tipos que tienen un gran talento natural (inteligencia, carisma, astucia callejera), pero también era tan simpático que le dejaban hacer lo que quería. En consecuencia, era un pusilánime cuyo rendimiento era siempre inferior a lo que cabía esperar.

Le había preguntado a Danny, como le pregunto a todo el mundo, quién quería ser. Resultó que tenía grandes aspiraciones. Siempre hablaba de poder mantener económicamente a sus padres para que pudiesen jubilarse. Tal vez actuase como el alma de la fiesta, pero cuando hablábamos en serio decía que quería vivir a lo grande.

Danny no solo quería vivir a lo grande: yo sabía que tenía lo necesario para lograrlo. Y no acepté nada menos que su mejor versión. No me importaba que, a causa de ello, pudiese verme como alguien demasiado estricto.

Nos pusimos al día en cuanto a nuestras vidas, y luego me di cuenta de que se estaba emocionando. Dijo:

—Recuerdo que siempre me decías: «Me odiarás temporalmente, pero me amarás permanentemente, porque nadie te empujará como yo».

—Claro que lo recuerdo —comenté—. Y no solo te lo dije a ti. Lo he dicho miles de veces.

Danny y yo recordamos lo duro que había sido con él; en esos tiempos, no me soportaba. Me confesó que incluso había impreso una foto mía y la había puesto en su diana.

Recuerdo todo sobre las personas que han trabajado para mí. Recuerdo sus historias porque me preocupo por ellas.

Danny continuó:

—Pat, tengo que decirte algo. —Se quedó callado y pude oír que estaba llorando—: Ahora soy el presidente del banco. Estoy casado. Soy tan feliz que me cuesta hablar. Gano cientos de miles de dólares al año. Y te he llamado para decirte que todo lo que estoy poniendo en práctica en esta posición de liderazgo es lo que aprendí cuando trabajé contigo.

Él no era el único con lágrimas en los ojos. Fue uno de esos momentos difíciles de describir, aunque ahora que soy padre, he comenzado a reconocer el sentimiento.

¡Eso sí es una gratificación diferida! Tardé diez años en enterarme de que presionar a Danny y no aceptar nada distinto de su mejor versión había valido la pena para él. Este episodio me recordó por qué estoy dispuesto a que me odien temporalmente, aunque sea durante una década.

Los paquetes de retribuciones inteligentes y los viajes de incentivos tienen un poder limitado. En cambio, si llegas al corazón de las personas moverán montañas por ti. Para llegar a su corazón, debes tomarte tiempo para comprenderlas y conocer sus creencias y deseos más profundos.

Esto significa cavar bajo la superficie y descubrir que a tu empleado Joe le gusta pescar, mientras que tu clienta Becky está obsesionada con *Juego de tronos*. Te conviene saber qué motiva a estas personas. Yo hago todo lo que puedo para conocer a los miembros de mi equipo. Principalmente, hago muchas preguntas para llegar a la raíz de su personalidad. De esta manera, evito llegar a conclusiones equivocadas sobre estas personas y puedo entender qué las motiva, cuáles son sus objetivos y cómo les gusta trabajar.

Cuando presionas a la gente haciéndole preguntas, puedes tocar fibras sensibles. No pasa nada; es la forma de llegar a conocerla. Cuando manifiestan emociones, revelan las partes de sí mismos que podrían haber estado ocultando.

No puedo dirigir a las personas si no sé cómo son. Necesito saber cómo las educaron sus padres y qué las influyó en su infancia. De la misma manera, quienes trabajan conmigo tienen que saber cómo soy yo. Quiero que conozcan mi historia, que soy un chico de Irán que pasó por un infierno y que lo que me impulsa son las voces de aquellos que no creyeron en mí, que siguen sonando con fuerza en mi cabeza.

Todo se reduce a la voluntad de hacer preguntas, no solo las esperadas, como «¿qué le pareció su último empleo?», sino también las que hurgan, sondean y alientan a las personas a revelar una parte más profunda de sí mismas. Tienes que hacer preguntas profundas que te ayuden a descubrir cómo es alguien realmente. Este conocimiento es muy valioso, porque te permitirá pensar en una serie de jugadas sobre el encaje de esa persona en tu plan de acción y te ayudará a establecer una relación productiva y duradera. De esta manera, la confianza se fortalecerá, y a esto le seguirá una buena velocidad.

La confianza es un péndulo

Por lo general, los empresarios pasan de la confianza a la desconfianza y viceversa, siguiendo un patrón predecible. Vale la pena que seas consciente de este patrón, ya que determinará la libertad de acción que le vas a dar a tu gente.

Cuando contratamos a personas, estamos poco dispuestos a confiar en ellas sin más, y queremos supervisar de cerca su labor. Cuando ya llevan un tiempo con nosotros y han estado haciendo un buen trabajo, confiamos mucho más y es mucho menos probable que las supervisemos de forma minuciosa.

Hasta cierto punto, es lógico que se dé este patrón pendular, pero debes saber en qué sentido te estás moviendo. Si no es así, podrías provocar la siguiente reacción en un empleado que se sienta asfixiado: «Si no confía en mí para hacer el trabajo, ¿por qué no contrata a otra persona?». O podrías confiar erróneamente en un empleado veterano, alguien que no cumple con los plazos a menudo y no logra alcanzar sus números. Te enojas con esta persona, pero en realidad deberías enojarte contigo mismo, porque o bien no contrataste al candidato adecuado, o bien no supiste pedirle cuentas.

La fiabilidad es la clave de la confianza. Al cabo de un tiempo, el empleado o el socio cuenta con un historial. Cuando este historial demuestre que cumplirá sistemáticamente con lo que ha prometido, podrás dejarle más autonomía. La confianza se ha establecido.

Cuatro niveles de confianza

Por lo general, los empresarios se sienten víctimas cuando se traiciona su confianza. Tal vez piensen que pueden confiar en alguien, pero luego sucede algo: un cliente no materializa el gran pedido que iba a hacer o un socio incumple un trato. Los empresarios culpan a estos individuos por mentirles o engañarlos; dicen cosas como «es por eso por lo que no estamos creciendo tan rápido como deberíamos» o «estamos en un agujero porque Joe no hizo lo que dijo que haría».

No. No te hagas la víctima. El mundo de los negocios es duro. Las personas no siempre juegan limpio. Algunas de ellas son, directamente, sinvergüenzas. Algunas no tienen ningún problema en decirte lo que quieres oír mientras hacen lo contrario.

La responsabilidad es tuya por permitir que te tomen el pelo. Eres más inteligente que eso. De hecho, deberías poder calcular el grado de confianza que puedes tener con cualquier persona, ya sea un cliente, un empleado, un socio o un proveedor.

¿Cómo hacerlo? Para empezar, reconoce que puedes clasificar a las personas según estos cuatro niveles de confianza:

- Extraños.
- Respaldados.
- De confianza.
- Compañeros de carrera.

Pon a las personas en la categoría de **extraños** cuando no tengas experiencia con ellas. Pueden parecer individuos dignos de confianza; son encantadores, amigables y hablan muy bien. Instintivamente, es posible que te gusten y te inspiren confianza. Recuerda, sin embargo, que incluso los sociópatas homicidas pueden ganarse la confianza de la gente. La experiencia es el mejor maestro. Si no conoces personalmente a alguien o no conoces a nadie que haya trabajado con ese individuo, ubícalo en esta categoría y no confíes en él hasta conocerlo mejor.

La categoría **respaldados** es para aquellos que llegan con una trayectoria avalada. Son individuos que vienen recomendados por personas de confianza o que poseen un currículum que demuestra que son capaces de cumplir lo que prometen. Aun así debes tener cuidado, porque los currículums pueden estar falseados y las recomendaciones pueden reflejar prejuicios o la falta de voluntad de ser completamente honesto. Con todo, en principio se puede confiar un poco más en quienes se encuentran en esta categoría.

Las personas que son **de confianza** son aquellas con las que tienes una experiencia personal. De una forma u otra, han demostrado su lealtad, honestidad y fiabilidad. Merecen mayor confianza que las de la categoría anterior porque has sido testigo de sus rasgos positivos; no solo has oído hablar de ellos a otros.

La cuarta categoría, **compañeros de carrera**, es la más alta, y no es probable que haya más de una persona en ella. Es el equivalente profesional de tu mejor amigo. Es alguien a quien puedes llamar cuando tienes un problema o te enfrentas a una oportunidad; enseguida pregunta qué puede hacer. Si necesitas que alguien te ayude a salir de un aprieto, esta persona moverá montañas para ayudarte.

Antes de desesperarte por no tener un compañero de carrera o de empezar a buscar uno, debes reconocer que encontrarlo puede llevar tiempo y requerir experiencia. Yo tuve que librar muchas batallas antes de descubrir al mío. Tuve que aprender por las malas en quién podía confiar y en quién podía confiar absolutamente. Vi traicionada mi confianza antes de desarrollar un sistema de evaluación mental.

Asimismo, debes reconocer que cuanto más éxito tengas, en menos personas podrás confiar. Si has leído libros de motivación o has escuchado a oradores motivacionales, habrás visto u oído maravillas sobre el desarrollo de grandes redes de personas de confianza. Tal vez esta medida funcione si eres un consultor, pero si tienes una empresa aprenderás por las malas, como me ocurrió a mí, que no puedes confiar en todo el mundo, ni siquiera en aquellos en quienes confías de verdad. Habla con cualquier empresario experimentado y oirás historias sobre lugartenientes de confianza que los traicionaron y sobre empleados a quienes consideraban de la familia que se marcharon tan pronto como recibieron una buena oferta. ¿Recuerdas a Donnie Brasco?

No esperes construir grandes círculos de confianza. Olvídate de trabajar con toneladas de personas a las que confiarías tu vida. En lugar de ello, ocúpate de ubicar a cada persona en uno de los cuatro niveles. Una vez que lo hayas hecho, será mucho menos probable que te quemes y tendrás bastante claro en quiénes puedes confiar y en qué medida.

Aprende el lenguaje del amor de cada sujeto

Un hombre está impaciente por mostrarle a su esposa cuánto la ama y la valora. Es su décimo aniversario de boda, por lo que ha ahorrado cada centavo para comprarle unos pendientes de diamantes. Los envuelve elegantemente, y cuando ella abre la caja, él es un manojo de nervios; espera que se le ilumine la cara y le dé las gracias por su generosidad y su cariño. Cuando ella ha acabado de abrir la caja, apenas reacciona.

Esto no es lo que esperaba el hombre. La respuesta apática de ella refleja desagradecimiento y desprecio. ¿Cómo puede ser tan desagradecida? Cuando finalmente le pregunta qué le pasa, ella dice: «No sé cuántas veces tengo que decirte que no me importan las *cosas*. ¿Por qué no vamos nunca de pícnic?».

Para entender mejor esta interacción, recomiendo leer *Los 5 lenguajes del amor: el secreto del amor que perdura*, de Gary Chapman. Es una obra fenomenal. Los cinco lenguajes del amor son las formas en que damos y recibimos amor. Son las siguientes: tiempo de calidad, palabras de afirmación, dar regalos, actos de servicio y contacto físico. En el ejemplo anterior, el hombre hablaba el lenguaje de los regalos cuando todo el tiempo su esposa le había estado diciendo que prefería el tiempo de calidad.

En las relaciones, olvídate de la regla de oro. Reemplaza «haz a los demás lo que te gustaría que te hicieran a ti» por «trata a los demás como quieren que se los trate». Esto es aplicable al ámbito empresarial, la familia y los amigos. Una de las razones por las que elegí a Greg Dinkin como colaborador de mi libro es que cuando lo entrevisté no podía dejar de hablar de cómo, en un taller que había impartido a ejecutivos bancarios, les había hecho responder el cuestionario del lenguaje del amor. De hecho, te recomiendo que lo respondas y que invites a las personas cercanas a ti a hacer lo mismo. (Lo encontrarás gratuitamente en Internet; busca «test de los 5 lenguajes del amor»).

Debes dejar de preguntarte qué motiva a las personas y, en cambio, preguntarte qué motiva a *una persona*. Ya sea que elijas ver esto a través del prisma de los puntos sensibles o los lenguajes del amor, será mejor que te tomes tiempo para comprender qué es lo que funciona en el caso de cada individuo. A cada uno de nosotros lo motiva algo distinto.

Tienes que saber qué es lo que impulsa a las personas. Si prestas atención, lo descubrirás. Conozco a un director ejecutivo cuyo mejor vendedor gana ochocientos veinticinco mil dólares al año. Finalizado el mes en el que le había ido mejor, le dijo a su jefe: «Ni siquiera me has llamado». Esta declaración pone de manifiesto que quiere reconocimiento y *cómo* quiere que se exprese este reconocimiento. Su lenguaje de amor son las palabras de afirmación. Si hubiese dicho «ni siquiera me invitaste a almorzar», habría indicado que quería tiempo de calidad. Si hubiese pedido un Rolex, habría puesto de manifiesto que quería regalos.

¿Deseas sobresalir como líder? Muéstrales a las personas que te tomas el tiempo necesario y efectúas las indagaciones necesarias para saber lo que quieren. El error que cometemos la mayoría de nosotros es que damos amor y reconocimiento de la forma en que nos gusta recibirlos. Si te gusta recibir elogios, probablemente seas bueno dándolos. Si prefieres las gratificaciones económicas, es probable que dispongas de un excelente plan de retribuciones. La verdad con la que te vas a encontrar es que todos los miembros de tu equipo están motivados por cosas diferentes.

Las personas que hacen afirmaciones genéricas como «a todo el mundo le gusta que lo valoren» o «la aprobación es una necesidad humana importante» están bien encaminadas. Pero hay que pasar al siguiente nivel y determinar *cómo* mostrar el reconocimiento y la aprobación. Como director ejecutivo, sé quién necesita que le dedique tiempo a solas y quién necesita elogios públicos. Como padre, sé cuál de mis hijos se siente motivado por el afecto, cuál por los elogios y cuál por el tiempo de calidad.

Aunque sé que lo correcto es ofrecer esta atención personalizada, no siempre me acuerdo de proceder así. No es fácil satisfacer las demandas de todos los seres queridos y hablar en el lenguaje de cada uno de ellos, sobre todo si uno está dirigiendo una empresa bastante grande y tiene una familia de la que ocuparse. A veces resulta abrumador, porque, después de todo, somos humanos.

Leí un libro titulado *Thank God It's Monday: How to Prevent Success from Ruining Your Marriage* [Gracias a Dios que es lunes: cómo evitar que el éxito arruine tu matrimonio], cuyo contenido encontré muy acertado. El autor, Pierre Mornell, era consejero matrimonial, y transcurridos veinte años acabó por encontrar la mejor solución para él y las familias a las que asesoraba: dedicar entre cinco y quince minutos de atención exclusiva a cada una de las personas más cercanas todos los días. No estoy sugiriendo que hagas esto con todo el mundo, pero tus jefes clave y las estrellas en ascenso necesitan más tiempo a solas contigo de lo que piensas. Es fácil tratar de construir líderes con conferencias telefónicas o llamadas de Zoom solamente, pero no hay nada comparable a que les brindes toda tu atención.

PREGUNTAS QUE DEBES HACERTE PARA
CONECTAR CON CADA INDIVIDUO

1. ¿Qué motiva a esta persona?
2. ¿Cómo quiere ser amada esta persona?
3. ¿Qué es lo que hace que esta persona se sienta valorada?
4. ¿Cuál es la manera más efectiva en que puedo mostrar que esta persona me importa?
5. ¿Qué acción será mejor recibida por esta persona?

Los nueve lenguajes del amor de los empresarios

Recuerda que la confianza es igual a la velocidad. Cuanto mayor sea el grado de confianza, mayor será la velocidad. Mostrar a las personas que te preocupas por ellas hará que den lo mejor de sí. En consecuencia, se volverán más confiables y todos los elementos de la empresa se moverán más rápido.

Así como hay cinco lenguajes del amor en las relaciones, los grandes empresarios utilizan nueve lenguajes del amor para hablar con sus compañeros de equipo.

1. TE NECESITAMOS

Dar responsabilidades a las personas es una forma de mostrarles que las necesitas. Hay quienes necesitan sentirse necesarios. En el ámbito deportivo, un entrenador puede dirigirse a un jugador que no está rindiendo y decirle: «No podemos ganar el campeonato sin ti. Necesitamos que te superes. *Te necesitamos*».

También hay a quienes no les importa que los necesiten. Es posible que cuanto más necesarios se sientan, más abusen de la relación, al pensar: «Ah, me necesitas... Sin mí no puedes hacer nada».

Cuando Steve Kerr asumió el cargo de entrenador de los Golden State Warriors [un equipo profesional de baloncesto de Estados Unidos], Andre Iguodala había salido de inicio en setecientos cincuenta y ocho partidos consecutivos. Kerr quiso que Iguodala, un jugador estrella, empezara en el banquillo. La mayoría de los jugadores verían esta medida como una degradación, pero Kerr convenció a Iguodala de lo mucho que lo necesitaban: se *necesitaba* una chispa desde el banquillo, había la *necesidad* de liderar la segunda unidad, había la *necesidad* de aportar piernas frescas para controlar al mejor jugador del equipo contrario. No solo ocurrió que los Warriors ganaron el campeonato de la NBA en la primera temporada con Kerr, sino que además Iguodala se convirtió en el primer jugador en la historia de la NBA en ser nombrado MVP [jugador más valioso] de las finales de la liga sin ser titular en todos los partidos. Es una demostración más de lo que decía antes: cuando le das a alguien una reputación para emular, a menudo la persona se aplica en este sentido.

2. RECONOCIMIENTO

Si te fijas en varias empresas que estén estancadas, te encontrarás con que el reconocimiento no forma parte de su cultura. Ahí solo hay presión, presión y más presión. Dan Ariely, profesor de Economía Conductual y Psicología en la Universidad Duke, cuenta con importantes investigaciones que demuestran que las empresas sobrevaloran el dinero como factor de motivación. Basarse en las primas monetarias para motivar a las personas hace que tengan la sensación de que hay que sobornarlas para que hagan su trabajo. Según Ariely, «lo que dice [esta estrategia de motivación] es: "Sabes lo que hay que hacer, pero no tienes interés en hacerlo"». Dar una bonificación es lo opuesto a determinar cuál es la verdadera motivación de la persona.

Puedes divertirte mucho con los miembros del equipo, especialmente con los emprendedores internos para quienes el reconocimiento supone un estímulo importante. Cuando ofrezcas reconocimiento, hazlo con tu propio toque personal. Por ejemplo, le di una antorcha olímpica de 1984 a uno de nuestros vicepresidentes ejecutivos. Le di un casco de Ayrton Senna a un vicepresidente cuando estábamos estudiando la mentalidad de este piloto en la empresa. Podrían ser unos zapatos firmados por Michael Jordan, podría ser un bolso personalizado de Louis Vuitton, podría ser una placa para la pared del despacho de la persona: si le gustan las palabras de afirmación, lo que esté escrito en la placa es lo que más importa.

Habrá algunos que dirán: «No necesito ningún reconocimiento». Quienes dicen que no lo necesitan, lo necesitan doblemente.

Esta negación es un fingimiento, en realidad. Estas personas tienen miedo de esforzarse porque temen no obtener el reconocimiento que esperan. Por más seguro de sí mismo que pueda parecer alguien, estoy convencido de que necesita reconocimiento, como todo el mundo.

3. ELOGIOS: TRES TIPOS DIFERENTES

Hay tres posibles maneras de elogiar a alguien. Para escoger la apropiada, hay que conocer a la persona. Te recordaré una vez más que cada individuo tiene una sensibilidad diferente.

1. **Privado:** el primer tipo de elogio es el que se ofrece de manera privada. El contexto puede ser una comida o una interacción casual. También se puede ofrecer por medio de un mensaje de texto, un correo electrónico o la aplicación Slack. Las palabras pueden ser estas, más o menos: «Oye, solo quiero que sepas que has progresado mucho y quiero expresarte mi reconocimiento. Veo lo mucho que trabajas y cómo has ido mejorando. Nada de eso pasa desapercibido. Gracias».

2. **Público:** el siguiente tipo de elogio es el que se ofrece públicamente a modo de reconocimiento y es más efectivo con las personas a las que les gusta ser el centro de atención. Destaca sus aportaciones en las reuniones.

3. **A espaldas de la persona:** se muestra reconocimiento a las personas a sus espaldas cuando se las alaba ante otros cuando no están presentes. Anteriormente he hablado de lo potente que es este procedimiento. Recuerda que debes conocer a la persona para utilizar esta estrategia de manera efectiva.

4. DIRECCIÓN CLARA

Tu equipo necesita que des indicaciones claras. No es efectivo decir cosas como «tú puedes hacerlo; ve a por ello». Tienes que decir «necesito que hagas esto, esto y esto, y que esté listo para tal momento. ¿Puedes hacerlo?». Por lo general, no presentes a tus empleados más de tres cosas por hacer a la vez, o se sentirán abrumados.

El caso es que hay muchos a los que les gusta que les digan qué deben hacer. A estos trabajadores hay que indicarles exactamente qué deben entregar y cuándo. Formula un acuerdo verbal: «¿Está claro, John, que me enviarás un mensaje de texto hoy a las cinco menos cuarto con el nombre y el número de teléfono de tres proveedores diferentes?». Esta indicación es mucho más efectiva que decir «investiga un poco y dime algo».

5. VISIÓN

La mayoría de los individuos no son visionarios. No es natural pensar en el futuro cuando se está ocupado apagando incendios. Pero necesitan oírte hablar sobre la visión y el futuro. Los grandes líderes siempre están presentando el futuro hacia el que se dirige el equipo y vaticinando qué va a suceder. Hablan de lo que viene a continuación. Los grandes líderes dicen cosas como «nuestros mejores días están por llegar». Los empleados necesitan saber que su líder es como un gran maestro que los está guiando en la dirección correcta.

Tienes que describir un futuro a tus empleados. Sobre todo cuando impera la rutina, tienes que apelar a sus sentidos y crear una imagen que les haga ver para qué están trabajando.

6. SUEÑOS

Las personas quieren saber cómo se van a convertir en realidad sus sueños. Necesitan ver cómo el hecho de hacer hoy el trabajo pertinente les permitirá alcanzar sus sueños. Si quieres inspirar a la gente, debes hablar el idioma de los sueños constantemente a aquellos que necesitan escucharlo.

Los tres últimos lenguajes del amor, que voy a tratar a continuación, no son tanto esto como unas directrices. Los he incluido en la lista porque también tienen que ver con comprender a las personas y hablarles de una manera que les permita sacar lo mejor de sí mismas; esta forma de hablarles, además, fomenta la confianza.

7. IMPLICACIÓN

Pídeles siempre que den su opinión y hagan comentarios. Pregúntales también, constantemente, qué creen que debes hacer a continuación. Las personas quieren que las impliques en lo que estás haciendo y también que las escuches. Ahora bien, si les preguntas cuáles son sus ideas y nunca las implementas, dirán lo siguiente (muy probablemente para sus adentros): «¿Por qué te estoy dando mis ideas? Nunca las pones en práctica de todos modos. Estás perdiendo el tiempo y me lo haces perder a mí». Es peligroso que preguntes si no piensas escuchar.

8. DESAFÍO

Los grandes líderes desafían a las personas todo el tiempo: en privado, en público y a sus espaldas. Si veo a alguien que está progresando después de un desliz, lo llevo aparte y le digo: «Escucha, quiero que sepas que lo veo. Estás progresando mucho. Estoy emocionado por ti. Pero espero que no vuelvas a resbalar. Espero que te mantengas enfocado».

Las cosas que digo en público tienen como objetivo combatir la complacencia: «Tenía la impresión de que tenías unos sueños más ambiciosos. Pensé que querías algo mucho más grande. Si puedes ganar veinte mil dólares en un mes, ¿por qué no podrías ganar cuarenta mil? ¿Te estás acomodando? ¿Tienes el estómago lleno? ¿Desde cuándo gozas de libertad financiera? ¿Desde cuándo nos encontramos en este punto? ¿Por qué nos comportamos de esta manera? ¿Por qué estamos actuando de esta manera? ¿Por qué estamos haciendo esto?».

9. ESCUCHAR

El último lenguaje no es tal. El último lenguaje consiste en cerrar la boca y escuchar, ya que a muchas personas les gusta hablar de sí mismas o de lo que les está pasando. No siempre es fácil, sobre todo para un director ejecutivo impaciente, pero escuchar es una habilidad fundamental. A veces esto solo significa permanecer sentado y escuchar a la persona. Algunos de los líderes a los que asesoro solo quieren llamar y hablar durante cuarenta minutos. Dejo que lo hagan. Escucho, escucho, escucho y tomo notas. Hago comentarios. Lo que no hago es aceptar la llamada, poner el modo silencio y ocuparme de otras cosas mientras la otra persona habla. Escucho y digo: «Ese comentario que has hecho hace quince minutos, ¿lo mantienes, después de lo que ha dicho el resto del equipo?».

Tienes que escuchar y mostrar verdadero interés. De hecho, tienes que ser sincero cuando apliques todos los lenguajes del amor para empresarios que aquí se han presentado. Si te limitas a fingir, los demás se darán cuenta. Cuando hables los lenguajes del amor de las personas honestamente, se sentirán reconocidas.

■ ■ ■ ■ ■ ■

En el ámbito del deporte se dice a menudo que la velocidad no se puede enseñar. Es posible enseñar a explotarla, en efecto, pero la velocidad en sí es algo que o se tiene o no se tiene. Solo se puede mejorar de forma muy progresiva. Sin embargo, en el campo empresarial la velocidad se puede mejorar absolutamente, y debes aplicarte a ello de forma implacable. Cada parte del negocio depende de la velocidad, desde identificar tendencias hasta llegar al cliente y entregar el producto.

Puedes usar los niveles de la confianza para filtrar tus evaluaciones, para comprender los matices relativos a una persona o una situación determinada. Al hacerlo, tu objetivo es acelerar todos los aspectos de tu negocio.

Piénsate mucho en quién vas a confiar y en las razones por las que vas a confiar en esa persona. ¿Está John en el nivel de confianza del extraño o en el del compañero de carrera? A partir de aquí, ¿estás dispuesto a confiarle una responsabilidad empresarial significativa o conviene que lo tengas controlado cuando le asignes una tarea que tenga cierta importancia? Responde estas y otras preguntas y descubrirás que puedes averiguar en quién confiar y en quién no con gran precisión.

El propósito de fomentar la confianza es aumentar la velocidad. Los individuos analíticos suelen pasar por alto este punto. También pasan por alto el hecho de que la clave para generar confianza es tener en cuenta la humanidad de las personas. Una vez que estas saben que las ves como seres humanos y no como meros empleados, la confianza crece y la velocidad aumenta. Comprender sus lenguajes del amor y lo que las motiva son las claves que te permiten demostrar que te importan.

TERCERA JUGADA

Domina la construcción del equipo adecuado

EL MITO DEL EMPRENDEDOR INDEPENDIENTE: CÓMO CONSTRUIR TU EQUIPO

1. Identifica los tipos de miembros de equipo que quieras atraer. Crea la propuesta de valor adecuada (programa de beneficios) para atraer y retener a los miembros de equipo apropiados. Sé aún más selectivo en cuanto a las personas que permites que entren en tu círculo íntimo.

CREA UNA CULTURA BASADA EN LOS PRINCIPIOS

2. Establece y comunica tus valores y principios, tanto aquellos por los que te riges como individuo como aquellos que quieres que imperen en tu empresa. No transijas con tus valores y principios innegociables, o de lo contrario serán solo palabras en una hoja de papel.

CONFIANZA = VELOCIDAD: EL PODER DE LA FIABILIDAD

3. Examina cada habilidad necesaria en cada departamento para que sea transferible a cualquier nuevo empleado con el fin de formar nuevos líderes. Examina el lenguaje que utilizas para comunicarte con tus compañeros de equipo y con los distintos jefes: ¿genera confianza o dudas? Haz preguntas para saber qué es lo que más importa a las personas y habla el lenguaje que las impulsa. Haz una lista con el nombre de los cinco miembros más relevantes de tu equipo e identifica qué es aquello que más los motiva.

DOMINA LA ESTRATEGIA DE LA ESCALABILIDAD

9

Escalar para conseguir un crecimiento exponencial

No temo un ejército de leones liderado por una oveja; temo un ejército de ovejas liderado por un león.

—Alejandro Magno

En Estados Unidos se puede registrar cualquier empresa por menos de doscientos dólares; entonces uno puede decir de sí mismo que es un director ejecutivo (CEO, por sus siglas en inglés). Incluso puedes hacer imprimir tarjetas de presentación en las que aparezcan las siglas CEO en letra grande y en negrita. Puedes decir lo que quieras de ti mismo. Pero cuando te has ganado realmente el título de CEO es cuando cientos de personas te llaman así.

En octubre de 2009, lancé un negocio con sesenta y seis agentes. En nuestro primer año completo, ingresamos menos de dos millones de dólares. Había un pequeño problema: como director ejecutivo, no tenía ni idea de lo que estaba haciendo. Aún tenía que aprender lo que es necesario para escalar.

Durante toda mi carrera profesional, había sido vendedor o gerente de ventas. Nunca había sido el director ejecutivo de una empresa. No sabía nada acerca de visiones o estrategias, y mucho menos acerca de toda la logística y el papeleo que se requieren para convertir una venta en un contrato. Básicamente, al principio fingía saber lo que hacía, mientras trataba de aclararme. Empecé a buscar, pensando en las jugadas que tenía que realizar para tener éxito como CEO. El primer paso fue unirme a Vistage, una organización para emprendedores en la que Vistage hace esencialmente el papel de junta directiva personal, al brindar asesoramiento. También asistí a un programa en la Universidad de Harvard para propietarios y presidentes de empresas que me permitió interactuar con otros directores ejecutivos y aprender sobre administración.

Localicé todos los recursos que podrían ayudarme, incluidos todos los estudios de casos que pude conseguir. Encargué todos los libros que pudieran arrojar luz sobre el día a día de la gestión empresarial. Además de adquirir todos los libros de Patrick Lencioni, compré estos:*

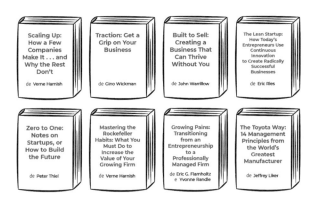

---

* N. del T.: Entre los libros mencionados, los siguientes están publicados también en castellano: el de Verne Harnish, con el título *Scaling Up* (*Dominando los hábitos de Rockefeller 2.0*): *cómo es que algunas compañías lo logran... y por qué las demás no* (Gazelles, Inc.); el de Gino Wickman, con el título *Tracción: obtén control de tu negocio* (BenBella Books); el de Eric Ries, con el título *El método Lean StartUp: cómo crear empresas de éxito utilizando la innovación continua* (Deusto S. A. Ediciones); el de Peter Thiel, con el título *De cero a uno: consejos para startups o cómo inventar el futuro* (Ediciones Gestión 2000); el de Verne Harnish, con el título *Rockefeller. Las claves para generar riqueza: qué se puede hacer para incrementar el valor de la empresa que está creciendo rápidamente* (Deusto S. A. Ediciones), y el de Jeffrey Liker, con el título *Las claves del éxito de Toyota: 14 principios de gestión del fabricante más grande del mundo* (Ediciones Gestión 2000).

En ese momento, establecí un firme compromiso conmigo mismo: o bien decidiría que tenía lo necesario para ser un director ejecutivo en quien confiaría personalmente para dirigir una empresa de la lista Fortune 500, o bien me autodespediría.

La transición a ser el líder de una empresa casi acabó conmigo. Necesité tanto conocimientos como valentía para sobrevivir. Al final no solo supe cuáles eran las tareas cotidianas de las que tenía que ocuparse un director ejecutivo sino también, y esto fue aún más importante, qué jugadas tenía que realizar para crear el tipo de empresa que imaginaba.

Tal vez hemos llegado al punto que estabas esperando. Todo lo anterior ha sido preparatorio: conocerte a ti mismo, saber cómo razonar y saber cómo construir tu equipo tenía que ver, todo ello, con prepararte para las exigencias asociadas a dirigir una empresa. Ahora es cuando vas a dar el salto a convertirte en un director ejecutivo que opera como un gran maestro. Vamos a hablar de las cuatro áreas estratégicas en las que todo CEO debe centrarse. Al leer sobre ellas te harás una idea clara de cómo impulsar el crecimiento exponencial en tu empresa. En última instancia, responderemos esta pregunta: ¿cómo genera escalabilidad un director ejecutivo para alcanzar el crecimiento y lograr sostenerlo?

LAS CUATRO FASES DE TODA EMPRESA EMERGENTE
1. Formulación.
2. Supervivencia.
3. Impulso.
4. Estabilidad.

Debes preguntarte en qué fase se encuentra tu empresa. ¿En la de formulación? ¿En la de supervivencia? Si no has llegado a la fase de impulso es porque aún tienes que descubrir qué es lo que conduce al crecimiento exponencial. Pronto descubrirás los dos elementos que harán que tu negocio crezca vertiginosamente.

Proveer de capital a tu empresa

Sea cual sea la etapa en la que se encuentre tu empresa, necesitas un plan para proveerla de capital. Si estás empezando, ¿tomarás dinero prestado de tu familia? ¿Deberías encontrar un inversor ángel y darle participaciones de la empresa? Cuando empiece a irte muy bien, ¿deberías intentar vender la empresa o aprovecharás tu éxito para conseguir fondos y crecer aún más rápido?

Este tema daría para todo un libro. Además, el enfoque conveniente es distinto según el sector de actividad. Si estás construyendo una empresa de tecnología que no cuenta con un método medible para ganar dinero pero que puede atraer decenas de millones de miradas, como Twitter, Instagram y otras empresas similares, debes conseguir la mayor cantidad de capital posible de antemano. En otros sectores, es mejor crecer orgánicamente.

En abril de 1999, Jack Ma fundó Alibaba en su apartamento, y no fue hasta enero de 2000 cuando la empresa recibió una inversión de veinte millones de dólares por parte de un grupo de inversores liderado por Softbank Corporation. Según el *Wall Street Journal*, la reunión de Ma con el director ejecutivo Masayoshi Son fue atípica en cuanto a la mayoría de los argumentos de inversión. Ma dijo: «No hablamos de ingresos; ni siquiera hablamos de un modelo de negocio. Solo hablamos de una visión compartida. Ambos tomamos decisiones rápidas».

En una entrevista con Charlie Rose que se emitió en un «segmento extra» del programa *60 Minutes*, Jeff Bezos reflexionó sobre lo ocurrido en 1995, cuando estaba reuniendo el capital inicial para fundar Amazon:

> A mucha gente le fue muy bien con ese trato [risas]. Pero también se arriesgaron, por lo que merecían que les fuese muy bien. Ahora bien, necesité sesenta reuniones para conseguir un millón de dólares; veintidós personas pusieron, aproximadamente, cincuenta mil dólares cada una. No estaba nada claro que fuese a conseguir reunir

esa cantidad de dinero, por lo que todo podría haber terminado antes de empezar. Estábamos en 1995, y la primera pregunta que me hicieron todos los inversores fue: «¿Qué es Internet?».

En una entrevista que le hicieron en el Foro sobre Liderazgo 2018 del Centro Presidencial George W. Bush, Bezos también habló sobre la recaudación de dinero que le permitió poner en marcha Amazon. Dijo:

Eso fue en 1995. Solo dos años después, alguien que tuviese un máster en Administración de Empresas cursado en Stanford pero ninguna experiencia como empresario podía reunir veinticinco millones de dólares con una sola llamada telefónica si tenía un plan de negocios basado en Internet.

Hay muchas formas de crear una empresa dotada de un buen capital. Voy a darte diez preguntas para que las respondas antes de empezar a reunir dinero. Si te lo tomas en serio, no te limites a leerlas; contéstalas.

Diez preguntas que responder antes de buscar dinero

1. ¿Seguro que tienes que conseguir dinero?

¿Está tu empresa en un punto en el que debas tomar en consideración la posibilidad de reunir dinero? Tu idea podría ser lo suficientemente pequeña como para que puedas ponerla en marcha hoy mismo con tu propio dinero.

2. Si no pudieras conseguir dinero, ¿cómo harías que tu idea empresarial prosperase?

Si puedes responder esta pregunta, los inversores ángel y los capitalistas de riesgo tomarán mayor interés en tu negocio. Si demuestras que no *necesitas* capital y ganas impulso antes de intentar conseguir dinero, te convertirás en una inversión más atractiva.

3. ¿Cómo se utilizará el dinero que reúnas?

Cuando estés tratando de conseguir fondos, debes ponerte en el lugar de los inversores. Estos querrán saber cómo utilizarás el dinero. Debes mostrarles cómo convertirás el efectivo en crecimiento. Ya sea que el dinero se vaya a utilizar para contratar a una persona clave, aumentar la producción o asegurar la propiedad intelectual, necesitan ver tu plan para apoyarlo.

4. ¿Cómo es el inversor ideal de tu empresa?

¿Es alguien que está implicado? No solo debes pensar en cómo es tu posible inversor como persona, sino también en el tipo de relación que quieres tener con él o ella. ¿Necesitas a alguien que te presente a personas clave para conseguir canales de distribución? ¿O necesitas a alguien que tenga la experiencia que a ti te falta y pueda ser tu asesor?

5. ¿Quieres conservar el control total de la empresa?

Cada vez que pides dinero, la otra parte tiene muchas expectativas. La gente no extiende cheques sin poner condiciones. Prepárate para uno de estos dos escenarios: uno de ellos es conservar el control total de tu empresa y, posiblemente, reunir menos dinero; el otro es ceder algo de control para obtener una mayor inyección de efectivo.

6. ¿Estás dispuesto a que te pidan responsabilidades?

A la mayoría de los empresarios no les gusta que otras personas les digan qué deben hacer. Pero los capitalistas de riesgo quieren hacer precisamente eso. Quieren trabajar con emprendedores flexibles que estén abiertos a recibir sugerencias sobre su negocio. ¿Ves esto como una guía o como una intromisión?

Si ocurre esto último, busca un inversor más pasivo, como un banco.

7. ¿Has investigado lo suficiente tu sector?

No hagas perder el tiempo a los inversores por no haber realizado tu tarea. Necesitas conocer tu sector antes de salir a obtener dinero. De esta manera, les mostrarás a los inversores potenciales que eres alguien serio y que estás preparado para usar su dinero con inteligencia.

8. ¿Qué es lo que hace que tu modelo de negocio sea diferente?

Los inversores tienen que ver en qué destaca tu negocio. Tu empresa debe estar posicionada de tal manera que cuente con una clara ventaja competitiva en el mercado.

9. ¿Has hecho los cálculos? ¿Cuál es el valor de tu empresa?

En el momento en que presentes unos cálculos deficientes, los inversores se irán. Esperan que tus proyecciones sean reales y que respaldes tu valoración con unos números sólidos. Debes saber qué aspectos se comparan en el sector y servirte de las empresas comparables para los múltiplos de ingresos, ventas u otros parámetros específicos de ese sector.

10. ¿Estás construyendo la empresa para venderla?

Los inversores querrán saber si podrán vender su inversión para obtener un rendimiento sólido en un plazo de cinco a siete años. ¿Es vender la empresa la estrategia que tienes prevista? Algunos capitalistas de riesgo no quieren invertir en empresas creadas con el objeto de ser vendidas, mientras que otros buscan rentabilidad a corto plazo. Tienes que hacer tus deberes para determinar esta cuestión.

■ ■ ■ ■ ■ ■

Si logras que tu empresa sea financiada con capital riesgo, ello supondrá un gran impulso para ti y para la confianza de tu equipo. Considera que el hecho de conseguir dinero equivale a comprar un mayor tiempo de vida. Es como jugar a un videojuego en el que obtienes dos vidas más en caso de que mueras. El hecho de que haya personas inteligentes y exigentes que inviertan en ti genera responsabilización y puede conducir a que te presenten a personas muy relevantes y a obtener consejos sabios. Esto tiene sentido para algunos. De todos modos, como ocurre con todos los demás aspectos del ámbito empresarial y de la vida, tendrás que pagar un precio por gozar de estas ventajas. Por otra parte, si te basas en tus propios fondos podrá muy bien ser que corras el riesgo de quedarte sin dinero; la ventaja es que podrás conservar el control de tu empresa y su capital, lo cual, en última instancia, hará que tengas aún más opciones.

¿Y cómo puedes entrar en contacto con personas que tienen dinero? La mejor manera de encontrar inversores es a través de tus mentores. El hecho de que alguien te presente contribuirá en gran medida a que te vean con buenos ojos.

¿Y cuál es la mejor manera de ganar credibilidad a ojos de tus mentores? Responde las diez preguntas anteriores cuidadosamente y con gran detalle; así demostrarás que eres alguien serio y que estás preparado.

No hay un momento ni un método perfectos para conseguir dinero. Tienes que hacer un gran trabajo a la vez que realizas un seguimiento de tus opciones. Es mejor atraer que mendigar.

Ahora que hemos tratado la cuestión de cómo obtener capital, pasemos a otro tema: cómo hacer crecer tu negocio.

El cuadrante estratégico

¿Alguna vez has ido al gimnasio y has visto a la misma persona allí cada vez, la cual, por algún motivo, no veías que efectuase ningún progreso? ¿Cómo es posible que esa persona, haciendo tanto ejercicio, no dejase de tener el mismo aspecto? Es algo posible, de acuerdo. De hecho, es normal. Tanto en el gimnasio como en la oficina, la mayoría de las personas hacen acto de presencia y se limitan a realizar los movimientos indicados. Físicamente, trabajan en su empresa, pero no lo hacen con la intención de incidir en ella. Si tienes este comportamiento, en el mejor de los casos te mantendrás a flote. En el peor de los casos, el hecho de no estar pensando en las próximas jugadas desembocará en la desaparición de tu empresa.

El crecimiento es importante, pero los empresarios suelen tratarlo como la única función, y esto es un error. Existen dos tipos de crecimiento empresarial: el lineal y el exponencial. El primero representa unas ganancias constantes pero no espectaculares: se cumple con los plazos, se vende, se conserva a los clientes y se amplía la red de contactos. En el segundo, se dan saltos cuánticos. El crecimiento exponencial se da cuando los empresarios abandonan la rutina diaria para hacer algo excepcional. Tienen una visión y son capaces de tomar decisiones difíciles pero inteligentes para implementar dicha visión. No quieren limitarse a crecer gradualmente; quieren conquistar el mundo.

He reducido la responsabilidad de un propietario o director ejecutivo a estas cuatro áreas estratégicas:

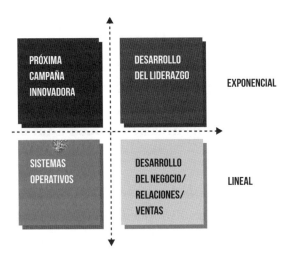

El crecimiento lineal tiene que ver con los sistemas operativos, el desarrollo del negocio y las ventas.

1. SISTEMAS OPERATIVOS

Se trata de reforzar los sistemas, la tecnología y los procesos para que sean más eficientes y efectivos. Para la mayoría de los empresarios, esta es la parte menos emocionante del negocio. Y aunque no generará un crecimiento exponencial, sí se pueden lograr grandes avances al mejorar los sistemas operativos. En el capítulo cinco viste cómo mi empresa acudió a la fórmula del ITR (retorno de la inversión y del tiempo) y cómo el hecho de mejorar las operaciones a través de la tecnología nos llevó, finalmente, a ahorrar millones de dólares.

Las empresas fracasan por una de dos razones: porque crecen demasiado rápido o porque no crecen en absoluto. Aunque el primero parezca un buen problema, puede ser fatal si no se cuenta con los sistemas operativos apropiados para respaldar el crecimiento.

2. DESARROLLO DEL NEGOCIO Y VENTAS

El segundo elemento está compuesto por el desarrollo del negocio y las ventas. Este aspecto tiene que ver con establecer relaciones con nuevos proveedores, crear nuevas alianzas y mejorar el proceso de venta. Se trata de establecer contactos y asistir a eventos del sector. Se trata, en definitiva, de potenciar las relaciones.

El desarrollo del negocio es lineal. Hay que cerrar tratos y hacer que los ingresos sigan aumentando.

Las siguientes dos áreas conducen a un crecimiento exponencial.

3. PRÓXIMA CAMPAÑA INNOVADORA

Como director ejecutivo, puedes lanzar un programa o una promoción que tenga el poder de cambiar las reglas del juego. Bally

Total Fitness hizo esto cuando estableció que las personas podían hacerse socias sin efectuar un pago inicial en un momento en el que todos sus competidores requerían un pago inicial considerable. En 1995, Continental Airlines introdujo un programa de incentivos en el que cada uno de sus treinta y cinco mil empleados no gerenciales pasaría a percibir sesenta y cinco dólares todos aquellos meses en que Continental se encontrase entre las cinco primeras aerolíneas en cuanto a la puntualidad de las salidas. Esa campaña innovadora, dirigida por los líderes transformadores Gordon Bethune y Greg Brenneman, tuvo un efecto mágico. Bethune lo describió en detalle en su libro *From Worst to First: Behind the Scenes of Continental's Remarkable Comeback* [De ser la peor a ser la primera: qué hay detrás del notable regreso de Continental].

En 2005, cuando el precio de la gasolina rondaba los tres dólares el galón,* Mitsubishi lanzó una campaña para pagar la gasolina de sus clientes durante todo un año. Aunque en realidad no se trataba más que de un descuento, la campaña se promocionó de una manera que llamó la atención. Cuando Hyundai, el fabricante de automóviles coreano, estaba luchando por conseguir una mayor cuota de mercado en Estados Unidos, ofreció la garantía más extensa del sector: diez años o cien mil millas (161.000 kilómetros). Esas no fueron decisiones operativas del día a día que tuvieron un impacto pequeño; fueron elecciones que llevaron a un crecimiento exponencial.

En febrero de 2005, Amazon lanzó Amazon Prime. Por setenta y nueve dólares al año, la gente recibiría sus pedidos dentro de un plazo de dos días sin tener que pagar por gastos de envío. Más adelante, la empresa incorporó más prestaciones: música, películas gratis y entrega gratuita de productos perecederos. En septiembre de 2019, más de cien millones de personas estaban suscritas a Prime. Al coste actual de ciento diecinueve dólares anuales, estamos

---

* N. del T.: Un galón equivale a 11,36 litros.

hablando de once mil novecientos millones de dólares en ingresos. Esta es una campaña innovadora.

Realizar la jugada correcta puede suponer un impulso increíble para tu empresa. Tienes que sintetizar todo lo que sepas sobre los deseos y necesidades de tus clientes, las limitaciones de tus competidores y tus propios puntos fuertes para crear una campaña que motive un rápido crecimiento de los ingresos.

4. DESARROLLO DEL LIDERAZGO

El crecimiento exponencial depende de la capacidad que tengas de convertir a otras personas en líderes efectivos.

Identifica los próximos líderes a los que vas a preparar para que asuman una mayor responsabilidad. Haz una lista con los nombres de las tres personas mejor situadas a este respecto (o las cinco mejor situadas, u otra cantidad, según las circunstancias). A continuación, empieza a evaluarlas. Examina sus puntos fuertes y débiles, y cómo responden en distintas situaciones. Después observa su grado de competitividad y solidez, así como la capacidad que tienen de generar ideas. Además, pregúntales si creen en la empresa y si quieren asumir un rol de liderazgo.

Seguidamente, siéntate e identifica lo que deben hacer estas personas en los próximos seis meses, doce meses y dos años. Desafíalas a crecer. Hablando en sentido figurado, échales agua como si fueran plantas.

Como director ejecutivo, se te juzgará según el tipo de líderes que crees. Encontrar a otras personas que puedan desarrollar la empresa por sí mismas en lugar de limitarse a cumplir órdenes conducirá a un crecimiento exponencial. Esto requiere encontrar el tipo de individuos adecuados y hacer del desarrollo del liderazgo una prioridad muy importante.

Tu desafío

La mayoría de las personas no se salen del nivel lineal. El hecho de que hayas elegido ser empresario no te convierte en un visionario ni en un director ejecutivo. Si pasas la mayor parte del tiempo en los cuadrantes del crecimiento lineal, no generarás un gran impulso. Si, por el contrario, pasas todo tu tiempo en los cuadrantes del crecimiento exponencial, corres el riesgo de no poder sostener el crecimiento.

Debes mirar el cuadrante estratégico y preguntarte en qué áreas estás haciendo un buen trabajo y en cuáles no. ¿En qué debes centrarte? ¿Necesitas crear una campaña innovadora? Tal vez te convenga contemplar los próximos noventa días y prepararte para tu próxima campaña de este tipo.

Te sorprenderá lo gratificante que puede ser conformar una estrategia para tu empresa. Es emocionante presenciar cómo el negocio aumenta y comienza a entrar dinero. Cuando esto empieza a ocurrir, las cosas se ponen realmente muy interesantes.

Para mejorar el rendimiento de tus empleados, presiónalos hasta el punto de inmunizarlos

¿Cómo puedes lograr que tus empleados rindan al máximo de su capacidad? ¿Cómo puedes motivarlos para que mejoren significativamente año tras año?

Estas son preguntas difíciles para los empresarios. Hay quienes intentan ser los mejores amigos de sus empleados, hay quienes hacen comentarios duros, hay quienes ofrecen apoyo y aliento. Hay muchas teorías sobre este tema, pero yo sé lo que me funciona a mí, y si puedes superar tu deseo de gustar, apuesto que también te funcionará a ti.

Tengo un amigo, Chris Hayes, que jugó como defensa en la Liga Nacional de Fútbol Americano durante siete años. Chris tuvo varios entrenadores famosos, como Herm Edwards y Bill Parcells. Un día le pregunté:

—¿Cuál fue el entrenador más difícil que tuviste?

Chris no vaciló al responder:

—Bill Belichick. —En ese momento, Belichick era asistente de Parcells para el equipo New York Jets—. Con mucha diferencia. Sus expectativas eran muy altas. Era alguien increíblemente pesado. Los entrenamientos y las prácticas eran una locura. Quería que fueras lo más perfecto posible en todo. Te llamaba la atención por el más pequeño detalle. Pero también sabías que ibas a ganar, porque sabías que él quería ganar más que ninguna otra persona de la sala, por lo que no tenías problemas en seguirlo.

Los empresarios pueden aprender mucho de la experiencia de Chris con Bill Belichick. Yo lo hice. Presiono a mis empleados hasta que se vuelven inmunes. Imagino que si pueden aguantarme, no tendrán ningún problema con el dolor derivado del trato con los clientes. Si pueden manejarme, pueden manejar a cualquiera. No se enfadan. Cuando han pasado por mi labor de presión, son mejores líderes y pueden manejar mejor los conflictos.

La forma en que aplico la presión es hacer preguntas y esperar las respuestas. Desafío a mis empleados de la misma manera que te desafío a ti. Les pido que se aclaren en cuanto a lo que quieren y que describan sus próximas jugadas con detalle. Una vez que han manifestado lo que quieren, uso sus respuestas para que asuman la responsabilidad. No les grito. No les impongo mis propios objetivos. Lo que hago es repetir lo que me dijeron que querían lograr. Si no están alcanzando sus objetivos, les pregunto por qué y me quedo callado. Descubrí que hacer que reflexionen sobre sí mismos es mucho más potente que decirles qué hacer. En última instancia, les enseño a hacerse responsables de las altas expectativas que se han fijado.

La mayoría de las personas no quieren este grado de responsabilidad. Que te acompañen hacia la expresión de tu mejor versión no es para los débiles de corazón. Por eso no es fácil trabajar para mí. Los miembros de mi equipo tardan algunos años en volverse insensibles a la presión, pero cuando eso sucede, son oro. Al igual que los jugadores de Belichick, sienten la intensa presión de las altas expectativas, y aunque esto les molesta al principio, acaban por acostumbrarse. Con el tiempo se dan cuenta de que gracias a mi comportamiento su desempeño mejora y el equipo obtiene victorias. Llega el punto en que la presión ya no les incomoda.

Y he aquí algo incluso mejor: el efecto dominó. Cuando aplico una presión positiva a una persona, esta la aplica a otra. Cuando incorporamos a más miembros al equipo, les aplicamos la misma presión, y ellos, a su vez, la aplican a los demás. En lugar de ser una práctica de gestión, se convierte en parte de la cultura. Recuerda que no se trata de hacer esto para molestar al equipo, sino para aplicar el tipo correcto de presión positiva.

Bill Belichick ha ganado seis Super Bowls como entrenador principal del equipo New England Patriots. ¿Crees que el mariscal de campo Tom Brady describiría jugar para Belichick como ir de pícnic? Por supuesto que no. En realidad, el hecho de que Belichick fuese tan duro con Brady tuvo un efecto multiplicador.

Cuando se desafía a la estrella, todos deben mejorar su juego también. A medida que se aplica presión y aumentan las expectativas, esto se convierte en la norma. Aunque Brady se fue para unirse a los Tampa Bay Buccaneers después de veinte temporadas con Belichick y los Patriots, es justo decir que Brady y Belichick formaron la dupla de entrenador y mariscal de campo más ganadora de la historia. El mérito lo tienen Belichick por aplicar la presión y Brady por responder a ella.

Existen muchas opciones para ejercer presión: proporcionar críticas constructivas, aumentar los objetivos en cuanto a los resultados, hacer preguntas difíciles… Mantén la presión constante por medio de preguntas que hagan que los miembros de tu equipo se responsabilicen y verás cómo mejora su desempeño.

Soy consciente de que esto puede sonar un poco duro y podría asustar a algunas personas, por lo que quiero subrayar que no es algo que funcione para todo el mundo. Tiene que encajar tanto con tu personalidad como con tu filosofía. También dependerá mucho de tu equipo y de la cultura de tu empresa. Insisto en que solo estoy hablando de lo que me funciona a mí. Por ahora confío en que reflexionarás sobre lo que estoy diciendo y utilizarás tu propio enfoque.

Los líderes visionarios tienen un campo de distorsión de la realidad

Un tema que aparece mucho en la biografía de Steve Jobs escrita por Walter Isaacson es el *campo de distorsión de la realidad* de Jobs. En lugar de aceptar las ideas de los demás sobre la realidad o «ser lo suficientemente bueno», creó sus propias historias y presionó a otras personas para que las hicieran realidad. Impuso su voluntad a los demás para reprogramar las expectativas que tenían de sí mismos. Y como no estaba dispuesto a aceptar la realidad de las limitaciones que se autoimponían estas personas, terminaron sorprendiéndose a sí mismas.

Estar cerca de directores ejecutivos fuertes que siempre están situando más arriba el punto de referencia puede ser incómodo. Proyectan la sensación de que por mucho que trabajes, no es suficiente. Los empleados tal vez digan: «Cada vez que llego a algún lugar, desplazas el poste indicador. ¿Cuándo vas a estar contento del todo?». Esto es lo que hace que un director ejecutivo fuerte sea tan efectivo. Es por eso por lo que Jobs pudo haber sido odiado cuando imponía plazos, pero ahora es venerado.

Disculpa esta digresión rápida, pero la idea errónea que hay sobre los despidos me resulta divertida. La mayoría de la gente piensa que el empleado corriente es el que tiene más posibilidades de ser despedido, pero la realidad es que nadie es despedido con más frecuencia que el fundador o el director ejecutivo de la empresa. Cada vez que un empleado se va, es como si despidiesen al CEO. Cada vez que un cliente se va con un competidor, es como si despidiesen al CEO. Cada vez que un vendedor superestrella se va, es como si despidiesen al CEO. Cada vez que demandan a la compañía, es como si despidiesen al CEO. Todo esto es lo que me lleva a afirmar que nadie es despedido con mayor frecuencia que el director ejecutivo.

Cuando un director ejecutivo o un fundador pierde su empleo, a ello suele seguirle la bancarrota y esta persona lo pierde todo, mientras que un empleado solo pierde un trabajo y todo lo que debe hacer es encontrar uno nuevo. Es importante que tu equipo sepa que nadie está sometido a más presión que los demás. No se trata de minar la moral del grupo, sino de hacerle saber que la presión es compartida por todos.

■ ■ ■ ■ ■ ■

Voy a poner un ejemplo de cómo desafío a la gente. Estaba reunido con un grupo de empleados y les pregunté: «¿Cuántos de vosotros queréis un aumento?». Todos dijeron que lo querían. Entonces les dije: «Está bien, ahora hacedme un favor y anotad la mayor cantidad de dinero que hayáis ganado en un año. No me lo mostréis; escribidlo para vosotros mismos». Cuando lo hubieron hecho, les dije: «Ahora anotad cuánto dinero os gustaría ganar anualmente». De nuevo esperé; después les pregunté: «¿Por qué no habéis ganado esta cantidad todavía? ¿Por culpa de la empresa? ¿Queréis que os dé el tipo de respuesta que os haga sentir bien o queréis la verdad?». Pidieron la verdad, y les dije: «La razón es que el mercado determina nuestro valor. Podemos pensar que valemos más, pero si el mercado no está dispuesto a pagar por ello, es posible que nos estemos sobrevalorando. Esta cantidad que habéis escrito, tenéis que salir a buscarla. No es solo cuestión de suerte. ¿Queréis ser supervisores? ¿Queréis dirigir un departamento? Entonces debéis preguntaros qué tenéis que hacer para incrementar vuestro valor en el mercado. Las personas que se quedan con nosotros a largo plazo mejoran constantemente. Aquí fomentamos la mejora. Si uno no mejora, otros lo superarán y se convertirán en su jefe».

Esta forma de proceder incrementa la presión, las expectativas y el desempeño.

El siguiente paso consiste en crear el entorno que les permita a los empleados reflexionar sobre sí mismos y trazar su propio curso. Les pido que escriban sus próximas cinco jugadas y que me las manden por correo electrónico si están comprometidos a rendir cuentas. De esta manera, ellos mismos se ponen los objetivos y me dan permiso para que los haga responsables de ellos.

Libera a tus leones y capacítalos para construir imperios

El filósofo Ludwig Wittgenstein dijo: «Si un león pudiera hablar, no podríamos entenderlo». Tienes que aprender a tratar con los leones (los individuos que tienen un rendimiento destacado). Los leones construyen imperios y lideran a las personas. También proporcionan la mayor cantidad de ingresos... y la mayoría de los dolores de cabeza. Son exigentes y temperamentales. A veces, puede parecer que no tienen sentimientos. Muchos son desorganizados y parecen estar en todas partes.

Rob Parson era un león. Tuvo un rendimiento extraordinario en Morgan Stanley, y como la gerencia no supo cómo manejarlo, la compañía estuvo a punto de perderlo. No pasa nada por perder ovejas; hay muchas. Pero no se pueden perder leones.

En las grandes empresas hay muchos leones que dirigen sus propios imperios. Antes de crear mi agencia, era un león que trabajaba para una gran empresa. Era agresivo e impetuoso. Recuerda que yo fui el tipo que escribió una carta de dieciséis páginas a la dirección exigiendo cambios. Si ese equipo directivo hubiera sabido cómo lidiar con un león, podría haber aprovechado toda mi agresividad y haber ganado mucho dinero. Estaba maduro para convertirme en emprendedor interno y generar una pequeña fortuna para mí y una gran fortuna para la empresa. Pero no tenían ni idea de cómo tratarme. Así que me fui.

La clave para tratar con leones es desafiarlos. Incluso los jugadores estrella, en el calor del momento, son presionados por su entrenador. No es divertido que te presionen más allá del umbral del dolor. Sin embargo, estos mismos jugadores acaban por elogiar a su entrenador. La razón de ello es que son leones, y los leones prosperan cuando los empujan más allá del umbral del dolor.

Si quieres gustar a los demás, si solo encuentras placer en hacer que la gente se sienta cómoda, no estás hecho para tratar con leones, y mucho menos para ser director ejecutivo. Tus empleados tal vez te odiarán en el momento, pero la única forma de que prosperen y de que tu empresa sobreviva es hacer que se hagan responsables de su desempeño.

SIETE MANERAS DE RESPONSABILIZAR A LAS PERSONAS

1. **No tengas miedo de responsabilizar a los demás y llámales la atención cuando no cumplan su palabra.** Déjales muy claro que no se trata de algo personal; es su actuación lo que no te gusta, no su personalidad. Y sé amable.

2. **Pregunta por qué y quédate en silencio el tiempo suficiente para escuchar sus respuestas.** Cuando no recibas una buena explicación sobre los motivos por los que un empleado rompió una promesa o no cumplió con una fecha límite, pregúntale por qué pasó eso. Obtén una respuesta específica. Tienes que profundizar para descubrir qué está pasando realmente. Solo de esta manera será productiva esta conversación.

3. **Plantea objetivos concretos y cuantificables, no generales y de tipo cualitativo.** No les digas a tus empleados que trabajen

más duro o que mejoren. Plantéales unos desafíos concretos que se puedan cuantificar y pon plazos.

4. **Proporciona unas cifras claras y define unos incentivos claros.** Haz que tus empleados sepan qué obtendrán de resultas de alcanzar o no sus cifras. Los números no mienten. Evitarás futuros conflictos si manifiestas claramente cuáles son las reglas del juego.

5. **Guía a los empleados a través del flujo de tareas.** No basta con decirles *en qué* deben trabajar. Tienes que asesorarlos en cuanto a *la forma* de trabajar en ello. Asegúrate de que cuenten con los recursos y la experiencia necesarios para realizar las tareas.

6. **Conoce el papel que tiene cada persona en el equipo.** ¿Cómo afectará la asunción de responsabilidad por parte de una persona a los otros miembros del equipo? ¿A quién más podría ser necesario responsabilizar con el fin de asegurar que esa persona tenga éxito?

7. **Termina mostrando corazón y empatía.** No olvides que todos somos seres humanos que tienen sentimientos. Las personas tienen experiencias en su vida de las que no somos conscientes. Puedes ser firme y compasivo a la vez.

En la lista de siete maneras de responsabilizar a las personas falta algo importante, y es quién te pedirá responsabilidades *a ti*. Quienes están a tu nivel o por debajo no van a ser duras contigo; no intentes que te hagan rendir cuentas. Encuentra a alguien a quien respetes que esté dispuesto a hacerte rendir cuentas una vez por semana. Según cuál sea tu posición, puede ser tu jefe. Si eres empresario, podría ser un inversor o un miembro de la junta. Organizaciones como Vistage y YPO (Young Presidents' Organization, 'organización de presidentes jóvenes') pueden proporcionar orientación y asesoramiento. Depende de ti llegar al siguiente nivel buscando personas a las que comuniques tus grandes objetivos y que estén de acuerdo en realizar el seguimiento para que los cumplas.

Haz una lista con el nombre de aquellos que te harán rendir cuentas. ¿Cuál es su grado de credibilidad? Si quienes deben hacerte rendir cuentas gozan de poca credibilidad, ¿por qué has elegido a estas personas?

■ ■ ■ ■ ■ ■

Es posible que estés listo para dar el paso a convertirte en director ejecutivo. Con este fin, tu empresa debe contar con el capital suficiente. Como comenté, elegir la mejor opción requiere que equilibres la cantidad de control (y participaciones) que estás dispuesto a ceder con la cantidad de responsabilidad que estás dispuesto a aceptar.

Una vez que tu empresa cuente con la financiación oportuna, deberás centrarte en el crecimiento. Deberás ejecutar estrategias tanto lineales como exponenciales para generar impulso y sostenerlo. Tu próxima campaña innovadora será el catalizador de la expansión de tu negocio. Formar líderes también fomentará el crecimiento exponencial, aunque a un ritmo más predecible.

Tampoco olvidemos que el producto más importante que tendrás en tu vida es la gente que te rodea. Si crees que el mundo gira en torno a ti como director ejecutivo, tendrás problemas serios. Sin tu gente, tienes un trabajo, no un negocio.

Debes preocuparte mucho por tu gente. Ahora bien, no repartas falsos halagos, o tus empleados se darán cuenta de que tienes una postura aduladora. Responderán, eso sí, a la sinceridad y la autenticidad. La mejor manera de mostrarte sincero y auténtico con ellos y ellas es hacerles preguntas bien pensadas. ¿Piensas en sus sueños, metas y propósitos? Si es así, un día llegarás a ser un director ejecutivo excelente.

El producto número uno es el capital humano. Tienes que saber por qué una persona dada está baja de moral, no está del todo implicada o se muestra un poco olvidadiza. Llévate a almorzar a quien tiene problemas, háblale y pregúntale: «¿Va todo bien? ¿Cómo está tu esposa? ¿Están bien los niños?». Los buenos negocios tienen que ver con las relaciones.

Si estás leyendo esto y pensando que te queda mucho por hacer, debes saber que tienes años de trabajo por delante. No esperes que se te dé bien de la noche a la mañana. Es un proceso interminable que tiene como base tu deseo permanente de seguir mejorando. Algún día no serás una de esas personas que se hacen llamar director ejecutivo por el solo hecho de haber registrado una empresa y haber hecho imprimir unas cuantas tarjetas de presentación. Sabrás que eres un director ejecutivo cuando los demás comiencen a verte como tal.

10

Hazte amigo del *momentum* y prepárate para el caos

La sensación de que todo está a punto de desmoronarse. El crecimiento suscita este pánico precisamente.

Quieres escapar de esta sensación aterradora lo antes posible. Tu cerebro piensa que tu cuerpo está en peligro y lo más importante es librarse de ese peligro, acabar con la tensión.

Quieres huir [...] este es el momento crítico en el que la mayoría de la gente pierde. La clave es reconocer cuándo uno se siente así y profundizar aún más en estos momentos.

—Seth Godin, bloguero,
empresario y autor de *best sellers*

Para acumular riqueza, éxito y poder, debes ser como un equipo de baloncesto que lleva una racha de diez partidos ganados. Estás rodando y ganando ímpetu a medida que ruedas. Los diccionarios definen ímpetu, en su acepción de *cantidad de movimiento*, como el resultado de multiplicar la masa de un objeto por su velocidad. En el ámbito empresarial se utiliza mucho más otro término sinónimo de ímpetu o *cantidad de movimiento*: *momentum*.* Es el resultado de multiplicar cómo eres por la velocidad a la que avanzas.

---

* N. del T.: En el original inglés no se efectúan estas distinciones terminológicas; ahí solo se utiliza un único término: *momentum*, precisamente.

Cuando has ganado ímpetu o *momentum*, eres más una fuerza que una simple empresa. Tal vez no seas imparable, pero ninguna persona en su sano juicio querría interponerse en tu camino. Estás avanzando a toda velocidad cada vez con mayor confianza, talento y dinero.

Tómate en serio la creación de *momentum*. Compáralo con cuando sales con una persona que parece ser «él» o «ella». La relación se construye con cada cita. Cada vez que ves a esa persona, la cosa va mejor que la vez anterior. No se trata de algo físico solamente; la intimidad emocional y el respeto mutuo se van desarrollando.

La forma más rápida de perder el *momentum* es abusar de él. Tu «llama gemela» no para de decirte que eres el mejor. Tú te lo crees, te vuelves arrogante y empiezas a acostarte con otras personas, creyendo, tontamente, que ella estará siempre ahí. Entonces, de pronto, se va el *momentum* y se va la relación. Te encuentras solo y humillado y tienes que empezar a ir cuesta arriba de nuevo, lo cual te resulta aún más difícil ahora que has demostrado que no se puede confiar en ti.

He visto el equivalente a este escenario demasiadas veces en el ámbito empresarial. Por eso, en este capítulo hablamos tanto del poder del *momentum* como del peligro que contiene. Si implementas la campaña innovadora correcta y generas líderes, ganarás ímpetu. Lo difícil será mantenerlo. Muchos empresarios han tenido éxito, pero no muchos lo han sostenido. La diferencia la marca la disciplina. Si bien el *momentum* incrementa nuestra energía, puede hacer que no veamos nuestros puntos débiles. Primero vamos a hablar de la manera de generar *momentum*; después trataremos el tema de cómo manejarlo.

Si necesitas una mayor motivación para mantener tu ímpetu, toma en consideración lo siguiente: el empresario promedio comienza a sentirse divino cuando el *momentum* no decae. Este hecho puede ser transformador; por lo tanto, sé disciplinado y no dejes que el *momentum* flaquee, pero tampoco permitas que alimente mucho tu ego.

Si tienes que tener demasiado de algo, que este algo sea la velocidad

Si hay una expectativa que tengo en relación con las personas con las que trabajo, es esta: no comprometeré la velocidad, la ejecución o la eficiencia. No me importa cuánto crezcamos; quiero que siempre haya velocidad, ejecución y eficiencia. Soy codicioso en estos tres factores; los quiero todos.

Los jefes deben abordar esta cuestión fundamental: ¿cómo se puede reducir el tiempo que se tarda en hacer las cosas? Demasiado a menudo, los empresarios no saben cómo aumentar la velocidad, y dicen cosas como estas: «Vamos lo más rápido que podemos; de ninguna manera podemos hacer esto considerablemente más deprisa» o «Sin duda podríamos reducir nuestros tiempos, pero eso significaría gastar muchísimo dinero en contratar más gente o en instalar mejores sistemas».

Estas posturas no son aceptables.

Nunca sugeriría comprometer la calidad en favor de la velocidad, pero te daré una manera de generar velocidad sin que la calidad se resienta (de hecho, debería mejorar). Comencemos hablando de Ferraris. Toma en consideración tres versiones del automóvil producidas en diferentes años: 1977, 1997 y 2017. Este es el tiempo que necesitaba cada uno para pasar de 0 a 60 millas por hora (96,6 kilómetros por hora):

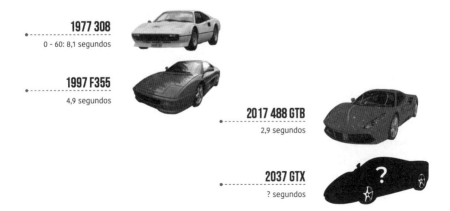

1977 308
0 - 60: 8,1 segundos

1997 F355
4,9 segundos

2017 488 GTB
2,9 segundos

2037 GTX
? segundos

Si observas esta tendencia, ¿qué proyectarías para el Ferrari de 2037? ¿Qué tal que pudiese pasar de 0 a 60 en 0,9 segundos?

Parece imposible poder pasar de 0 a 60 millas por hora en un abrir y cerrar de ojos. Sin duda, la gente de 1977 diría: «De ninguna manera podría hacer esto un Ferrari en 4,9 segundos». Y sin duda la gente de 1997 diría: «De ninguna manera podría hacer esto un Ferrari en 2,9 segundos».

Cuando piensas en las diversas funciones que se llevan a cabo en el seno de tu empresa (ventas, contrataciones, servicio al cliente, lo que sea), ¿qué puedes hacer para reducir los marcos temporales? De entrada puede parecer difícil o incluso imposible, pero te garantizo que hay una manera de reducir el tiempo que lleva realizar cualquier función.

Antes de que protestes y digas que has hecho todo lo posible, déjame contarte otra historia del campo de la automoción. En el libro *The Toyota Way* [Las claves del éxito de Toyota], de Jeffrey Liker, leí que el catalizador del éxito de esta empresa fue la decisión de abordar todos los problemas que surgiesen en la cadena de montaje en no más de cincuenta y nueve segundos. La compañía dio una campana a todos los empleados de la cadena, para que tan pronto como un empleado encontrase un problema la tocara; entonces acudiría raudo un supervisor para resolverlo.

Esta es la principal razón por la que Toyota llegó a dominar su sector. La razón no es que tuviera un *marketing* mejor o unos precios más bajos. La razón es que aprendió a comprimir los marcos de tiempo, por lo que podía ejecutar las tareas más rápido que sus competidores.

En el sector de la comida rápida, ¿por qué ha sido hegemónico McDonald's durante años? No porque tenga una comida o un servicio mejores, sino porque es más rápido a la hora de entregar la comida. Sigue su ejemplo. Conforma un comité de personas inteligentes y pídeles que averigüen cómo acelerar la ejecución de las funciones. Toma una hoja de papel y apunta los pasos que se siguen en todas las funciones de tu empresa. Examina cómo puedes prescindir de uno de los pasos. Evalúa qué pasos puedes acortar. A continuación, pon a prueba la ejecución con los pasos revisados. Realiza ajustes en función de esta prueba. Implementa todas las herramientas que puedas para comprimir los marcos temporales.

Cuatro formas de acelerar

Si impulsas los cuatro tipos de velocidad siguientes, tu negocio se moverá con mayor rapidez:

1. **Velocidad de funcionamiento.** Examina las características de tus empleados y sus capacidades y determina cómo puedes apoyarlos. ¿Puedes ayudarlos a mejorar a través de la formación y otros medios para que sean capaces de reducir el tiempo de ejecución de las funciones? ¿Necesitas incorporar a alguien que sepa cómo imprimir aceleración? La velocidad de funcionamiento es el núcleo de tu negocio.

2. **Velocidad de procesamiento.** Hay una serie de funciones o procesos que hacen que tu organización funcione. ¿Cuánto tardas en obtener el producto terminado? Anteriormente he sugerido que desglosaras los pasos de las funciones y analizaras cada uno de ellos pensando en la velocidad. Pongamos por caso que tienes una tienda en línea. Los factores que contribuyen a la velocidad de procesamiento que culmina en una venta son los siguientes: el cliente encuentra el sitio a través de una búsqueda, visita el sitio, hace clic en la página en la que hay determinados tipos de productos, examina los precios y otras opciones, incorpora el producto a la cesta, ingresa la información de la tarjeta de crédito, elige el tipo de envío y confirma la compra. Lo más probable es que puedas reducir el tiempo que tardan los clientes en ejecutar uno de estos pasos por lo menos. ¿No lo crees? ¿Has oído hablar de

los pedidos con un solo clic de Amazon? Amazon ha llegado a dominar el comercio electrónico centrándose en la velocidad de procesamiento.

3. **Velocidad de expansión.** Es la rapidez con la que ingresas en nuevos mercados, realizas adquisiciones e introduces nuevos productos. ¿Cuál es el tiempo promedio que tardas en entrar en un nuevo mercado si eres minorista? Nuevamente, identifica el marco temporal y desglosa los pasos. Si te estás expandiendo a un mercado extranjero, ¿hay algún paso en particular que te ralentice? Tienes que identificar los cuellos de botella y encontrar formas de superarlos. Si negocias acuerdos para estar presente en el extranjero que siempre se ven frenados por cuestiones burocráticas, determina el coste que supone esto para ti en cuanto a tiempo, molestias y dinero. La solución simple puede ser contratar a un abogado bien conectado que tenga experiencia con el ámbito internacional y que cuente con los contactos adecuados.

4. **Velocidad en la sincronización.** La pregunta «¿cuándo?» puede obrar magia. Calcula bien el momento de realizar tus jugadas y podrás vencer a competidores que tengan más recursos que tú. Por ejemplo, pongamos por caso que sabes que el Gobierno está a punto de publicar un estudio importante que va a revelar que determinada vitamina es efectiva para mitigar los efectos de una enfermedad en concreto. No sabes qué vitamina va a recomendar el estudio, pero estás prácticamente seguro de que se trata de la vitamina de alta potencia que has estado desarrollando. Entonces, programas el lanzamiento de tu producto para el día en que el Gobierno anuncie los resultados del estudio.

La sincronización puede tenerse en cuenta para distintos tipos de acciones: cuándo anunciar una iniciativa, cuándo lanzar un ataque contra un competidor, cuándo despedir o contratar, cuándo dar primas a los empleados, cuándo ofrecer participaciones. Si eliges bien el momento, el impacto será doble. Se dice que la velocidad mata, y es verdad: mata a los competidores.

UN SISTEMA DE SIETE PASOS PARA COMPRIMIR LOS MARCOS TEMPORALES

1. **Elige un proceso.** Desde comprar una casa hasta pedir un taxi y compartir fotos en línea con los amigos, todo requiere seguir un proceso. De hecho, una de las mejores maneras de identificar un negocio potencial es encontrar un proceso defectuoso que puedas mejorar.

2. **Anota los pasos del proceso.**

3. **Elimina un paso.** En este punto es donde se produce la magia. Examina si puedes eliminar un paso. ¿Cómo funcionaría el proceso sin ese paso? Esto va a suponer un punto de inflexión para tu empresa. Si dudas de que esto sea así, retrocede unas cuantas páginas y vuelve a leer por qué mi empresa se gastó más de dos millones de dólares en acelerar su velocidad de procesamiento.

4. **Minimiza los pasos.** Toma los pasos restantes y condensa el marco temporal de cada uno de ellos. Esto ayudará a que el proceso, al que ya le falta uno de los pasos originales, sea aún más ágil.

5. **Pon a prueba el nuevo proceso.** Encuentra un subconjunto de clientes con el que poner a prueba el nuevo proceso y ver cómo funciona. ¿Cómo responde el mercado y en qué aspectos hay que efectuar mejoras?

6. **Adapta el proceso.** Ajusta el proceso a partir de los resultados de la prueba. Se trata de que adaptes el proceso para satisfacer una necesidad específica.

7. **Perfecciona.** Has puesto a prueba el proceso y lo has ajustado. Ahora está listo para ser implementado. Vende tu producto más rápido a todos los rincones de tu mercado y no olvides

repetir estos pasos una y otra vez para generar un crecimiento exponencial.

Planifica el crecimiento con optimismo e inteligencia

Steve Jobs dijo: «Hay una vieja cita de Wayne Gretzky que me encanta: "Patino hacia donde va a estar el disco, no hacia donde ha estado". En Apple siempre hemos tratado de hacer esto». Aunque esta cita se ha usado tanto que actualmente parece un cliché, contiene mucha sabiduría. Gretzky fue el mayor maestro del *hockey*. Su capacidad de anticipar más jugadas que sus oponentes es la razón por la que todavía se lo llama «El Grande».

Constantemente te verás obligado a tomar decisiones mientras vives en el presente a la vez que tu mente y tu corazón están viviendo una verdad futura. Tomemos el espacio de tu oficina como ejemplo. Si tu empresa tiene éxito, va a crecer. Si tiene un gran éxito, la trayectoria de su crecimiento será empinada. Esto significa que necesitarás más personas, equipamiento y espacio. Cuando el centro tecnológico Built in Chicago anunció en septiembre de 2019 que VillageMD, una empresa médica centrada en la atención primaria, había obtenido cien millones de dólares en fondos de la Serie B, manifestó lo siguiente en su comunicado de prensa: «La compañía ha obtenido un total de doscientos dieciséis millones de dólares hasta la fecha [...] y le han quedado pequeñas cuatro sedes desde que empezó a operar en 2013».

El crecimiento rápido puede ocasionar caos, pero puedes controlar este hasta cierto punto siguiendo esta sencilla regla: si dispones del capital, alquila el espacio para la oficina en función de las necesidades que tendrás dentro de dieciocho meses. Para muchas empresas, ese *si* es una palabra bastante importante. Con cuatro mudanzas en seis años, la empresa en rápido crecimiento VillageMD parece haber encontrado el equilibrio adecuado.

Si tu empresa crece rápido y no dispone del espacio suficiente, habrá demasiada concentración de personal. Si tus empleados están demasiado cerca, algunos molestarán a otros. Empezarán a discutir más a menudo y en voz más alta. Comenzarán a enfrentarse por cuestiones como quién tiene derecho a usar la sala de reuniones en un momento dado. Se dirán unos a otros que dejen de escuchar sus conversaciones telefónicas. No hay duda de que no contar con el espacio suficiente puede ralentizar el *momentum*.

■ ■ ■ ■ ■ ■

Romeo consiguió setecientos cincuenta mil dólares para crear una empresa de *marketing* financiero en Long Beach (California). Como muchos empresarios, era un excelente vendedor. Tenía carisma a la hora de cerrar tratos; se le daba muy bien hacer que la gente, para citar al personaje de Alec Baldwin en *Éxito a cualquier precio* (o *El precio de la ambición*), firmara «en la línea de puntitos». Sin embargo, incluso los mejores vendedores pueden ser unos empresarios pésimos.

Fui al World Trade Center de Long Beach para ver la forma de operar de Romeo. Había alquilado toda la planta diecinueve del edificio, de casi 30.000 pies cuadrados (2.787 metros cuadrados). El alquiler de un pie cuadrado costaba treinta dólares al año, por lo que el precio mensual del alquiler era de setenta y cinco mil dólares. A este gasto había que añadirle los gastos asociados al funcionamiento de la oficina (telefonía, Internet, electricidad, etc.), por no hablar de los gastos correspondientes a los recursos humanos. Era evidente que Romeo no estaba pensando más que en la próxima jugada o las próximas dos.

La persona que había invertido en Romeo me preguntó si pensaba que había hecho una buena inversión.

—¿En qué plazo esperas ver un retorno por tu inversión? —le pregunté.

—Nada que no sea razonable –respondió–. Los próximos seis meses estaría bien. Demonios, incluso doce.

Empecé a procesar, y era obvio que el negocio se dirigía a la bancarrota. Haz los cálculos: la empresa tendría que ganar cien mil dólares al mes solo para cubrir los gastos de oficina, más otros sesenta y dos mil quinientos dólares al mes durante el primer año para devolverle el dinero al inversor. Sin mencionar los gastos personales en comida, ropa y coches de Romeo, que tenía unos gustos caros.

Cené con Romeo antes de irme. Me pidió mi sincera opinión, así que le dije que redujera sus gastos de inmediato mientras aún tuviera la oportunidad. Le expliqué que no tenía sentido tener una oficina tan grande para cinco agentes a jornada completa y treinta agentes a media jornada. Con cuarenta escritorios vacíos en el espacio general y los cubículos, el lugar parecía un depósito de cadáveres. Como era de esperar, no quedó muy contento con mi consejo.

Romeo tenía el talento y las habilidades necesarios para hacer que el negocio funcionara. Pero no estaba dispuesto a aceptar que dirigir una empresa de éxito requería tomar buenas decisiones financieras. Terminó abriéndose camino hacia una gran deuda y tuvo que cerrar la empresa. ¿Crees que Romeo actuó como un gran maestro? Solo con que hubiese previsto tres jugadas podría haber evitado ese curso catastrófico.

Entiendo que gestionar tanto el presente como el futuro requiere mantener un equilibrio delicado. Si tienes cinco empleados a jornada completa, tu lugar ideal puede ser una oficina en la que puedan trabajar quince o veinte. Si eres inteligente, encontrarás la opción de un espacio adyacente al que puedas mudarte *cuando* lo necesites.

Planifica pensando en el crecimiento, sí. Y planifica con inteligencia para poder destinar capital a su uso más importante. La gente puede convencerse a sí misma de cualquier cosa. Antes de volverte loco con el espacio para la oficina, juguemos a un pequeño juego. Vamos a ver si puedes relacionar cada empresa con el lugar en el que surgió.

Probablemente ya sepas dónde nació Apple. En el resto de los casos, relaciona con flechas cada empresa con el lugar en el que tuvo su primera oficina.

EMPRESA	PRIMERA OFICINA
Apple ·····················➤	Garaje en Cupertino (California)
Mattel	Despacho en casa
Google	Leñera estrecha detrás del taller mecánico de un amigo
Disney	Garaje propio
eBay	Garaje de un tío
Harley-Davidson	Dormitorio
Dell	Garaje alquilado

Reduce al mínimo los arrepentimientos

Jeff Bezos, el fundador de Amazon, habla mucho sobre reducir al mínimo los arrepentimientos. Con este fin, se proyecta hacia delante en el tiempo y piensa en lo que podría arrepentirse de no haber hecho. Para Bezos, esta es una forma de asegurarse de asumir riesgos calculados, ya que incluso si falla, no puede ser peor que no haberlo intentado en absoluto.

Respuestas: *Mattel: garaje propio; Google: garaje alquilado; Disney: garaje de un tío; eBay: despacho en casa; Harley-Davidson: leñera estrecha detrás del taller mecánico de un amigo; Dell: dormitorio.*

Wayne Gretzky, el máximo anotador en la historia de la National Hockey League ('liga nacional de *hockey*'), dijo algo más intemporal: «Fallas el cien por cien de los tiros que no lanzas».

Aquí tienes un caso que arrojará luz sobre este concepto: a sus ochenta y nueve años (en enero de 2020), Warren Buffett tiene un patrimonio de noventa mil millones de dólares. ¿Cuál crees que era el valor de su patrimonio cuando tenía cuarenta y siete años? ¿Cinco mil millones de dólares? ¿Veinte mil millones de dólares? Si eres como la mayoría de las personas, estarás pensando que la cifra sería esta por lo menos. Después de todo, a pesar de que estamos hablando de una brecha de cuarenta y dos años, tiene sentido pensar que Buffett debía tener esa cantidad de dinero en esa época para haber llegado a tener noventa mil millones de dólares en la actualidad.

La respuesta: a los cuarenta y siete años, el patrimonio de Buffett era de sesenta y siete millones de dólares.

¿Cómo es eso posible? Tenía mucho camino por recorrer para poder pasar de sesenta y siete millones a noventa mil millones, ¿verdad? Entonces, ¿cómo lo hizo?

Buffett lo hizo porque no tenía malos hábitos y porque redujo al mínimo sus arrepentimientos. No conozco al señor Buffett; tal vez se arrepienta de cosas que no sabemos. Pero sé, por todo lo que he leído sobre él, que siempre ha sido una persona decente y honesta tanto en su vida personal como profesional.

Buffett no es un adicto a las drogas, no engaña a sus socios, no pierde su dinero en apuestas, no se mete en problemas legales. En el registro público no hay indicios de ninguna de estas cosas. Según parece, Buffett redujo al mínimo sus arrepentimientos y, por lo tanto, mantuvo su *momentum*. Esto contribuyó en gran medida a que su patrimonio pudiese aumentar desde los sesenta y siete millones de dólares hasta los noventa mil millones en cuarenta y dos años.*

---

* N. del T: En abril de 2022, el patrimonio de Buffett es ya de 125.600 millones de dólares.

Compara el camino de Buffett con el que tomó el difunto presentador de programas de entrevistas Morton Downey júnior.

A fines de la década de 1980, el programa sindicado de Downey era más grande que el de Phil Donahue. Era un programa de telerrealidad antes de que existiesen este tipo de programas, y Downey estaba en la cima del mundo.

Hasta que se autodestruyó.

Supuestamente, el 24 de abril de 1989, Downey estaba en el baño de un aeropuerto cuando lo atacaron tres supremacistas blancos. Lo golpearon, le cortaron el cabello y le dibujaron esvásticas en la cara con un marcador. La policía lo sometió al polígrafo y pasó la prueba.

Poco después, Downey admitió que se había inventado todo el incidente. El 19 de julio de 1989 se canceló su programa. En febrero de 1990, Downey se declaró en bancarrota.

Protagonizó un segundo incidente que vale la pena mencionar. En un programa, tuvo una invitada vegetariana que habló sobre su estilo de vida saludable. Él le replicó en estos términos: «Déjame decirte algo, querida. Fumo cuatro paquetes de cigarrillos al día. Bebo cuatro vasos de alcohol al día. Como carne roja. Tengo cincuenta y cinco años y mi aspecto es tan bueno como el tuyo».

Downey murió a los sesenta y ocho años de cáncer de pulmón después de haber desaparecido de la escena pública hacía mucho tiempo. En caso de que hubiese mirado hacia atrás, ¿crees que podría haberse arrepentido de algunos de sus comportamientos?

Lo tenía todo a su favor, pero no pudo mantener el *momentum*. Que su historia sea un «cuento con moraleja» para que no te encuentres con un pasado del que te arrepientas.

Gestiona tus vicios

Pocas personas son santas y muchos emprendedores tienen vicios, pero si saben manejarlos, pueden evitar que acaben con su carrera.

Aprendí del pastor Dudley Rutherford que hay cuatro vicios que pueden acabar con una empresa o destruir a una persona:

1. La codicia.
2. La gula.
3. Las chicas o los chicos.
4. El juego (las apuestas).

La tentación se lleva por delante lo mejor de muchas personas. ¿Cuántas han destruido su carrera y su vida a causa del juego? Pero el enemigo no tiene por qué ser un vicio común como el juego, la bebida o las drogas. Algunos individuos tienen vicios relacionados con el dinero: o son avaros o gastan como marineros borrachos. En consecuencia, no logran hacer las inversiones correctas (en tecnología, personas, etc.) o gastan tontamente y no pueden sostener sus operaciones.

El vicio de algunas personas es la arrogancia: todo tiene que ver con ellas. No confían en otras personas y acaparan tanto la atención como el dinero del negocio. Más pronto que tarde, quienes están a su alrededor se dan cuenta y los mejores talentos se van.

Hacer trampa también es un vicio, que tienta especialmente a algunos empresarios. Al principio de mi carrera, competía por clientes con Larry, quien me superaba ampliamente; generaba tres veces más ingresos que yo. Eso fue humillante por más de una razón. Yo tenía una novia hipercompetitiva en ese momento, que estaba en el mismo sector y también iba perdiendo frente a él. La volvía loca.

Para calmarla, le dije: «Escucha, déjame decírtelo de esta manera: este es un juego a largo plazo. Ejecutar nuestra estrategia lleva tiempo. Vamos a seguir haciéndolo como lo estamos haciendo, porque nuestro objetivo es a largo plazo».

Seis meses más tarde, la Comisión de Bolsa y Valores de Estados Unidos acusó a Larry de convencer a clientes de sacar dinero de sus hipotecas para invertirlo en rentas vitalicias variables. Perdió su licencia para operar con valores, al igual que otras nueve personas de su agencia que estaban copiando sus tácticas.

Larry tenía talento, pero permitió que su vicio neutralizara sus cualidades. Todo el *momentum* que generó cuando vendía como un loco cesó de forma permanente.

Los cinco pecados capitales de los emprendedores

La lista de vicios es interminable, pero los emprendedores son especialmente vulnerables a ciertas tentaciones. Son pecados que debes evitar a toda costa, ya que destruirán cualquier *momentum* que hayas generado para tu negocio. Los cinco pecados capitales son estos:

1. Ser demasiado tacaño o derrochar imprudentemente.
2. Dejarte influir por las personas equivocadas.
3. Comportarte como un rey o una reina.
4. Negarte a adaptarte.
5. Compararte obsesivamente con los demás.

1. SER DEMASIADO TACAÑO O DERROCHAR IMPRUDENTEMENTE

Si eres aficionado a los deportes, probablemente hayas visto cómo un entrenador de fútbol opta por un juego conservador cuando su equipo tiene ventaja. Al dejar de fomentar las jugadas agresivas que ayudaron a obtener la ventaja, el otro equipo tiene la oportunidad de remontar. El entrenador cree que está actuando con prudencia y protegiendo la ventaja. En realidad, su extrema precaución hace que todos tengan miedo de cometer un error y le permite al otro equipo ganar terreno. La «defensa preventiva» le acaba costando la victoria al equipo.

Cuando los empresarios son tacaños, se convencen de que están siendo frugales; piensan que han ganado una buena cantidad de dinero (es decir, que han obtenido una gran ventaja) y que deben conservarla. Pero recuerda el viejo dicho: hay que gastar dinero para ganar dinero. Si no gastas dinero para actualizar tu *software* o lanzar un nuevo producto necesario, pagarás las consecuencias.

Otros empresarios acaban con su *momentum* al gastar como si su efectivo fuese inagotable. Están convencidos de que, a diferencia de los demás, nunca atravesarán un período bajo. Gastan demasiado y demasiado rápido, a menudo en cosas equivocadas, y cuando necesitan el dinero para algo crucial, no lo tienen. Y ahí termina su *momentum*.

2. DEJARTE INFLUIR POR LAS PERSONAS EQUIVOCADAS

Tu consultor te dice que dobles el tamaño de tu empresa. Tu cónyuge insiste en que debes reducir la plantilla a la mitad. Tu amigo te sugiere que fusiones tu empresa con la suya. Ninguno de estos consejos es necesariamente malo, pero hay que tener en cuenta quién los da. Tienes que decidir a qué persona te conviene hacer caso y a cuál no. La persona equivocada tiene sus propias motivaciones, o está más interesada en ganarse tu favor diciendo que sí a todo que en ofrecerte consejos objetivos, o tiene celos de tu éxito y alberga el deseo inconfesable de verte fracasar. La persona equivocada también puede ser un ser querido que no tiene acceso a toda la información y a todos los datos a los que tú sí puedes acceder.

Procesa estas cuestiones. No dejes que otros te convenzan sin antes analizar quiénes son estas personas, cuál es su carácter y cuáles son sus motivaciones. Recuerda también que el hecho de que una persona dada lleve mucho tiempo contigo (como colega, amigo o incluso cónyuge) no significa que sus consejos sean acertados.

3. COMPORTARTE COMO UN REY O UNA REINA

Te sientes con derecho a mandar, omnipotente e infalible. Como un rey o una reina, gobiernas y esperas que tus súbditos obedezcan en lugar de que cuestionen tus órdenes. No hay duda de que has tenido éxito y sientes que gobiernas tu imperio. Pero detente y piensa por un momento en el efecto que tiene tu actitud impositiva:

- Nadie cuestiona tus decisiones.
- Nadie se aventura a dar una opinión diferente de la tuya.
- Nadie está dispuesto a correr riesgos (por miedo a que «le corten la cabeza»).

Los líderes que actúan como reyes pierden el trono. Si los campesinos no se sublevan, un nuevo líder que no tenga esta mentalidad tomará el territorio.

4. NEGARTE A ADAPTARTE

Hay una razón por la que las organizaciones de hoy en día valoran la agilidad. En el capítulo doce analizaremos la rapidez con que las empresas salen de la lista Fortune 500 y del índice bursátil Standard & Poor's 500 (S&P 500). Si no puedes adaptarte, no tardarás en fracasar. *Pivotar* es una palabra de moda útil; significa tener la capacidad de cambiar rápidamente cuando cambian las situaciones.

Demasiados emprendedores están convencidos de que tienen que mantener el rumbo, de que tienen que aplicar doblemente una estrategia que no está funcionando. Pero el solo hecho de que la estrategia A funcionase y ayudase a que tu negocio prosperara el año pasado no significa que sea viable este año.

5. COMPARARTE OBSESIVAMENTE CON LOS DEMÁS

Puedes perder de vista el panorama general si estás enfocado en la envidia hacia un competidor. Soy un tipo muy competitivo, y si a alguien en mi sector le está yendo mejor que a mí, mi reflejo es encontrar la manera de vencerlo. Esto no tiene nada de malo. Lo malo es obsesionarse con otra persona (un competidor, un cuñado, el propio mentor) y no enfocarse en la estrategia y los objetivos propios. Si todo lo que te importa y todo lo que quieres hacer es vencer al objeto de tu envidia, te estás preocupando por lo que no debes y tu empresa perderá el rumbo. Los grandes maestros poseen la increíble capacidad de concentrarse. Saben que si permiten que alguna distracción se filtre en su conciencia no tardarán en perder su ventaja.

El lado malo de la velocidad: la tentación de ganar dinero rápido

¿Estás empeñado en hacer crecer tu empresa? La mayoría de los empresarios lo están. Son ambiciosos y diseñan una estrategia que los ayude a incorporar productos y servicios nuevos, aumentar sus ingresos, expandir su territorio y crecer de otras maneras.

Vas a tener la tentación de tomar atajos, te lo aseguro. Se te ofrecerán formas de ganar dinero rápido o atajos para crecer. Tal vez tendrás la tentación de asociarte con alguien que tiene la reputación de ser poco ético pero que cuenta con unos contactos muy valiosos. Tal vez intentarás ofrecer un «regalo» a un funcionario del Gobierno o a otra persona con influencia para que se pase por alto una infracción que has cometido o para que ayude a que tu propuesta reciba una consideración especial. Tal vez te embarques en un negocio lucrativo en el que veas que te resulta beneficioso transgredir tu propio código moral.

No estoy diciendo que vayas a hacer algo ilegal. Pero podría ser que transgredieses tus valores y principios en aras del crecimiento. Pues bien, esta forma de proceder tiene sus repercusiones.

Cuando mi agencia comenzó a crecer, recibí llamadas de personas que estaban haciendo muchos negocios con nosotros en materia de seguros para pedirme acuerdos laterales. No tienes ni idea de lo tentado que estuve de acceder. No porque codiciase el dinero, sino porque codiciaba el *momentum*. Si un tipo me ofrece un «acuerdo lateral» que supondría unos ingresos de doscientos mil dólares, es fácil que justifique mentalmente aceptar este dinero, pues podría usarlo para contratar más líderes o para mejorar nuestra próxima campaña innovadora.

Este tipo de tratos te resultarán tentadores, pero tienes que anticipar cinco jugadas y darte cuenta de que el veneno que contienen es suficiente para acabar con tu empresa. Si alguna vez hubiera accedido a este tipo de tratos paralelos y mis empleados leales se hubieran enterado, esto habría supuesto el final de la partida.

No te metas nunca en problemas con las personas que te son leales. Si descubren que has hecho tratos cuestionables, sucederán dos cosas. En primer lugar, dirán: «Oye, yo también quiero un acuerdo lateral». Obviamente, no puedes ofrecer un trato de estos a todo el mundo. En segundo lugar, cuando un día tengas una pelea con uno de los chicos del trato extra, se lo contará a todos. Tal vez te diga «dame este contrato; no se lo diré a nadie». Pero cuando esté enojado contigo, dará la noticia, y entonces todos sabrán los juegos a los que has estado jugando.

Conservar la integridad es siempre una estrategia ganadora. Lo que sucede cuando comprometes tu integridad es que persigues pequeños focos de crecimiento a expensas de objetivos de crecimiento mucho más grandes. Optas por pequeños logros en lugar de optar por consecuciones grandes y sostenibles. Esta es la fórmula perfecta para construir un negocio mediocre y quedar paralizado por la paranoia. Das para más que eso.

Masa x velocidad = *momentum*

Cuando tu negocio tenga la fuerza de una roca que rueda cuesta abajo, se habrá vuelto peligroso. La clave es administrar su velocidad. Aprovecha el *momentum* y tus competidores tendrán problemas. Precipítate y serán tus acreedores quienes tendrán problemas.

El caos es al emprendimiento lo que las olas peligrosas son al surf. Es propio del terreno empresarial, y si no sabes cómo gestionarlo de manera efectiva, te encontrarás con dificultades. Afortunadamente, puedes procesar la información con eficacia incluso si tu mundo está patas arriba. Y puedes hacer más que esto: puedes extraer energía del caos y usarla para redoblar tus esfuerzos como administrador de tu empresa. De hecho, he ubicado deliberadamente el capítulo de la jugada dedicada a los sistemas justo a continuación del que estás leyendo ahora. Si la velocidad te pone nervioso, disponer de los sistemas que te permitan hacer su seguimiento y administrarla es el antídoto perfecto.

11

Diseña sistemas para realizar un seguimiento de tu negocio

Es un error capital teorizar antes de tener datos.

—Sherlock Holmes

E n el ámbito empresarial, siempre deberías estar preguntándote cuáles son aquellos aspectos de los que puedes realizar el seguimiento.

A los empresarios les encanta la expresión *move the needle* ('mover la aguja', que quiere decir 'cambiar una situación de manera notable'). ¡Pero primero debes averiguar *qué* está midiendo la aguja!

Si no tienes unos números medibles que mirar cuando te despiertas por la mañana, estás administrando tu empresa de una manera ineficiente. Los jefes que están implicados activamente en todos los aspectos de su negocio no conocen los beneficios de los datos. Si implementas determinados sistemas y protocolos no será necesario que controles cada detalle. Cuando sepas hacer el seguimiento de los indicadores clave de tu empresa, sabrás hacia dónde dirigir tu energía y tu experiencia exactamente.

Un director ejecutivo es responsable de que se haga el trabajo. En los viejos tiempos, eso tal vez implicaba que el CEO fuese de aquí para allá y crease sistemas de implementación con el fin de controlar muchos aspectos. Hoy en día, todo depende de los datos. Los directores ejecutivos suelen poseer una personalidad fuerte y unos talentos característicos. Algunos de nosotros somos temerarios y audaces y usamos nuestra agresividad para cerrar tratos. Otros somos inteligentes y creativos y dependemos en gran medida de nuestras ideas innovadoras para sostener la empresa. En consecuencia, tendemos a apoyarnos más en nuestra personalidad que en los sistemas.

Si no eres muy ambicioso, tal vez este enfoque te vaya bien. Pero si deseas construir algo grande y sostenible, también debes utilizar los sistemas.

Creo mucho en los sistemas: de datos, de procedimientos, de procesos. Los sistemas nos ayudan a realizar el seguimiento y también contribuyen a crear una cultura en la que nunca hay nada que no esté claro. Cuando intentas pasar al siguiente nivel de crecimiento empresarial y no estás seguro de cuál es la mejor opción, los datos relativos a varios mercados pueden ayudarte a tomar la decisión correcta. Cuando estás tratando de descubrir cómo resolver un problema de servicio al cliente, los datos pueden ayudarte a implementar un sistema que ha dejado satisfechos a otros clientes.

Saber cómo estudiar los datos y cómo usarlos para hacer el seguimiento del propio negocio es algo revolucionario para cualquier director ejecutivo. Ser un gran vendedor o un estratega brillante puede convertirte en el alma de la fiesta, pero a partir de cierto punto necesitarás algo más que tu maravillosa personalidad para que tu empresa prospere.

La ejecución basada en datos

Cuando era adolescente, compraba el periódico *Los Angeles Daily News* y devoraba la sección de deportes. Leer inglés me frustraba en ese entonces, pero estaba obsesionado con los números. Estudiaba detenidamente los cuadros de datos durante horas, como si fuese un científico loco. Entre todos los deportes, el béisbol era el que presentaba los datos más desconcertantes.

Cuando leí el libro *Moneyball: The Art of Winning an Unfair Game* [Bola de dinero: el arte de ganar en un juego injusto], de Michael Lewis, en 2011, me di cuenta de que podía aplicar a mi empresa lo que había aprendido al estudiar los cuadros de datos todos esos años. Aunque siempre había sido un buen vendedor y me había convertido en un gerente de ventas sólido, el hecho de añadir el análisis a mi caja de herramientas me llevó a convertirme en un auténtico director ejecutivo capacitado para hacer crecer mi negocio.

Moneyball (*El juego de la fortuna* en algunos países) cuenta la historia de cómo Billy Beane (interpretado por Brad Pitt en la película del mismo nombre), el gerente general de los Oakland Athletics, aplicó el análisis predictivo al béisbol. Uno de sus logros consistió en descubrir que el porcentaje de base* era un factor más importante en las victorias que el promedio de bateo. Este último factor siempre había sido reverenciado por los jugadores, los entrenadores y los periodistas deportivos. Visto en retrospectiva, nos parece evidente que debía tenerse muy en cuenta el porcentaje de base, pero el caso es que durante décadas fue un factor infravalorado. En la liga infantil, los entrenadores dicen: «Una caminata es tan buena como un *hit*». Aun así, las personas mejores y más brillantes en el juego del béisbol estaban analizando los datos incorrectos por el solo hecho de que esa era la forma en que siempre se había hecho.

Es nuestro deber como empresarios alterar la forma de pensar convencional considerando cómo pueden transformar nuestro sector nuestras próximas jugadas. Así como yo me inspiré en Billy Beane (a quien entrevisté en 2019), quiero que apliques el análisis a tu propia empresa. ¿Cuál es tu equivalente al porcentaje de base? ¿Estás poniendo demasiado el acento en los ingresos y no el

---

* N. del T.: En el béisbol, el porcentaje de base indica la frecuencia con la que un bateador llega a la base (siempre que la razón de ello no sea un error de campo, la elección del jugador de campo y algunas más).

suficiente en el margen? ¿Tu estructura de retribuciones incentiva la apertura de nuevas cuentas a expensas de vender más a las cuentas existentes?

Como estás a punto de ver, la lectura de todos esos cuadros de datos constituyó la base del gran salto que di en la ampliación de mi negocio.

Usa los datos y la lógica (o contrata a una persona clave) para predecir el futuro

Los mejores empresarios procuran contemplar las próximas cinco jugadas por lo menos. A la vez que permanecen muy enfocados en el aquí y el ahora, deben proyectar lo que podría suceder en el futuro. Necesitan prepararse para pivotar e igualar la velocidad de cualquier cambio que se avecine.

¿Ves un nuevo competidor a lo lejos? Si es así, ¿qué jugadas puedes ejecutar ahora para contrarrestar a ese competidor? ¿Crees que tu sector está al borde de la fragmentación, de dividirse en múltiples nichos? Si es así, ¿qué estrategia implementada hoy te ayudará a dominar tu nicho el próximo año y en los años venideros?

Si te preparas para un futuro probable, tus competidores que no lo hayan hecho lo pasarán mal cuando les quites su cuota de mercado. Manejarás las tendencias y otros cambios con calma mientras que los jefes de otras empresas estarán nerviosos.

Nadie puede ver el futuro, pero puedes efectuar deducciones lógicas sobre las tendencias si recopilas los datos pertinentes y proyectas escenarios. Otro libro de Michael Lewis, *La gran apuesta*, ilustra maravillosamente este concepto. Cuenta la historia real de Michael Burry (interpretado por Christian Bale en la película que lleva el mismo título), un administrador de fondos de cobertura que predijo en 2005 que la burbuja inmobiliaria sería el catalizador que haría que todo el sector bancario colapsase. Según Burry, la evidencia de la crisis que se avecinaba estaba allí para que cualquiera pudiera verla si estaba dispuesto a mirar, pero los compañeros de Burry estaban demasiado ocupados ganando dinero como para preocuparse por sus próximas jugadas. Durante un tiempo fueron los aficionados quienes parecían ser los inteligentes, porque les estaba yendo bien a corto plazo. Mientras tanto, Burry, el gran maestro, planeó sus jugadas futuras; vio el panorama completo que ofrecía el «tablero de ajedrez» y predijo hacia dónde se estaba dirigiendo el mercado.

Burry acudió a todos los bancos importantes, incluidos Bear Stearns, Deutsche Bank y Merrill Lynch, y los convenció de crear un nuevo producto financiero que le permitiera apostar contra el sector. Tanto el equipo de Burry como los inversores del fondo pensaron que estaba loco; después de todo, no parecía que nadie más en el sector estuviera preocupado por el colapso de la burbuja inmobiliaria. Pero como Burry ya había demostrado ser muy bueno anticipando el futuro, sus inversores le habían concedido autoridad para que realizara jugadas audaces.

Compró permutas de incumplimiento crediticio por valor de cientos de millones de dólares. Cuando su jugada inicial parecía estar actuando en su contra, sus inversores casi se rebelaron. Burry, sin inmutarse, conservó sus permutas. Cuando el mercado de hipotecas de alto riesgo colapsó, esas permutas generaron unos rendimientos superiores al quinientos por ciento.

Todos los inversores tenían acceso a los mismos datos que Michael Burry, pero todos estaban demasiado ocupados actuando en el momento como para pensar en lo que podría acontecer en los próximos años. Como él fue lo bastante diligente como para analizar minuciosamente los datos y tuvo la perspicacia de un gran maestro, pudo beneficiarse de su predicción del futuro. En tu empresa, puede ser necesario este grado de planificación y paciencia para lanzar una campaña innovadora.

Entiendo que es posible que no tengas ni el tiempo ni la mente matemática de Michael Burry. Esto me lleva al siguiente punto. A lo largo de los años, me han hecho esta pregunta innumerables veces: «¿Cuál es la mejor inversión que puedo hacer para que mi negocio crezca?». Mi respuesta ha sido distinta a medida que he evolucionado. Actualmente, es siempre la misma: «Gasta seis cifras y contrata a un experto en análisis predictivo».

Si has visto *Moneyball*, tal vez recuerdes que Paul DePodesta (interpretado por Jonah Hill en la película), actualmente director de estrategia de los Cleveland Browns en la Liga Nacional de Fútbol Americano, se convirtió en el arma secreta de Billy Beane. Era el tipo de los números que no solo devoraba los datos estadísticos, sino que además los analizaba con una nueva forma de pensar. DePodesta era el friki de la oficina principal, el tipo con un título en Economía de la Universidad de Harvard. Beane nunca desarrolló las habilidades analíticas predictivas de DePodesta; no le hacía falta, pues para eso lo había contratado.

Ve a buscar a tu DePodesta. Una habilidad determinante de los empresarios triunfadores es la de contratar personas más listas que ellos que puedan compensar sus puntos débiles. Por la forma en que se juega en la actualidad, el análisis predictivo es un área en la que es mejor que destaques.

Para escalar, recopila tu conocimiento para que sea transferible

Imagina que le pides a Leonardo da Vinci, Miguel Ángel o Pablo Picasso que te enseñe a pintar. A cualquiera de ellos le costaría explicarte su forma de proceder, e incluso si pudiera hacerlo, te deseo buena suerte cuando trates de implementarla. El don de un artista —o de cualquier otro genio— no es transferible. ¿Se puede decir lo mismo del don de un empresario, un líder o un entrenador?

Ya hemos hablado de cómo la brillantez de Bill Belichick condujo a seis victorias en la Super Bowl. Pensando que el genio de Belichick tenía que ser transferible, varios equipos de la Liga Nacional de Fútbol Americano (NFL, por sus siglas en inglés) han contratado a sus asistentes como entrenadores principales. El razonamiento es simple: los entrenadores que habían observado de cerca el genio de Belichick tenían que ser las mejores opciones como líderes. La idea era buena, si bien no ha funcionado, como han demostrado los fracasos de Romeo Crennel, Eric Mangini y Josh McDaniels como entrenadores principales.

Los clubes de la NFL están tan ansiosos por tener en sus manos la receta secreta de Belichick que siguen contratando discípulos suyos, como Matt Patricia. En las dos primeras temporadas de Patricia como entrenador principal de los Detroit Lions, el equipo solo ganó nueve partidos de un total de treinta y dos. Tal vez todo esto es indicativo de que las habilidades de un entrenador ganador de la Super Bowl no son transferibles. (De todos modos, Mike Vrabel, Bill O'Brien y Brian Flores, todos ellos discípulos de Belichick, han mostrado ser prometedores y podrían revertir esta tendencia).

Ahora echemos un vistazo al caso de Bill Walsh. Walsh hizo que los San Francisco 49ers pasasen de ganar dos partidos de dieciséis en 1979 a conquistar la Super Bowl tres años después (esa fue la primera de las tres victorias de Walsh en la Super Bowl). Contó con siete entrenadores auxiliares que llegaron a ser entrenadores principales, incluidos George Seifert y Mike Holmgren, ganadores de la Super Bowl. Holmgren, a su vez, tuvo cinco ayudantes que llegaron a ser entrenadores principales. En 2007, diecinueve años después de que Walsh dejara de trabajar para los 49ers, catorce de los treinta y dos entrenadores principales de la NFL habían trabajado con él, con discípulos suyos o con discípulos de sus discípulos.

¿Cuál es la principal diferencia entre Belichick y Walsh? Que Belichick es conocido por sus secretos, mientras que Walsh es conocido por sus listas. Por sus listas, sí. La razón por la que el genio de Walsh pudo transferirse a otros es que recopiló y compartió su conocimiento.

Hay quienes podrían pensar que Bill Belichick es aún más genial por dificultar que sus auxiliares puedan derrotarlo después de irse. ¿Por qué demonios querría facilitar que sus ayudantes aprendiesen a vencerlo? No supondría ningún beneficio para él poner sus conocimientos a disposición de otras personas. Pero tú solo puedes salir ganando si te ocupas de que otras personas puedan acceder a tus conocimientos. Sencillamente, no puedes estimular la escalabilidad de tu negocio si no creas los sistemas que permitan que tu empresa siga adelante si tú no estás presente.

Tienes que hacer listas. Tienes que elaborar manuales (los vídeos pueden ser más efectivos que los documentos escritos). Debes recopilar tu conocimiento. Si este solo existe en tu cabeza, tienes trabajo que hacer. Si quieres que tu empresa se mantenga, recopila lo que sabes y asegúrate de que estos conocimientos lleguen a todos los miembros de tu organización.

Haz que tus números sean visibles para identificar fugas y tendencias

Si caminas por nuestras dependencias, verás pantallas y flujos de datos en todas partes. Al mostrar nuestros datos en la oficina, fomentamos la responsabilidad y ponemos el acento en la transparencia radical.

El hecho de que todos lo vean todo es una forma increíble de usar el palo y la zanahoria a la vez sin tener que decir ni hacer nada. Como los números están a la vista, quienes rinden bien se sienten reconocidos y quienes no tienen un buen rendimiento se sienten incómodos. Si estos últimos se sienten demasiado incómodos, mucho mejor; mejorarán su rendimiento para evitar sentir más vergüenza o dejarán la empresa. La transparencia es la «droga» más eficaz para mejorar el rendimiento. Cuando no logre motivar a los empleados que rinden poco, estos se marcharán. Objetivo cumplido.

Puedes decir que es una medida dura. Yo digo que es una medida efectiva.

Volvamos al análisis. Con todos los datos frente a mí, observo dos cosas: las fugas y las tendencias. Las fugas me alertan sobre las ineficiencias. Por ejemplo, si veo un gran aumento en las solicitudes de pólizas enviadas pero el tiempo de procesamiento desde nuestra sede hasta la compañía de seguros disminuye, sospecho que hay una fuga.

Los números me dan pistas sobre dónde debo buscar. ¿El problema es la cantidad de personas que procesan las solicitudes, la falta de personas adecuadas para hacerlo o el proceso en sí? Si viese una disminución en el tiempo de procesamiento mañana, realmente me preocuparía la posibilidad de que hubiese un problema. En este momento tengo la impresión de que hemos contratado al personal adecuado y de que la inversión que hemos hecho en tecnología es acertada. Entonces, ¿cuál sería la causa de la mayor lentitud en el procesamiento? Los datos no me brindarían la respuesta, pero sí me alertarían de la existencia de un problema que habría que abordar.

También miro las tendencias. Como un analista bursátil, miro los gráficos lineales para ver con qué rapidez se están moviendo las cosas. ¿Por qué tuvimos una mala racha en los primeros tres meses del año? ¿Por qué se dispararon las ventas en mayo? ¿Qué estamos haciendo bien y qué no deberíamos estar haciendo? Profundizar en los números nos ayuda a modificar las estrategias y hacerlas más efectivas.

En la mayoría de las empresas, la época del año tiene cierto grado de relevancia. Las que venden al por menor confían en el Black Friday, al igual que los estudios cinematográficos confían en las películas navideñas. La relevancia del momento del año ha llevado al comercio minorista a crear eventos arbitrarios, como las ventas de regreso a la escuela, y también ha motivado la creación del Cyber Monday (por parte de las empresas que venden en

Internet). El problema que veo a menudo es que estas tendencias *se aceptan sin cuestionarlas*. Hace mucho tiempo que se da por sentado que los meses que van de diciembre a febrero y de junio a agosto son períodos en los que se venden pocas pólizas de seguro. Cuando empecé a analizar los datos vi que, en efecto, el setenta y cinco por ciento de las pólizas se habían vendido en seis meses del año (entre marzo y mayo y entre septiembre y noviembre). Cuando miré más profundamente, vi que no había ninguna buena razón que lo justificase. No era como si estuviéramos en una pista de esquí en que la afluencia dependiese del clima.

Esta realidad me indicó que los agentes estaban mentalmente menos implicados en esos meses. Estaban condicionados por sus expectativas preconcebidas. Como el conjunto del sector y los agentes en general desaceleraban en ciertos momentos, seguían su ejemplo. Vi como una oportunidad que mis competidores aceptasen esto como un hecho y, en consecuencia, tolerasen unos malos resultados durante ciertos períodos.

¿Cómo reaccioné frente a estos datos?

Lancé campañas innovadoras específicamente dirigidas a aumentar las ventas durante los meses flojos. También cambié las fechas de nuestra prestigiosa conferencia de incentivos para hacer que las ventas realizadas durante el verano fuesen el componente más importante.

Después tomé una página del libro de Ray Dalio y creé «tarjetas de béisbol» con los datos estadísticos obtenidos por cada agente durante el año. Como los agentes sabían que las tarjetas se imprimirían el 15 de enero y que todo el personal de la empresa vería su desempeño, las ventas se dispararon en diciembre. Transcurridos dos años desde que descubrí y analicé esos datos, nuestros porcentajes de ventas pasaron de ser del setenta y cinco por ciento para los meses buenos y el veinticinco por ciento para los meses flojos a ser del cincuenta y cinco por ciento y el cuarenta y cinco por ciento respectivamente. Es decir, eliminamos casi por completo el componente estacional. Los datos por sí solos no resolvieron el problema, pero nos alertaron de que existía y nos permitieron realizar el seguimiento de nuestro avance hacia la solución.

Con esa victoria en nuestro haber, comencé a examinar cuáles eran las tendencias en cada parte del mes. De esta manera pude ver qué momentos eran los más flojos y cómo crear incentivos para evitar el frenesí por cerrar tratos al final de los meses. Desde que comenzamos a hacer el seguimiento de estas cifras, las ventas dentro de cada mes empezaron a equilibrarse.

Todos los directores ejecutivos deberían analizar sus números, detectar fugas y tendencias, y después actuar en función de lo que descubran.

Confía en los números, no en las personas

Quien dirige una empresa no siempre puede confiar en que los demás le digan la verdad. De hecho, uno no puede confiar siempre en sí mismo. Hay personas que tienen sus propios planes; quieren trabajar en un proyecto en particular y son demasiado optimistas en sus proyecciones de éxito. A veces ni siquiera son conscientes de cómo tergiversan la realidad.

Los empresarios pueden cometer los mismos errores. Te convences a ti mismo de que puedes hacer que un nuevo producto funcione, pero es tu ego el que habla, no tu lógica. O asciendes a alguien porque te gusta, no porque se lo haya ganado.

Los números ayudan a que la honestidad prevalezca en todos.

■ ■ ■ ■ ■ ■

La mayoría de los individuos que generan buenos ingresos para tu empresa tienen una personalidad de tipo A. Son tipos agresivos, confiados y decididos, cualidades que son útiles para la empresa en varios aspectos. Pero los individuos de tipo A también saben hablar bien de sí mismos y, como director ejecutivo, debes diferenciar entre el autoelogio y los logros.

Te voy a decir cómo hacerlo. Cuando alguien me habla de lo duro que ha trabajado y de todos los resultados que ha generado, lo primero que hago es preguntarle: «¿Cuál es tu tasa de cierre?». Supongamos que estoy manteniendo esta conversación con Paul y me responde:

—Del cincuenta por ciento.

—Increíble. Ahora déjame preguntarte: ¿cuál es tu promedio de ventas por cliente?

—Dos mil dólares.

—Por lo tanto, si haces diez propuestas y cierras la mitad de ellas, esto se traduce en diez mil dólares.

—Así es.

—Entonces déjame preguntarte: ¿cómo es que en tu mejor mes, en el último trimestre, solo vendiste por valor de seis mil dólares?

Ya sabes la respuesta, ¿verdad? Lo que tal vez no sepas es que tu carta ganadora es el silencio. Este no es el momento de convertirte en el personaje de Alec Baldwin en *Éxito a cualquier precio* (o *El precio de la ambición*) y gritar: «¡Usted deje ese café donde estaba! ¡El café solo es para los que venden! [...] ¿Que las fichas son malas? [...] ¡Usted sí que es malo!».

En lugar de afirmar una suposición o cuestionar la ética de trabajo de Paul, permanece en silencio. Deja que él responda la pregunta.

En algún momento, Paul comienza a hablar. Se enfada y protesta; dice que no es alguien perezoso.

—¿Por qué te enojas? —pregunto—. Solo estoy mencionando los números que me diste.

Paul ya ha comenzado a reflexionar. Está afirmando que no es perezoso porque sabe que los datos dicen lo contrario. No hay necesidad de apalearlo. Es suficiente con seguir con el proceso.

Los malos jefes manejan datos cualitativos. Analizarán una situación como esta con *palabras* en lugar de hacerlo con números. Dirán que la persona es perezosa o deshonesta, o que no está motivada. Estas palabras no contribuyen a resolver el problema. Los datos, por otro lado, apuntan a las soluciones.

Al basarte en los datos, le quitas emoción a la situación. Al centrarte en los números, ayudas a la otra persona a reconocer la realidad. Esto no solo alimenta el espíritu de superación sino que, además, hace que la relación personal no se deteriore.

Despejar la X parece sencillo en esta situación. Las únicas variables en los ingresos de Paul son el número de propuestas, la tasa de cierre y el promedio de ventas por cliente. Pongamos por caso que la última variable es fija y es de dos mil dólares. Entonces solo hay dos formas de ganar más dinero: hacer más propuestas o mejorar la tasa de cierre. Cuando indagas en los números, ves que la tasa de cierre de Paul es realmente del cincuenta por ciento. El problema es que solo presentó seis propuestas.

Así como tuvimos que examinar los números cuando analizamos el retorno de la inversión y del tiempo, en este caso también tenemos que profundizar más. Los datos nos dicen que Paul no está haciendo suficientes propuestas. Lo que determina el número de propuestas es lo que se hace en la fase previa, la de prospección. El problema es que Paul no está encontrando suficientes clientes potenciales. Esta es la X que debes despejar.

¿Ha disminuido su *marketing* en las redes sociales? ¿Ha abandonado sus grupos de redes? ¿Ha dejado de llamar a los clientes existentes o de hacer llamadas en frío? Estabas bien encaminado cuando te informaste de su cantidad de propuestas y su tasa de cierre. Profundizando más, te das cuenta de que tu próximo paso debe consistir en revisar su estrategia de prospecciones y encontrar una manera de cuantificarla. Para ofrecerte algunas ideas, veamos cómo usa los datos una empresa grande para dirigir a sus equipos de ventas.

El análisis de datos va más allá de despejar la X

Lanier Worldwide (actualmente una filial de Ricoh USA), una empresa de productos de oficina con sede en Atlanta, goza de buena reputación por la calidad de la formación que ofrece a sus vendedores. Sus indicaciones para los representantes de ventas de fotocopiadoras (cuando Greg Dinkin trabajaba allí en 1994) eran simples:

- Veinte llamadas en frío al día.
- Dos demostraciones de productos al día.
- Una tasa de cierre del diez por ciento.
- Una venta por semana, siendo la comisión por venta de mil doscientos dólares.
- Por lo tanto, mil doscientos dólares a la semana en comisiones.

Como puedes ver, el planteamiento es atractivo: vende una fotocopiadora a la semana y ganarás más de sesenta mil dólares al año. Y lo que es aún mejor, solo tienen que llegar a buen puerto el diez por ciento de tus demostraciones para que puedas cumplir con tu cuota. Lanier llegó a esta fórmula basándose en años de datos. La parte difícil, por supuesto, era que en promedio tenías que hacer cien llamadas en frío a la semana para conseguir una venta.

Supongamos que Chris es excepcional y su tasa de cierre es del cincuenta por ciento. Cuando miras sus números ves que gana, en promedio, dos mil cuatrocientos dólares a la semana. Lo está haciendo genial. Es el agente número uno de la oficina.

¿Ves el problema?

Tenemos que volver a los datos cualitativos. Cuando profundizamos en los números y vemos que Chris cierra el cincuenta por ciento de las ventas, empezamos a rascarnos la cabeza. Es hora de despejar la X. Sus números mensuales son estos:

- X llamadas en frío al día.
- X demostraciones al día.
- Una tasa de cierre del cincuenta por ciento.
- Dos ventas a la semana, mil doscientos dólares de comisión por venta.
- Por lo tanto, dos mil cuatrocientos dólares en concepto de comisiones por semana.

Averiguar el número de demostraciones es fácil. Como cierra la mitad de estas demostraciones, es obvio que hace cuatro. Pero ¿qué hay de los datos relativos a las llamadas en frío? No constan.

Por cierto, ¿no te recuerda esta historia la que acabo de contar sobre Paul? La razón es que quiero que detectes una tendencia. Es habitual que los empleados más talentosos se apoyen en su talento solamente. La naturaleza humana es que cuando las cosas se nos presentan con facilidad tendemos a relajarnos. Como líder, debes desafiar a tus empleados más talentosos para que estén a la altura de su talento. A menos que comprendas los números, personas como Chris y Paul se ganarán bien la vida, pero estarán rindiendo muy por debajo de sus posibilidades. Y esto no debería admitirse; al menos, Jobs y Belichick no lo permitirían. Espero que tú tampoco.

Para ver qué pasó con Chris, efectuemos algunos cálculos. Si hubiera estado haciendo diez presentaciones a la semana, habría realizado cinco ventas en lugar de dos. Esto habría supuesto seis mil dólares a la semana en lugar de dos mil cuatrocientos. Pero como era el vendedor número uno de la oficina y su jefe no tenía la mentalidad del tipo *Moneyball*, nadie se molestó en hacer el seguimiento de su actividad. En consecuencia, Chris dejó de buscar clientes potenciales. Cuando profundizas, ves que no hizo ninguna llamada en frío; todas las demostraciones tuvieron su origen en recomendaciones o clientes existentes.

¿La respuesta sencilla? Haz que Chris se ponga a hacer llamadas en frío.

Pero esta es una pregunta con trampa. No hay respuestas simples en el campo empresarial. Los datos nos llevaron a descubrir la razón por la que Chris tiene un bajo rendimiento: no está buscando clientes potenciales. Sin embargo, los datos por sí solos no son lo que diferencia a los Billy Beanes y Paul DePodestas del mundo de otras personas. Los datos hay que combinarlos con el análisis. Si Chris es tan bueno cerrando ventas, mi primera inclinación sería encontrarle más clientes potenciales. Especialmente si tuviera empleados en la empresa a los que se les diera muy bien encontrar clientes potenciales y mal cerrar ventas, encontraría una manera de combinar sus talentos.

Pero antes de hacer esto le preguntaría a Chris, como habrás adivinado, quién quiere ser.

Los grandes jefes tienen en cuenta tanto los datos como la naturaleza humana. Como los médicos inteligentes que encargan análisis de sangre, utilizan los datos para diagnosticar el problema. Después se basan en sus conocimientos y su experiencia para encontrar la solución.

Para algunos emprendedores, los datos son la parte aburrida del negocio; no están interesados en los números. Pero espero que estas historias te hagan ver por qué estoy obsesionado con los datos, especialmente cuando puedo usarlos para obtener una ventaja competitiva.

Como he dicho muchas veces, leer acerca de cómo resolver un problema no lo es todo, ni mucho menos. Debes usar esta información en tu propia empresa. Te he dado una fórmula simple para que puedas averiguar el grado de éxito en las ventas. Si estás en el sector del transporte por carretera, tus fórmulas serán muy diferentes. Antes de pasar a otra cosa, piensa en tres fórmulas que te vayan a permitir realizar un seguimiento de tu negocio. Idealmente, estos serán los primeros números que mirarás al inicio de cada jornada laboral.

Si no cuentas con un sistema, tus posibilidades de crecimiento exponencial son limitadas

Como puedes ver, las palabras no son suficientes para saber qué está ocurriendo realmente en tu empresa. Las personas que no tienen en cuenta los datos o que no aplican sistemas usan palabras y expresiones como *aproximadamente*, *alrededor de*, *creo que estamos en...* o *me parece que hicimos...*

Las empresas que escalan y crecen acaban por tener un sistema efectivo. Si crees que vas a hacer crecer tu negocio gracias a tu personalidad solamente, el crecimiento será impredecible. Debes crear sistemas y protocolos que reduzcan la necesidad de que estés pendiente de todo en todo momento.

CINCO RAZONES POR LAS QUE IMPLEMENTAR SISTEMAS

1. Lo que se mide se puede aumentar y mejorar.
2. Sabrás adónde y a quién dirigir tu energía y tu pericia.
3. Puedes dejar de controlar al detalle lo que hacen tus empleados y empoderarlos.
4. Tus empleados, los que rinden más sobre todo, no podrán engañarte con sus fanfarronadas.
5. Serás más efectivo y a la vez tendrás más libertad.

Pero una cosa es hablar de crear sistemas y otra es ejecutar esta visión. Cuando uno está enfocado en las ventas, le resulta difícil apartarse de las actividades que generan ingresos. Tareas como elaborar manuales y crear sistemas no me resultaron fáciles, y probablemente te encontrarás en la misma situación. También es más fácil cobrar cheques que emitirlos. Tanto la tecnología que deberás comprar como las personas que deberás contratar supondrán un gasto considerable. Si quisieras ser una empresa unipersonal y no crecer, no tendrías que invertir en sistemas.

Cómo hacer que el valor de tu empresa aumente

Cuando estás administrando una empresa, lo de reducir la velocidad y crear sistemas es más fácil decirlo que hacerlo. Si procedes del campo de las ventas, es probable que tengas la mentalidad de «consigue el trato ahora y preocúpate después». Si quieres seguir siendo un emprendedor independiente, esta estrategia puede funcionar. Sin embargo, si estás interesado en crear valor y no solo en obtener ganancias, debes desacelerar lo suficiente como para poder crear sistemas.

Una empresa que funciona con sistemas y no solo a partir de los conocimientos de su fundador pasa a tener más valor. Tienes que documentar la manera en que fluye el sistema. Cuando ingresan nuevos empleados, ¿qué pasos das para integrarlos? Tienes que documentar cada paso. Lo mismo es aplicable a todos los otros aspectos de tu empresa, como los pasos que debes seguir después de que alguien ha comprado un producto, cuándo es necesario hacer el seguimiento de una venta, etc. Las empresas construidas sobre sistemas y procedimientos aumentan de valor porque tienen vida propia; es decir, no dependen de un determinado ser humano. Obviamente, tu empresa necesita que alguien marque el rumbo, pero si cuenta con sistemas, su valor ascenderá a un nivel completamente nuevo.

BENEFICIO VISIÓN A CORTO PLAZO	VALOR VISIÓN A LARGO PLAZO
Trabajar en la empresa para ganar dinero ahora.	Trabajar con la empresa para incrementar el valor más adelante.
Gratificación instantánea.	Gratificación diferida.
Mentalidad de vendedor.	Mentalidad de director ejecutivo.
Mentalidad de contratista independiente.	Mentalidad de empresario.

■ ■ ■ ■ ■ ■

No puedes limitarte a recopilar datos; también tienes que analizarlos. Como dicen en Wall Street, no luches contra los números. Cuando los números reflejen un panorama poco atractivo, tu ego se manifestará. Vas a empezar a buscar formas de racionalizar tus baches. Anticípate a que esto suceda y podrás evitarlo. Los datos nunca mienten.

Tienes mucho trabajo por delante antes de llegar al punto en que tengas datos para hacer el seguimiento. También puedo decir por experiencia que será una labor tediosa y dolorosa, especialmente si te ves a ti mismo como un visionario o eres un vendedor que carece de paciencia para realizar tareas que no generan un retorno inmediato. Yo mismo me resistí a esta tarea durante mucho tiempo, pero ya fuese a partir de leer *Moneyball* o de sufrir ataques de pánico, finalmente aprendí que la única forma de administrar un negocio con potencial de crecimiento es implementar sistemas que permitan hacer un seguimiento de los datos.

12

Mantente paranoide; un gran maestro nunca baja la guardia

Atribuyo la capacidad de Intel de mantener el éxito a una alerta constante frente a las amenazas, ya sean de tipo tecnológico o competitivo. La palabra *paranoia* pretende evocar esta actitud, la actitud de mirar constantemente hacia el horizonte en busca de amenazas para el éxito.

—Andy Grove, exdirector
ejecutivo y presidente de Intel

Los negocios son la guerra. O, dicho de otro modo, la paz nunca existe para una empresa dada. Puede ser que domines el mercado, puede ser que estés obteniendo unas ganancias récord, puede ser que *creas* que puedes relajarte y aprovechar el *momentum*, pero... siempre hay alguien por ahí que está preparándose para atacarte. Puedes experimentar la ilusión de la paz cuando las cosas van bien, pero no es más que una ilusión. Si bajas la guardia un segundo, te vuelves vulnerable a los ataques.

La historia es uno de nuestros mejores maestros. Nos referimos tanto a la lista Fortune 500 que es posible que hayamos olvidado su origen. En 1955, Edgar P. Smith, editor de la revista *Fortune*, publicó una lista de las quinientas corporaciones estadounidenses más grandes según los ingresos anuales totales. Hoy, la lista incluye tanto empresas que cotizan en bolsa como empresas de propiedad privada (si sus ingresos pueden consultarse públicamente). De las quinientas empresas originales, adivina cuántas siguen en la lista. ¿La mitad? ¿Doscientas? Aunque solo lo hubiesen logrado el veinte por ciento, cien de las empresas seguirían estando ahí.

La respuesta: cincuenta y dos.

¿Crees que es fácil seguir siendo relevante? Boeing, Campbell Soup Company, Colgate-Palmolive, Deere & Company, General Motors, IBM, Kellogg Company, Procter & Gamble y Whirlpool Corporation representan la minoría de las empresas que estaban en la lista tanto en 1955 como en 2019. ¿Crees que las otras empresas no están dispuestas a destruir a la competencia, a sus mayores competidores especialmente? El ochenta y nueve por ciento de las empresas que estaban en la primera lista Fortune 500 o bien quebraron o bien salieron de la lista (algunas fueron adquiridas). En el mundo empresarial se producen baños de sangre. El momento en que crees que estás en un territorio seguro es el momento en que te vuelves más vulnerable.

Según dónde te encuentres en tu ciclo empresarial, el conjunto de datos que reproduzco a continuación o bien te emocionará o bien te asustará. Lo encontré en la página web de la Foundation for Economic Education (FEE, 'fundación para la educación económica').

Según un informe de 2016 de *Innosight* («Corporate Longevity: Turbulence Ahead for Large Organizations», 'Longevidad corporativa: turbulencias por delante para las grandes organizaciones'), las corporaciones que estaban en el índice S&P 500 en 1965 permanecieron en el índice durante treinta y tres años en promedio. En 1990, la permanencia media en el S&P 500 se había reducido a veinte años y se prevé que se habrá reducido a catorce años en 2026. Al ritmo actual, aproximadamente **la mitad de las empresas que hoy están en el S&P 500 serán reemplazadas a**

lo largo de los próximos diez años, ya que «entramos en un período de mayor volatilidad para las empresas líderes en varios sectores, y los próximos diez años se perfilan como *los más potencialmente turbulentos en la historia moderna*».

La tecnología y las redes sociales son grandes igualadores. En consecuencia, es aún más difícil conservar la relevancia. También es más fácil derribar a los grandes. No es posible mantenerse relevante permaneciendo igual. Cae en la complacencia un minuto y estarás fuera.

La urgencia es diaria: mantente alerta, permanece vivo

Los empresarios que tienen más éxito tienen en común un sentimiento de urgencia. Para ellos, cada día libran una batalla, en la que se implican como si les fuera la vida en ello. Esta actitud les da la energía de la urgencia, que se traduce en una ventaja empresarial. No te conviene competir contra uno de estos individuos. No es que sean más inteligentes o más hábiles; es que trabajarán más duro que tú. Están obsesionados con ganar.

Escribe Robert Greene en *The 33 Strategies of War* (*Las 33 estrategias de la guerra*):*

Tu peor enemigo eres tú mismo. Pierdes un tiempo precioso soñando con el futuro en lugar de dedicarte al presente. Como nada te parece urgente, solo te involucras a medias en lo que haces. [...] Corta tus lazos con el pasado; entra en un territorio desconocido en el que dependas de tu ingenio y energía para salir adelante. Ponte

---

* N. del T.: El libro está publicado en castellano con el título mencionado. Aquí no reproducimos la traducción del libro en castellano, sino que traducimos la cita del autor, en inglés.

en un «campo de exterminio», en el que tienes la espalda contra la pared y tienes que luchar como el demonio para salir con vida.

No te estoy diciendo que seas un paranoico loco, sino que seas un paranoide cauteloso. En este último caso, estás atento a lo que puede salir mal, pero no estás obsesionado con eso. Eres consciente de los peligros y trampas potenciales, y mantienes las antenas en alto para detectar señales de que las cosas van mal.

Piensa en una escena común en las películas de guerra: un escuadrón entra en combate y gana una batalla, captura a un villano y se acomoda para pasar la noche. Los soldados celebran su victoria; hacen una fiesta en la que beben y lo pasan bien con las mujeres del lugar. Pierden el sentido, y luego ¿qué sucede en medio de la noche? Que son víctimas de una emboscada. Bajan la guardia y el enemigo lo aprovecha.

Cuando estuve en el Ejército, teníamos un dicho: «Mantente alerta; permanece vivo».

Esto también es aplicable al ámbito empresarial. Tienes que estar atento a lo que puede salir mal. No seas ingenuo y pienses que todos tus empleados son leales y trabajadores y lo harán perfectamente bien sin necesidad de supervisión. No pienses que has aplastado a todos tus competidores y que nadie podrá encontrar una manera de desafiar tu posición. No confíes en que la innovación que allanó tu camino hacia el éxito continuará allanando tu camino hacia el futuro.

Los buenos generales son paranoides y responden a esa paranoia creando una estrategia magnífica tras otra. Si eres un mejor estratega que tus competidores, podrás protegerte de aquello que saldrá mal. No pierdas tu ventaja. No sigas confiando en una estrategia hasta que se vuelva obsoleta. Sigue elaborando nuevos planes a medida que las condiciones vayan cambiando; anticípate a las tendencias y cuenta con una estrategia para sacar provecho de ellas.

Todos los generales, desde Napoleón hasta Patton, dominaron esta técnica, y todos los líderes empresariales deben dominarla también. ¿Por qué tus números son siempre malos en febrero? ¿Por qué hay siempre prisas cuando se acerca el final de los plazos? ¿Por qué muchas de tus reuniones degeneran en gritos y termina habiendo chivos expiatorios? ¿Por qué has perdido tres clientes importantes en los últimos seis meses? Estos son los tipos de preguntas que deberían hacerte reflexionar. Investiga la causa profunda. Intenta identificar el problema subyacente. Cuando la paranoia lleva a la curiosidad, la cual conduce a las soluciones, está cumpliendo su función.

Cuanto mejor te va, más vulnerable eres

El éxito reduce la paranoia. Esto puede parecer contradictorio, pero piensa en lo que sucede cuando todo va bien. Probablemente hayas experimentado esto: obtuviste una victoria tras otra y luego, de repente y sin haberlo advertido, habías naufragado. ¿Qué pasó?

Lo que pasó fue que te volviste complaciente. Lo que pasó fue que dejaste de ser la persona más hambrienta de tu sector. Lo que pasó fue que sentiste que te habías graduado más allá del punto de tener que ser paranoide.

Te contaré lo que le sucedió a Rick, un buen amigo que era abogado defensor penal en Los Ángeles, y no cualquier abogado defensor penal, sino uno de los mejores. Terminó representando a narcotraficantes poderosos y ricos en las décadas de 1970 y 1980, quienes lo invitaron a una fiesta. Una raya de cocaína llevó a otra, y muy pronto estuvo consumiendo mucha. Le presentaron a unas amiguitas de Playboy y pronto Rick estaba saliendo no con una sino con dos, ¡al mismo tiempo! Después de una serie de malas decisiones y transgresiones legales relacionadas con la cocaína, lo sentenciaron a veinte años de cárcel. Perdió su licencia de abogado, y cuando finalmente salió de la prisión pasó a ganar unos tres mil dólares al mes vendiendo artículos publicitarios como bolígrafos y camisetas.

Tenía sesenta y tantos años cuando le pregunté qué tipo de chico había sido en el instituto. Me dijo que era un tipo normal, que se casó con su novia de la secundaria.

A medida que hablábamos fui viendo claro que el éxito se lo llevó por delante. Cuando su carrera de abogado despegó, la gente comenzó a tratarlo con admiración y las mujeres se le echaban encima. Era un chico de oro que había despuntado tardíamente, y el glamur del mundo de las drogas lo atraía. Rick no pudo resistirse. Como muchas personas exitosas, no podía imaginar que hubiese algo que pudiese acabar con su carrera (¿recuerdas a Morton Downey júnior?). En consecuencia, no estaba preparado para el éxito que acabó por arruinarlo. Me entristece pensar en Rick, que murió en 2019. Era un buen amigo con un gran corazón que hizo una mala jugada (probar la cocaína) que derivó en una serie de jugadas que pusieron su vida y su carrera en posición de jaque mate.

Brené Brown, profesora investigadora y autora de *best sellers*, dio una charla TED llamada «The Power of Vulnerability» que cuenta con más de cuarenta y seis millones de reproducciones en Internet.* Brown entiende que la presión de los compañeros puede contrarrestar nuestras mejores cualidades. Dijo: «Atrevernos a poner límites tiene que ver con tener el valor de amarnos a nosotros mismos aunque corramos el riesgo de decepcionar a los demás». Muchas veces, amarnos a nosotros mismos se traduce en decir *no*. Ojalá Rick hubiera sido lo suficientemente sabio como para prestar atención a este consejo.

Quizá recuerdes a Robert Shapiro como el abogado que ayudó a defender a O. J. Simpson. Fue y sigue siendo un abogado de gran éxito que mantuvo su *momentum* a pesar de su éxito. Ha pasado del

---

* N. del T.: Esta charla puede encontrarse en forma de libro, con el mismo título en inglés, y traducido al castellano como *El poder de ser vulnerable* (Urano).

ámbito del derecho penal al del derecho civil, y cuando lo entrevisté, le pregunté sobre su trabajo como abogado de defensa criminal y si alguna vez había sido tentado por clientes que le hubiesen ofrecido drogas o mujeres hermosas. Su respuesta: «Nunca establecí una relación, una amistad, con mis clientes. Siempre los mantuve a distancia».

A diferencia de Rick, al establecer límites, Shapiro mantuvo su *momentum*, incluso después de alcanzar la fama y el éxito.

Los empresarios deben estar preparados para recibir una atención que no esperaban, halagos y otras recompensas derivadas del éxito, sobre todo si no están acostumbrados a este tipo de atención. Deben ser conscientes de que si se identifican con toda esta ponderación dejarán de avanzar.

Tanto Robert Greene como Jordan Peterson me ofrecieron consejos similares en cuanto a las personas con las que compartía buenas y malas noticias; me dijeron que tuviese cuidado. Estos hombres conocen la naturaleza humana y saben que no hay mucha gente que se vaya a alegrar por tu éxito. Antes de decirle nada a nadie, considera qué personas quieren verte triunfar realmente y cuáles quieren verte fracasar en su fuero interno. Es posible que algunos individuos a los que consideras amigos no te den los mejores consejos, sobre todo si están compitiendo contigo.

Permanece centrado a pesar de la incertidumbre

Te presento tres tácticas que te permitirán conservar la cabeza en su sitio mientras todos los que te rodean están perdiendo la suya:

1. HAZTE AMIGO DE LA LEY DE MURPHY

Los empresarios inteligentes respetan la ley de Murphy. Antes de lanzar un nuevo producto, hacer una inversión, adquirir otra empresa o hacer cualquier tipo de jugada importante, formúlate esta pregunta: «¿Cuáles son los peores sucesos que podrían acontecer de resultas de mi acción?». A continuación, toma medidas para mitigar estos sucesos potenciales.

Tal vez seas alguien que piensa en positivo, lo cual es genial, pero no seas ingenuo. Esto es válido tanto para los sucesos y decisiones más pequeños como para los grandes. Si estás a punto de hacer una presentación importante, comprueba el proyector y vuelve a comprobarlo. Es posible que haya funcionado cien veces a la perfección en el pasado, pero algo en el universo se asegurará de que no funcione cuando necesites usarlo para hacer una presentación de PowerPoint a los inversores. Cuando ocurra esto, tendrás que lidiar con el caos; tal vez no un caos total que acabe con tu empresa, pero sí el tipo de caos que arruinará tanto la presentación como tu día. El tipo de caos que te hace regañar severamente a alguien y que hace que tu gente se distancie de ti. El tipo de caos que te descentra y suscita preguntas entre tus inversores potenciales.

Esta es una técnica contra la ley de Murphy que uso todo el tiempo: me reúno con los mejores cerebros de mi equipo (no más de cinco). Nos sentamos y hablamos sobre lo que debemos anticipar y evitar que salga mal. Y tengo que decirte que a veces, como resultado de este tipo de reuniones, decidimos posponer un lanzamiento ya planificado porque nos damos cuenta de que no estamos listos para proceder o de que las probabilidades de que algo importante salga mal son demasiado altas. En ocasiones también ocurre que desechamos una idea que nos pareció maravillosa cuando la concebimos. Contar con un grupo de expertos es muy bueno para verificar ideas y decisiones y para equilibrar posiciones.

2. ADMITE LA DERROTA ACEPTANDO PEQUEÑAS PÉRDIDAS

Cuando Groupon y LivingSocial se hicieron populares, vi la oportunidad de iniciar un servicio competitivo. Imaginé algo como Groupon y Yelp combinado con un componente de ludificación e invertí cien mil dólares para la creación y puesta a prueba de las primeras versiones. Varios inversores estaban dispuestos a acompañarme en esta iniciativa, pero antes de acabarme de decidir opté por comentar la idea con varios amigos de confianza (desde el director ejecutivo de una gran compañía de seguros de vida hasta el jefe de una de las compañías de transporte más grandes de Estados Unidos).

Cuando les hube presentado mi plan de negocios y mis proyecciones, señalaron algunos aspectos problemáticos que había pasado por alto. Tras responder a sus preguntas, acepté sus preocupaciones en el sentido de que el proyecto desviaría la atención de mi negocio principal, que iba muy bien. No preveían que la idea tuviese que fracasar, pero señalaron que había muchas posibilidades de que generara un caos que podría afectar a mi empresa de forma negativa. Anticipándome a la ley de Murphy, hice lo único que tenía sentido: abandoné la idea.

Los grandes empresarios aceptan las pérdidas. En lugar de ir gastando dinero en una mala inversión, admiten la derrota y conservan ese efectivo para su próximo emprendimiento. Muéstrame un jugador en un casino que, habiendo perdido, promete desquitarse y te mostraré a alguien que está a unos cuantos pasos de perderlo todo.

3. IDENTIFICA TUS PRÓXIMOS TRES PASOS POR LO MENOS

Cuando nos hallamos en medio de una situación caótica, podemos encontrarnos con que seamos incapaces de tomar decisiones. Cuando las cosas se ponen difíciles, es posible que quieras atrincherarte y jugar a lo seguro. Pero los empresarios no pueden permitirse el lujo de no actuar. Ahora bien, es fácil olvidar esta verdad en mitad del caos.

Para evitar este problema, comprométete a decidir rápidamente cuáles serán tus próximos tres pasos. Sé que insisto mucho en considerar las próximas cinco jugadas, pero cuando tengas que actuar con presteza, concéntrate en tres acciones que puedas realizar para abordar el problema que estés afrontando en ese momento. Estas acciones pueden ser soluciones o medidas temporales para detener el sangrado.

Por ejemplo, supongamos que una clienta importante te dice que va a poner fin a vuestra relación. Estas son tres cosas que podrías hacer:

- Llamar al representante de ventas que trajo a la clienta y decirle que te cuente todo.
- Llamar tú mismo a la clienta y dejar que exprese sus quejas.
- Enviar a la clienta el producto de nuevo, sin cargo.

Como puedes ver, estas acciones no tienen que ser medidas geniales o planes complejos. Pero impedirán que te quedes sin hacer nada mientras buscas la «única solución perfecta» (que tal vez ni siquiera exista). No caigas en esta trampa. Haz un plan y actúa en consecuencia. Las cosas comenzarán a resolverse por sí solas cuando empieces a hacer algo.

Gestiona tu ego y construye alianzas

Nadie se convierte en director ejecutivo de una gran empresa si no tiene un gran ego. Nadie. No hay nada de malo en tener un gran ego, siempre y cuando la persona haya construido un sistema de apoyo para mantenerlo bajo control. Si no puedes controlar tu ego, te conducirá al fracaso. Cuando tengas mucho éxito, comiences a ganar mucho dinero y goces de fama y reconocimiento, todos buscarán la manera de entrar en tu billetera y en tu círculo íntimo. En consecuencia, te lloverán los elogios.

Nadarás en un mar de elogios porque estarás rodeado de personas temerosas de tus decisiones. Por ejemplo, los miembros de tu equipo podrían temer que los despidieses. Por lo tanto, todos te dirán lo increíble que eres. Déjame decirte que el noventa por ciento de estos elogios no son sinceros. La mayoría de la gente no te dirá lo que necesitas escuchar.

Tienes que contar con un pequeño círculo de personas que te digan la verdad. Es lo único que mantendrá a tu ego bajo control (aunque tener tres hijos también ayuda). Si no dispones de un pequeño grupo de personas, como una junta directiva o unos mentores que no tengan miedo de regañarte, tendrás problemas. He sido testigo de este fenómeno muchas veces en el campo de las ventas: alguien comienza a ganar dinero y todo el mundo le dice lo increíble que es. Esa persona ya no se deja enseñar ni está dispuesta a aprender. No escucha los consejos. Esto es indicativo de que ha olvidado cómo gestionar su propio ego.

No dejar de ser paranoide también significa permanecer humilde. Si no tienes humildad, no podrás unir a la gente. Si no eres humilde, quienes no estén de acuerdo contigo no querrán hacer negocios contigo. ¿Cómo podrías fomentar las nuevas ideas o tomar en consideración puntos de vista nuevos si no hay diversidad o voces discrepantes en la sala? Si solo tienes a tu alrededor personas que están de acuerdo contigo, te vuelves complaciente, lo cual es lo opuesto a ser paranoide.

■ ■ ■ ■ ■ ■

Mantener tu ego bajo control significa comprender que no puedes hacerlo todo solo. Si eres demasiado paranoide, no confiarás en nadie. Si eres lo suficientemente paranoide, construirás alianzas sólidas. Es importante tener socios que también estén atentos a la competencia. Piensa en ello como una forma de aumentar la inteligencia.

La ley 18 de Robert Greene (entre las que incluye en el libro *The 48 Laws of Power*; *Las 48 leyes del poder en español*)* establece lo siguiente:

---

* N. del T.: Traducimos directamente la cita del original en inglés.

El mundo es peligroso y los enemigos están en todas partes; todos deben protegerse. Una fortaleza parece lo más seguro. Pero el aislamiento te expone a más peligros de los que te protege: te priva de información valiosa, hace que se fijen en ti y te convierte en un blanco fácil.

Greene señala que si bien es difícil confiar en las personas, la alternativa (trabajar de forma aislada) es mucho peor.

Los aliados pueden encontrarse en lugares insospechados. Cuando Apple lo estaba pasando mal en agosto de 1997, había pocas personas dispuestas a ayudar a Steve Jobs. Lo que antes le habría parecido impensable, acudir a un enemigo, fue posible porque estuvo dispuesto a no hacer caso a su ego. Se armó de valor y acudió nada menos que a su archienemigo, Bill Gates. Lo único que hizo fue pedirle un pequeño favor: una inversión de ciento cincuenta millones de dólares por parte de Microsoft.

Como explicó Stephen Silver en AppleInsider, según Jobs, «había demasiada gente en Apple y en el ecosistema de Apple jugando al juego de que para que Apple ganase, Microsoft tenía que perder. Y estaba claro que no había que jugar a ese juego, porque Apple no iba a vencer a Microsoft. Apple no tenía que vencer a Microsoft. Apple tenía que recordar quién era Apple, porque había olvidado quién era Apple».

En realidad, no se trató de un «favor». Microsoft invirtió ciento cincuenta millones de dólares en acciones de Apple y las dos empresas acordaron resolver sus disputas legales, lo cual les permitiría ahorrar tiempo y dinero. Además, Apple estuvo de acuerdo en hacer que Microsoft Office fuese compatible con sus Mac. En resumen: los rivales se convirtieron en socios.

Imagina lo que habría pasado si Jobs no hubiera establecido esa alianza. No estamos hablando de un tipo con un ego pequeño precisamente. Sin embargo, en el momento más importante no se volvió terco y no insistió en que podía hacerlo todo él solo.

Actualmente podemos usar iPhones y otros dispositivos de Apple porque un tipo paranoide con un gran ego fue lo suficientemente valeroso e inteligente como para establecer la alianza correcta.

El siguiente ejemplo destaca tanto la necesidad de crear alianzas como la necesidad de ser paranoide. En agosto de 2000, Amazon y Toys "R" Us establecieron lo que el *Wall Street Journal* denominó un «acuerdo innovador: durante diez años, Amazon dedicaría parte de su sitio web a los juguetes y productos para bebés de Toys "R" Us. El minorista de juguetes elegiría los productos de moda para almacenar y compraría el inventario para los estantes virtuales». Ten en cuenta que la burbuja de las *puntocom* había estallado el 11 de marzo de 2000. Amazon estaba luchando por sobrevivir. En mi opinión, si no se hubiese producido esa alianza, Amazon no existiría. Además de los ingresos que generó la alianza, la asociación con Toys "R" Us ayudó a impulsar las visitas a Amazon, lo que, a la vez, ayudó a que se vendiesen otros productos alojados en el sitio. Amazon podría entonces seguir construyendo más asociaciones.

Cinco años más tarde, las dos empresas se enfrentaban en el Tribunal Superior de Nueva Jersey. Lo que había comenzado como una alianza se había convertido en una guerra. La mayor víctima fue Toys "R" Us, que entró en bancarrota en 2018.

¿La moraleja de la historia? ¡Incluso después de construir una alianza, permanece paranoide!

Busca consejos sabios

Cuando sobrevenga la adversidad, vas a necesitar ayuda. Si has creado un equipo inteligente, compuesto por personas bien seleccionadas y a las que trates correctamente, podrá salvarte cuando las cosas se pongan difíciles. Necesitas aliados, sobre todo en los momentos en los que tu empresa empiece a tambalearse. Te darán la fuerza que te permitirá superar los obstáculos, recuperarte y crecer.

He conocido a muchos empresarios inteligentes que fracasaron, pero todavía tengo que conocer a uno sabio que no haya podido recuperarse. La diferencia entre ser inteligente y ser sabio es que una persona inteligente cree que sabe todas las respuestas, mientras que una persona sabia se siente cómoda sabiendo que no es así. La sabiduría es especialmente valiosa en los tiempos caóticos.

Así es como aprendí esta lección. A los veintidós años, había acumulado cuarenta y nueve mil dólares de deuda en las tarjetas de crédito y mi calificación crediticia no llegaba a quinientos. Mi relación con la novia que tenía en ese momento iba muy mal encaminada, debido a mi situación financiera sobre todo. Entonces tuve un pensamiento importante: si me limitaba a lo que ya sabía, el curso de mi vida seguiría siendo el mismo.

Decidí buscar la sabiduría. Pasé de burlarme de los frikis de la universidad a convertirme en un superfriki. Todo lo que quería hacer era aprender. Devoré libros. Me convertí en una esponja con mis mentores. Y, lo más importante, me rodeé de las personas más sabias que pude encontrar para que me enseñaran sobre la vida y los negocios. Uno de esos mentores me dio las preguntas que se convirtieron en la auditoría de la identidad personal (de la cual hablábamos en el capítulo dos y que puedes encontrar en el apéndice A).

¿Cómo se puede encontrar a mentores sabios? Déjame compartir algunas lecciones que aprendí por la vía dura. He trabajado con muchos *coaches* y consultores, y descubrí que muchos de ellos ofrecen consejos basados en sus lecturas y no en sus experiencias. En cuanto a los mentores o asesores, puedes elegir entre tres niveles de experiencia: teoría, testigo y aplicación.

- **Teoría.** Se trata de personas cultas que se han sacado títulos en universidades de prestigio. La mayoría de los consultores y profesores se encuentran en esta categoría. Son individuos inteligentes, pero pueden no ser sabios. La sabiduría proviene de la experiencia práctica, y estas personas ofrecen consejos basándose en la teoría. Te enseñarán cómo administrar una empresa, pero si les preguntas si alguna vez han dirigido una, es probable que te respondan: «No, no lo he hecho. Pero he asesorado a muchas. He leído todos los libros». Este es un mentor de nivel teórico, lo cual no tiene nada de malo: este tipo de mentores pueden darte buenos consejos, pero son los que se encuentran en el nivel más bajo.

- **Testigo.** Estos asesores han trabajado directamente con empresarios triunfadores, por lo cual pueden decirte exactamente cómo construyeron su empresa los líderes exitosos. Por ejemplo, Guy Kawasaki habla a menudo de lo que aprendió trabajando con Steve Jobs en el equipo original de Macintosh.

  Los testigos no dirigían la empresa, pero trabajaban en estrecha colaboración con alguien que sí lo hacía. Por ejemplo, si estuvieses buscando un mentor en el campo de los bienes raíces, podrías preguntarle si alguna vez ha llevado las riendas en este sector. Si te responde «nunca, pero durante diez años fui el asistente de la agente inmobiliaria número uno de Beverly Hills y aprendí mucho de ella», esta persona es valiosa para tu propósito. Puede decirte qué hacía esa agente, cómo trabajaba, cómo trataba a sus clientes, qué hizo cuando estuvo a punto de quebrar, etc.

- **Aplicación.** *Aplicación* significa que la información proviene directamente de la fuente. Estas son las personas que pueden decirte qué han hecho que les ha funcionado. Los mentores más valiosos son aquellos que han hecho lo que predican. Los empresarios pueden hablar de lo que no funcionó en su empresa de una manera que alguien que opera desde la teoría o la observación no puede hacer.

Es difícil encontrar a alguien que reúna las tres características (teoría, testimonio y aplicación). Muchas personas que hacen vídeos para colgarlos en YouTube se encuentran en la categoría de la teoría o la del testigo; muy pocas en la de la aplicación. Por lo tanto, insisto en que indagues un poco para saber en qué categoría se ubica un mentor potencial. Los tres niveles pueden ser útiles, aunque la categoría *aplicación* es la mejor con diferencia, sobre todo cuando uno intenta abrirse camino en los períodos difíciles. Esta es la razón por la que el gran maestro Magnus Carlsen contrató al que había sido su rival, el campeón mundial Garry Kasparov, como entrenador.

■ ■ ■ ■ ■ ■

El juego de los negocios puede ser desagradable a veces. Si tienes mentalidad de guerrero, no te lo tomarás como algo personal. Tus competidores pueden hacer que te sientas frustrado, enojado y confundido. Casi puedes tener por seguro que te van a dar golpes bajos. Igualmente, una de las personas con las que más cuentas —un empleado al que cuidaste, ayudaste a crecer y apoyaste en sus momentos difíciles— puede irse de repente; entonces sentirás el aguijón de la ingratitud. También puede ser que tengas en contra un grupo de consumidores activistas o una agencia gubernamental; crees que te están señalando y te están creando dificultades movidos por el rencor solamente.

Reconoce lo improductivo que es tomarte las cosas de forma personal. Tu ego es tu enemigo. Además de los aspectos desagradables asociados a la construcción de una empresa, también están los aspectos caóticos. Esta tarea no implica un esfuerzo cognitivo únicamente, sino también emocional. Cuando te tomas las cosas personalmente, te sumerges en el caos y no puedes pensar con claridad. Te vuelves furioso y vengativo.

Por más difícil que sea, toma distancia y analiza las situaciones. No dejes que la furia o la vergüenza dicten tus decisiones. No estoy diciendo que te despojes de toda emoción; tienes derecho a experimentar cualquier sentimiento que tengas. Pero no dejes que estos sentimientos nublen tu juicio. Los mejores emprendedores son capaces de dejar de lado sus reacciones emocionales y tomar decisiones objetivas en medio del caos.

Muéstrame un director ejecutivo exitoso con décadas de longevidad y te mostraré un director ejecutivo que se ha mantenido paranoide. Ser un CEO significa conectar los puntos y hacer las cosas de una manera que no se ha hecho en el pasado. Mantente alerta; permanece vivo.

CUARTA JUGADA

Domina la estrategia de la escalabilidad

ESCALAR PARA CONSEGUIR UN CRECIMIENTO EXPONENCIAL

1. Decide cómo vas a potenciar la rentabilidad de tu negocio. Ejecuta estrategias de crecimiento exponencial y lineal. Dirige a las personas exigiendo que den lo mejor de sí mismas y haciendo que se responsabilicen de su rendimiento.

HAZTE AMIGO DEL *MOMENTUM* Y PREPÁRATE PARA EL CAOS

2. Diseña estrategias para aumentar la velocidad de crecimiento sin que tu empresa colapse debido a ello. Busca formas de comprimir los marcos temporales. Mantén tu ego bajo control para evitar tentaciones y ser tu peor enemigo.

DISEÑA SISTEMAS PARA REALIZAR UN SEGUIMIENTO DE TU NEGOCIO

3. Decide cuáles son las fórmulas más importantes de tu negocio y síguelas religiosamente. Recopila lo que tienes en la cabeza en manuales en los que transfieras tus conocimientos. Determina si hay que contratar a alguien para que ayude a implementar esta transferencia de conocimientos.

MANTENTE PARANOIDE; UN GRAN MAESTRO NUNCA BAJA LA GUARDIA

4. A medida que tu empresa crezca se volverá más vulnerable. Sé consciente de los flancos por los que puedan atacarla y mantente en guardia. Ponte todo el rato en el lugar de tus enemigos y pregúntate qué harías para llevarte a la ruina si fueras ellos. No te lo tomes como algo personal cuando traten de hacer precisamente esto.

DOMINA LOS JUEGOS DE PODER

13

Cómo vencer a Goliat y controlar el relato

No soy un hombre de negocios. Soy un negocio, hombre.

—Jay-Z

En el terreno empresarial todo el mundo tiene un Goliat, y no siempre es la empresa más grande del sector. Tu Goliat podría ser una empresa que está ganando cuota de mercado en una región en particular o podría ser un vendedor de tu departamento de ventas que tenga más experiencia que tú y unas cuentas más grandes y lucrativas.

Antes de decidir enfrentarte a Goliat, debes saber que Goliat es más grande que tú y tiene más capital, experiencia y recursos (especialmente abogados) que tú. Goliat también tiene una reputación y una marca bien conocidas. En consecuencia, Goliat está más relajado que tú.

Si, sabiendo todo esto, todavía quieres asumir el compromiso de enfrentarte a Goliat, será mejor que sepas cuáles son los obstáculos a los que te enfrentas. Con suerte, también verás una oportunidad. Si Goliat está relajado y, por lo tanto, es menos paranoide, esto te dará la ocasión de realizar tu(s) jugada(s).

Hay algo que quiero que tengas muy claro: esta guerra no es para todo el mundo. Las probabilidades de vencer a un verdadero Goliat están en tu contra. ¿Quién habría pensado que el pequeño Walmart prácticamente podría llevar a Kmart a la quiebra? Por cada historia como la de Amazon, Microsoft y Google, hay decenas de miles de historias de personas y empresas que lo perdieron todo. Vencer a Goliat es factible, pero para intentarlo tendrás que ser alguien que pueda tolerar el dolor. Si todavía estás pensando en meterte en estas lides, sigue leyendo.

LOS EFECTOS DE ENFRENTARSE A UN GOLIAT EN EL TERRENO EMPRESARIAL

1. **Tendrás miedo.** La idea de perder dinero puede ser aterradora, pero para tu ego puede ser aún más doloroso exponerte y fallar.

2. **Tendrás ataques de pánico y ansiedad.** Si no te ocurre, no hay duda de que no te has expuesto verdaderamente. Exponerte significa que tienes que dedicar todo lo que tienes a la causa. Esto te va a provocar un estrés tremendo.

3. **Sufrirás acoso y se reirán de ti.** Esta será una consecuencia no solo de tratar de enfrentarte a Goliat, sino también de pensar que es posible pelear con él. Esto hará que se fijen mucho en ti en un sentido negativo, por lo que será mejor que te prepares para este escenario.

4. **Tienes que estar un poco loco.** En este caso, te irá bien ser presa de la locura. Será mejor que estés un poco «desconectado de la realidad» si crees que puedes destronar a Goliat.

5. **Tendrás que trabajar diez veces más duro de lo que crees.** Justo cuando creas que has llegado a tu límite, tendrás que multiplicar tu esfuerzo por diez para derrotar a Goliat. El tiempo con tu familia, por supuesto, se reducirá, y puedes olvidarte de cualquier pasatiempo (estas son las razones por las que esta guerra no es para todos).

6. **Tendrás que mantenerte saludable para tener la energía que te permita seguir compitiendo.** He trabajado hasta agotarme y ser hospitalizado varias veces. Esto me ha ayudado a volverme tolerante al trabajo duro, ya que cada vez he regresado con más fuerza. No te digo esto porque quiera que temas agotarte, sino para que puedas estar preparado para el agotamiento cuando estés en medio de la batalla contra Goliat.

Cuando analizamos la metodología para despejar la X en la segunda jugada, te conté la historia de cómo Aegon me demandó justo cuando acababa de crear mi empresa, lo que estuvo a punto de llevarnos a la quiebra. Goliat me tenía agarrado del cuello y casi me dejó fuera de combate. Cuando hube escapado, confié en que podía vencer a Goliat. Y lo que es aún más importante, entendí *por qué* se le podía ganar.

Las razones por las que se puede vencer a los Goliats

¿Sigues sin tener miedo? Me alegra oír esto, porque estoy a punto de darte la buena noticia: si estás preparado para la batalla, puedes ganar. Este es el motivo: los Goliats tienden a ablandarse cuanto más ganan y con el tiempo dejan de trabajar tan duro como antes. Los Goliats no suelen acudir a los métodos de *marketing* más actuales, ya que rara vez hablan directamente con los clientes. Goliat no es tan ágil como tú. Y tiene demasiado que perder para correr riesgos.

Goliat no puede reclutar a los locos hambrientos, porque a los locos les encantan los desvalidos que aspiran a acabar con un Goliat. Prefieren enfrentarse a Goliat que unirse a él. Esto explica por qué tantas personas criticaron a Kevin Durant cuando se unió a los Golden State Warriors un año después de que rompieran el récord de la NBA con setenta y tres victorias en una temporada. También puede explicar por qué Durant dejó a «Goliat» después de ganar dos títulos en tres temporadas.

Incluso si estás preparado para el desafío, siempre debes respetar a Goliat. Un ápice de complacencia y te dejará inconsciente. Los Goliats no llegaron donde están por pura suerte. Son formidables por una razón. Esto hace que sea mucho más gratificante derrotarlos. A continuación te muestro cómo puedes hacerlo.

UNA DOCENA DE FORMAS DE VENCER A GOLIAT

1. **Conoce tus puntos débiles.** Conocer tus puntos fuertes es fácil, pero conocer tus puntos débiles te permitirá ser ágil y pivotar cuando te enfrentes a tu Goliat.

2. **Conoce los puntos débiles de Goliat.** No puedes atacar sus puntos fuertes. Debes encontrar su talón de Aquiles y aprovecharlo.

3. **Domina tres cosas que puedas hacer mejor que él.** Tú estableces los términos de tu batalla en el mercado. Usa tus puntos fuertes para dominar tres cosas que Goliat no pueda hacer y hazlas mejor de lo que él podría hacerlas.

4. **No intentes ser Goliat.** Puedes aprender jugadas y obtener información de Goliat, pero si sigues su ejemplo, ¿cómo vas a derrotarlo? Tienes que sacar partido de tus puntos fuertes, no de los puntos fuertes de los demás.

5. **Enfócate en la especialización.** Los Goliats tienden a generalizar para extender su influencia y su poder. Tienes que especializarte para quitarles cuota de mercado.

6. **Si eres pequeño, transmite la impresión de que eres más grande.** Camina erguido y no te dejes intimidar por el tamaño y la fuerza de Goliat. Encarna tu verdad futura y compite como si fueras tú quien tiene ventaja.

7. **Mantén un perfil bajo inicialmente.** Necesitarás mucha ayuda y también tiempo para mejorar. No desperdicies tus primeros años sacando de quicio a la gente y haciendo ruido.

Trabaja en tu negocio antes de buscar un Goliat con el que luchar.

8. **Muévete con rapidez.** Usa tu mayor fuerza y velocidad contra Goliat. Él no puede moverse tan rápido como tú.

9. **Asóciate con competidores que tengan un enemigo común.** Los Goliats se crean muchos enemigos. Busca crear sinergias con estos enemigos y construye alianzas estratégicas.

10. **Estudia historia.** La historia puede aportarte un contexto y estrategias en las que nunca pensaste en tu lucha contra Goliat. El conocimiento está disponible para que lo coseches; disponer de él solo puede beneficiarte.

11. **Deja que otros competidores desgasten a tus oponentes.** Los Goliats deben defenderse de muchos competidores, y no siempre es necesario estar en primera línea. Retroceder y dejar que otra empresa sea el centro de atención puede ayudarte a enfocar mejor tus recursos y darte ventaja sobre Goliat.

12. **No reveles todos los aspectos de tu estrategia.** Un gran maestro no necesita que se le aclare este concepto.

El control del relato

Es hora de que pienses en qué vas a transmitir al mundo y cómo vas a hacerlo, ya que vas a ser el centro de todas las miradas. Si no hablas sobre aquello en lo que crees, cuáles son tus puntos de vista y cómo eres como individuo, será el mundo el que decidirá cómo eres. Depende de ti controlar el relato y hablar de aquello con lo que estás lidiando. Si no lo haces, otros lo harán.

Las redes sociales son el gran igualador.

Cuando fundé mi agencia, Goliat usó todos los recursos que tenía a su disposición para intimidarme. Mis competidores dijeron cosas horribles sobre mí e inventaron rumores desagradables que fácilmente podrían haber arruinado mi reputación. Fue entonces cuando comprendí totalmente que si usaba bien las redes sociales podría controlar el relato.

Hay muchos tipos de intimidación; esto es algo que ha evolucionado a lo largo de los años. Si tu empresa es pequeña, difamarán tu carácter y difundirán rumores. Me di cuenta de que la forma de contraatacar era controlar el relato.

Cuando las personas oían cosas horribles sobre mí, acudían a Google para confirmar sus sospechas. ¿Y qué encontraban? Que el monstruo del que habían oído hablar era muy diferente del tipo que estaban viendo en línea. Pude controlar el relato y, en consecuencia, muchas de las personas que habían oído chismes negativos sobre mí terminaron asociándose conmigo.

Piensa en lo diferente que era esto en el mundo anterior a Internet. Steve Jobs tuvo que llamar a *Playboy* para pedirle que escribiera una historia sobre él que transmitiera su relato. Desde que Jobs hizo la entrevista hasta que la gente la vio, ¡pasaron dos meses! Ahora transcurren dos milisegundos desde que escribes algo en línea y la gente lee lo que has escrito.

Goliat puede gastar millones de dólares en relaciones públicas. Mientras tanto, tú puedes grabar un vídeo con un iPhone, hacer que lo vea más gente y tener un mayor impacto.

■ ■ ■ ■ ■ ■

Cuando publiques contenido en línea, muéstrate tal como eres. Nos han lavado el cerebro diciéndonos que para mostrarnos profesionales solo debemos ofrecer nuestra mejor cara. El problema es que la gente no conecta con los robots perfectos. Conecta con la totalidad de las personas. Habla de tus errores y muéstrate vulnerable. Si solo hablas de lo que haces bien, generarás rechazo. No hay manera de que alguien pueda llegar a la cima sin cometer errores. La gente se identifica más contigo cuando hablas de tus momentos bajos.

Las personas también se identificarán contigo si las invitas a cuestionar tus puntos de vista. Pídeles que compartan sus pensamientos. Pídeles recomendaciones específicas para resolver problemas. Con esto conseguirás dos cosas: la primera, aprenderás algo. La segunda, conseguirás que más espectadores o lectores estén pendientes de tu actividad en Internet.

Otra clave para conectar con tu audiencia es la constancia. Tu público debe saber cuándo va a tener noticias de ti; debes determinar con qué regularidad vas a ofrecer contenidos. Por ejemplo, hay dos autores superventas que tienen enfoques diferentes. Las personas que siguen a Seth Godin saben que pueden esperar una publicación breve y reflexiva cada día en su blog. Daniel Pink, por otro lado, envía su Pinkcast cada dos semanas. La clave de ambas estrategias es que el público de cada uno tenga una expectativa que se cumpla.

Una postura indisociable de la constancia debe ser la integridad. Sobre todo a medida que ganes seguidores, recibirás propuestas para promover a otras personas. **No prostituyas tu marca.** Si vas a aceptar un patrocinador, los valores de esa marca deben ser coherentes con los tuyos. Tus seguidores te apreciarán si mantienes un mensaje sólido y no te vendes. Esto requerirá que retrases la gratificación y rechaces el dinero rápido en favor de conservar tu integridad, lo cual te beneficiará a largo plazo.

Sé atrevido al autopromocionarte

La primera regla de la autopromoción es que no hay que tener vergüenza. Lo que frena a las personas es el miedo a que las juzguen. Los visionarios han superado este miedo. Uno no puede temer los juicios de los demás cuando se promociona a sí mismo. Se trata de que la gente se fije en ti. Phil Knight, de Nike, se promociona sin reparos, y lo mismo hacen Jerry Jones, de los Dallas Cowboys; Dwayne «The Rock» Johnson, o Kevin Hart. ¿Crees que Hart llegó a tener casi cien millones de seguidores en Instagram siendo tímido? Si no eres atrevido, nadie va a saber cómo eres.

Lo que nos impide ser atrevidos es el miedo a la humillación. ¿Y qué si te humillan? ¿Conoces a alguien que no haya sido humillado? No se exponen a humillaciones las personas de las que nadie sabe nada, las que se esconden en empleos seguros. Cuando digo que seas atrevido no quiero decir que debas presumir. Quiero decir que debes hacer todo lo que puedas (sin salir del marco de tu relato y tu marca) para asegurarte de que te miren. La autopromoción es un tipo de arte.

Tal vez te sientas incómodo hablando bien de ti mismo, pero puedes hacerlo de manera sutil a través de las historias que cuentes. Pongamos por caso que estás en el despacho de un abogado o una abogada y tiene algunas placas en la pared. Podrías decir: «¡Estas placas son impresionantes! Oiga, puedo decirle que ser reconocido como uno de los mejores abogados requiere mucho trabajo. Es algo que respeto, porque cuando obtuve mi placa por ser el principal agente de nuestra empresa, recuerdo el esfuerzo que me llevó llegar ahí. Pero, absurdamente, muchas veces la gente no es consciente del esfuerzo que se realiza tras las puertas cerradas. Así que le aplaudo por lo que hizo».

Otra forma de autopromocionarse es efectuar predicciones. Haz algunas predicciones basándote en tu intuición y tus investigaciones. ¿Por qué es importante hacer esto? Porque solo con que algunas de tus predicciones se hagan realidad, ganarás credibilidad y parecerás una persona sabia.

Tal vez estarás pensando: «Qué consejo tan tonto, Pat. ¿De verdad me estás diciendo que me exponga? ¿Qué pasa si me equivoco y acabo humillado?». Considera la alternativa: no equivocarte nunca y que nadie sepa quién eres.

Conor McGregor, excampeón de la UFC, dijo: «Soy arrogante en las predicciones. Tengo confianza en la preparación, pero siempre soy humilde en la victoria o la derrota». McGregor se expone sin reparos y, gane o pierda, siempre controla el relato con sus predicciones audaces.

Los grandes promotores inmobiliarios también efectúan predicciones. Y los grandes corredores de bolsa. Ellos mismos se ponen bajo el foco. ¿Crees que Jim Cramer consiguió un programa de televisión por ser tímido o no arriesgarse? Su programa no se llama *Shy Money* ('dinero tímido'), sino *Mad Money* ('dinero loco'). Hace que la gente hable de él. Algunos dicen que es un idiota; otros confían mucho en sus consejos. Nunca he conocido a Jim Cramer, pero puedo apostar que se ríe todo el rato de camino al banco.

No tengas miedo de hacer predicciones dentro de tu sector. Piensa, eso sí, en cómo las formulas. Estos son algunos títulos de artículos del célebre asesor de inversiones Peter Schiff:

- «Peter Schiff: las tasas de interés negativas son una estupidez».
- «Peter Schiff: las únicas personas que van a ganar son las que compraron oro y plata».
- «Peter Schiff: lo que sea que vaya a hacer la Reserva Federal apestará hasta el cielo».

Schiff lleva décadas expresándose en estos términos. A veces tiene razón y a veces no. Pero siempre está bajo el foco. Se autopromociona. Hace predicciones audaces. En consecuencia, se lo asocia con la inversión en oro. Cuando un programa de televisión de tipo financiero busca un experto en oro, llama a Schiff.

Me doy cuenta de que he puesto muchos ejemplos. En resumen, los principios más importantes para manejarte en las redes sociales son estos:

- Ten personalidad.
- Sé audaz.
- Sé impetuoso (si eres así).

- Di cosas interesantes de una manera interesante.
- Presume de ti mismo cuando tengas razón.
- Búrlate de ti mismo cuando te equivoques.
- Acepta la derrota cuando te equivoques.

Tienes que promocionarte todo el rato. Aquí tienes otra técnica. En lugar de mencionar nombres, menciona libros. Pongamos por caso que, en medio de una reunión, dices lo siguiente en respuesta a un comentario: «Uno de los libros que leí era tal. En él se habla de esto, y siento que esto es lo que está pasando aquí con la empresa. Os recomiendo ese libro». Si las otras personas que participan en la reunión son ambiciosas, escribirán el nombre del libro. Si puedes recomendar dos o tres libros en una conversación que tengas con alguien sobre asuntos empresariales, esa persona pensará que eres un autodidacta instruido. Si tienes un título universitario o no es irrelevante.

La siguiente manera de autopromocionarte es tener opiniones sólidas sobre temas que pertenezcan a tu área de especialización. Por ejemplo, puedes decir que no estás de acuerdo con el rumbo del mercado o hablar sobre uno de los errores que está cometiendo el sector. Magníficos lugares en los que hacer esto son tu blog, tu videoblog o tu sección de *podcasts*. Cuando surja el tema, puedes decir: «Ah, hace poco escribí una entrada de blog sobre esto. Generó mucha controversia, porque dije tal y tal. Te lo enviaré para que puedas leerlo».

Escribí un artículo sobre por qué ser propietario de una vivienda no forma parte del sueño americano. Causó impacto. Fox y la CNN se pusieron en contacto conmigo. El *Denver Post* publicó una crónica sobre ese empresario que no creía en tener la vivienda en propiedad. Esa era mi opinión. En ese artículo que suscitó tanta controversia escribí que el verdadero sueño americano no es ser propietario de una vivienda, sino ser emprendedor. Por lo tanto, comparte tus pensamientos y opiniones, y después promociona los artículos que escribas.

Eso sí, debes tener un grado de certeza en aquello de lo que hables. La gente puede notar la diferencia entre la certeza y la incertidumbre. En efecto, no es muy difícil saber si alguien está o no seguro de lo que dice. El solo hecho de gozar de certeza es un tipo de autopromoción.

No te excedas y no inventes cosas. Ten una opinión, cuenta con datos que la respalden y expresa esa opinión con certeza.

Te reto a que te autopromociones. Deja a un lado tu miedo a que te juzguen y exponte. Di o haz algo audaz. Deja que la gente sepa cómo eres y qué es aquello en lo que crees.

Haz que tu marca sea coherente con tu visión maestra

Cuando comencé a crear contenido para YouTube, llamé Patrick Bet-David al canal y «Dos minutos con Pat» a la sección de publicaciones. A medida que fui pensando más en mi visión para ofrecer contenidos, me di cuenta de que el canal era una herramienta educativa. Quería aportar valor y entretenimiento para inspirar a emprendedores de todo el mundo.

Mi razón *desinteresada* para crear contenidos era aportar algo. Quería ofrecer todo aquello que me habría gustado saber cuando pasé de vendedor a empresario y después a director ejecutivo. Escribí una lista con las preguntas que me hice en cada fase de mi carrera profesional en los momentos en los que me sentí impotente y desorientado, y me dispuse a responderlas. Además, me comprometí a hacerlo de una manera que fuera interesante. Muchos de nosotros lo pasamos mal en la escuela porque las clases eran muy aburridas. Quise crear contenidos que las personas tuviesen ganas de ver; contenidos de los que pudieran aprender a la vez que pasaban un buen rato.

También tenía dos razones *egoístas* para crear contenidos. Una era que mis hijos y (futuros) nietos tuvieran acceso a lo que yo pensaba sobre la vida. Visualicé a mis hijos devorando los contenidos, tal vez en un momento en que pensaran que no estaba muy contento con ellos, y dándose cuenta de que su padre los quiere.

¿La segunda razón? Lo has adivinado: para controlar mi relato.

Volviendo a las razones empresariales por las que creé Valuetainment, me di cuenta de que para estimular la escalabilidad de la marca tendría que apartar el foco de mí y dirigirlo a mi visión.

Supongo que has visto enseguida cuál era el problema. El título de la sección de vídeos semanales («Dos minutos con Pat») giraba en torno a mí; no tenía nada que ver con mi visión.

Me has oído hablar apasionadamente sobre cómo pensar como un gran maestro de ajedrez. Cuando se trata de lanzar una nueva idea con una gran visión, hay que ponerse a pensar como un gran maestro y planear las próximas quince jugadas. ¿Se te ocurren algunas? ¿Puedes ponerte en mi lugar en ese entonces y elaborar una estrategia para pasar de ser un emprendedor en solitario con dificultades que hace vídeos a ser un referente educativo? Supongo que incluso estarás pensando en algunas cosas que pasé por alto. Cuando veas mi lista, probablemente señalarás puntos débiles en mi estrategia, lo cual estará muy bien.

A continuación puedes ver el plan que implementé para llevar mi sección de vídeos al punto en el que se encuentra en la actualidad.

QUINCE JUGADAS PARA TRANSFORMAR UN PEQUEÑO VÍDEO SEMANAL EN UN CANAL ENFOCADO EN EL EMPRENDIMIENTO

1. Pasar tiempo a solas para definir bien la visión.
2. Consultar con el equipo creativo para pensar en nuevos nombres para el canal.
3. Comprar y estudiar todos los libros existentes sobre *marketing* y medios.
4. Identificar cómo no queremos ser en la misma medida que identificamos cómo queremos ser.

5. Hacer que el canal esté centrado en la misión y no en mi personalidad.

6. Crear un logotipo, un nombre y un sitio web nuevos apropiados para un referente educativo.

7. Asistir a conferencias del ámbito de las redes sociales para aprender una diversidad de estrategias.

8. Empezar a aprender el lenguaje de los medios y a saber qué aspectos deben ser objeto de seguimiento.

9. Contratar a otros para que lleven las áreas que no se nos dan muy bien. En los próximos noventa días, contratar un experto en optimización de motores de búsqueda.

10. Incrementar gradualmente el ritmo de publicación de contenidos.

11. En los próximos treinta días, contratar un editor a jornada completa.

12. Elaborar una estrategia para Instagram, Twitter, Facebook y YouTube, y prepararnos para actuar rápidamente si la próxima aplicación de redes sociales supera a las cuatro grandes.

13. Presentarme como un experto en el mercado. Escribir un artículo como experto y publicarlo en múltiples plataformas.

14. Establecer unos criterios claros sobre el tipo de invitados que traer al programa; no pueden desentonar con la marca Valuetainment.

15. Esta jugada la mantendré en secreto por ahora; no tardaré en revelarla.

¿El resultado de esas quince jugadas? Cambiamos el nombre por Valuetainment, y el resto es historia. Hoy, *valuetainers* de todo el mundo han visto miles de millones de minutos de contenido. Ha ocurrido algo fascinante, y es que cada vez que he elegido abordar un tema nuevo ha aparecido un público nuevo. Esto ha dado lugar a muchos acuerdos comerciales y ha sido una fuente de contactos; todo ello ha ayudado a cimentar la marca y, como efecto secundario, a generar negocio en mi empresa. En marzo de 2020 tenemos más de dos millones de suscriptores en YouTube[*] y somos el canal líder en materia de emprendimiento.

Apaga el ruido y prescinde de lo que no es útil

En 2005, la National Science Foundation ('fundación nacional de ciencias') publicó un artículo en el que se afirmaba que la persona promedio tiene entre doce mil y sesenta mil pensamientos al día. De ellos, el ochenta por ciento son negativos y el noventa y cinco por ciento son exactamente los mismos que los del día anterior.

Apagar el ruido es una gran jugada de poder. Cuando empieces a controlar tu propio relato, también deberás reducir el tiempo que dedicas a prestar atención al ruido que hacen los demás. ¿Crees que los grandes pensadores prestan atención a los chismes sobre las celebridades? ¿Crees que se obsesionan con las noticias? Leen la información destacada por la mañana porque tienen que mantenerse informados sobre los sucesos de actualidad, pero no pierden el tiempo con teorías conspirativas o haciendo clic en enlaces que los llevan a otros lugares. Esto es demasiado ruido.

También te conviene desconectar del ruido que hacen los amigos negativos y las personas que no saben pensar en grande. Desconecta del ruido que hacen los familiares que no apoyan lo que quieres hacer. Ni siquiera menciones ideas frente a ellos si sabes que solo responderán con negatividad. Apaga el ruido. Aléjate de cualquier distracción y de la negatividad. Recuerda que hay una gran diferencia entre que alguien manifieste una crítica constructiva y que alguien se muestre totalmente negativo.

También tienes que prescindir de lo innecesario en tu vida. Si jugar a videojuegos no es la forma en que planeas ganar dinero, prescinde de ellos. Si tienes varios novios o novias o vas de fiesta a

---

[*] N. del T.: En abril de 2022, la cantidad de suscriptores al canal es ya de 3,34 millones.

un club nocturno tres veces por semana, pon fin a esta dinámica. Si publicas veinte *selfies* al día o miras cómo le está yendo a tu equipo favorito en el partido cada treinta segundos, deja de hacerlo. Si tienes malos hábitos o vicios que nadie conoce, busca la forma de controlarlos.

Debes poner fin a cualquier cosa que te impida pensar en grande. Sabes exactamente de lo que estoy hablando; no tengo que explicártelo. Piensa en ello. Ahora mismo estás pensando en aquello de lo que debes prescindir. Estas cosas en las que estás pensando, sácalas de tu vida, ahora mismo. Te están frenando y no merecen que les dediques tiempo. No te proporcionarán tanta satisfacción como pensar en grande y ejecutar tu visión.

Déjame darte un ejemplo. Me encantan las mujeres. Cuando era más joven y estaba soltero, si querías a alguien con quien ir a la discoteca y pasar un buen rato, yo era ese tipo. Me estaban entrevistando en un programa de radio y estaba hablando de mis planes y metas cuando uno de los anfitriones me preguntó:

—¿Cuál fue el mayor cambio que se produjo en tu vida?

Respondí:

—Cuando tenía veintitantos años, tomé la decisión de no volver a tener relaciones sexuales hasta haber ganado mi primer millón.

—¡Por lo tanto, debiste de ganar ese millón muy deprisa!

Lamentablemente, no fue así. «Ayuné» durante diecisiete meses. Fue difícil. Pero con esta decisión conseguí dos cosas. Por una parte, adquirí la disciplina y la motivación que necesitaba para lograr mi objetivo. Por otra parte, me vi obligado a dedicar el tiempo a lo que importaba. Antes de establecer esa meta, pasaba muchas horas en clubes, por no hablar de toda la energía mental que me exigía el hecho de conocer y cortejar mujeres. Eso no era más que ruido. Cuando hube reemplazado ese ruido por actividades generadoras de ingresos, mi productividad se disparó y finalmente conocí a mi esposa y me establecí con ella.

No hay margen de error si quieres derrotar a Goliat. No puedes permitirte el lujo de perder el tiempo si quieres tener éxito al más alto nivel. Perder el tiempo también afecta a tu estrategia en las redes sociales. Gracias a Dios, Instagram aún no existía en esos tiempos en que salía de fiesta; en caso contrario, encontrarías algunas fotos extrañas en las redes sociales.

No te estoy diciendo que debas hacer exactamente lo que yo hice. No soy un tipo convencional, y lo que me funcionó a mí probablemente no te funcionaría a ti. Te diría que si eres consciente de cuál es tu debilidad (atiborrarte de postres, ver la televisión en exceso, seguir obsesivamente los deportes), te enfoques en eso. Algunas personas consideran normal pasarse todo el domingo viendo fútbol y otras tres horas y media viendo el partido de los lunes por la noche de la NFL. Esto son más de trece horas. Tal vez podrías seguir viendo los partidos de tu equipo favorito, pero no los demás; entonces, si te limitases a ver un partido a la semana, conseguirías diez horas de tiempo cada semana. ¿Te imaginas lo que significaría añadir un día completo a tu semana laboral?

La autodisciplina puede adoptar muchas formas. Puedes imponer límites a la cantidad de tiempo que pierdes navegando por Internet. Puedes dedicar cinco horas al día a trabajar en la tarea más importante para tu negocio. Puedes evaluar las amenazas que acechan a tu empresa una vez al día por lo menos. Ser riguroso con este tipo de acciones dará sus frutos. Ejercer la autodisciplina da como resultado la excelencia continua.

La verdad futura frente a las afirmaciones positivas

Acabamos de ver que tienes hasta sesenta mil pensamientos al día. Lo que pasa por tu mente importa, y mucho.

Las afirmaciones positivas se han puesto de moda a partir del éxito descomunal del libro y la película *El secreto*. La gente ha empezado a creer que las palabras son tan poderosas que podemos hacer que las cosas existan al nombrarlas. Para mí, la ley de la atracción es real y a la vez no se ha comprendido bien. Por eso quiero que entiendas la diferencia que hay entre vivir tu verdad futura y usar afirmaciones positivas.

No estoy en contra de las citas motivadoras o los mensajes positivos, pero encuentro que son inútiles si no están respaldados por la emoción y la convicción. Tienes que encontrar la afirmación correcta junto con una historia de validación que haga que sea real para ti. En lugar de decir «soy genial, soy poderoso, tengo abundancia», podrías decir «soy poderoso porque en el momento en que mi familia necesitó que la ayudara di un paso al frente y manejé la situación».

Piensa en un director que intenta convencer a un actor de que actúe emocionalmente. Con este fin, debe lograr que acceda a sus sentimientos. Para hacer lo mismo en favor de tu propia causa, debes hacer lo siguiente:

HAZ UN INVENTARIO MENTAL Y ESCRIBE:
1. Los cinco momentos más dolorosos que has vivido.
2. Los cinco momentos de mayor éxito que has vivido.
3. Cinco momentos en los que te sentiste invulnerable.

ESTABLECE LAS AFIRMACIONES E INCLUYE LA VALIDACIÓN:
1. Empieza con las palabras: «Seré un gran líder» o «Voy a protagonizar el mayor resurgimiento de todos los tiempos».
2. Añade la historia, basándote en tu dolor y tus triunfos. Usa la palabra *porque* para proporcionar la demostración: «... porque sobreviví a eso», «... porque ya he pasado por esto antes», «... porque he superado cosas peores».

La gente me pregunta qué me dio la confianza para ser la persona que soy actualmente. Fueron cuatro cosas:

1. El destino: creo que estoy destinado a hacer algo grande.
2. La fe: creo que un poder superior me respalda.
3. Definí lo que quería y lancé mi visión. Le dije al mundo adónde quería llegar y aparecieron las personas adecuadas.
4. Creo que soy el hombre más afortunado del mundo.

Todo consiste en que encarnes tu verdad futura, ahora mismo. Cuando imaginas tu verdad futura, ya tienes lo que quieres. A partir de este momento, ya solo se trata de que te conviertas en la persona que debes ser para que eso se haga realidad.

En la película *Swingers*, de 1996, hay una escena que ejemplifica de manera magnífica esto que estoy diciendo. En esta escena el personaje interpretado por Vince Vaughn, Trent, está asesorando al personaje interpretado por Jon Favreau, Mikey, sobre cómo conocer mujeres. Mikey tiene miedo y es tímido. Parece estar a años luz de convertirse en un tipo seguro de sí mismo. Pero quiere impresionar a una mujer *ya*, no después de años de entrenamiento. Trent lo sabe, y en lugar de decirle a su amigo que actúe como si fuese alguien seguro de sí mismo, usa la emoción para instar a Mikey a encarnar su verdad futura. Como un entrenador que le hablase a un jugador o un director que le hablase a un actor, le dice:

> Cuando vayas a hablar con ella, tío, no quiero que seas el tipo de las películas para mayores de trece años que todo el mundo espera que triunfe. Quiero que seas como el tipo de las películas para adultos, ¿sabes? El tipo que aún no tienes claro si te gusta o no. No tienes claro de dónde viene, ¿de acuerdo? Eres un hombre malo. Eres un hombre malo. Eres un hombre malo.*

Esto no es psicología profunda; es una jugada de poder de sentido común. Si no te crees digno, los demás tampoco lo harán. Si no

---

* N. del T.: Hasta donde sabemos, esta película no se dobló al castellano. Traducimos directamente la cita original.

crees en tu producto (o en ti mismo), ninguna otra persona lo hará tampoco. Si te ves como un vagabundo, vas a actuar como un vagabundo y la gente te percibirá como un vagabundo. Como vemos en esta escena de la película, a menudo necesitamos un consejero que nos impulse a encarnar nuestra verdad futura.

Si vas a «decir tu historia para hacer que exista», será mejor que tengas la historia correcta y las emociones que la apoyen. Y si vas a transmitirla al mundo, será mejor que la respaldes viviéndola. Esta es la forma de controlar el relato de tu vida.

Crecimiento progresivo: ¿cuánto peso puedes levantar?

Espero que tu mente esté corriendo a mil por hora. Quiero que estés tan entusiasmado que aprietes el pie contra la garganta de Goliat hasta que suplique clemencia. Espero que ya hayas hecho una predicción audaz en las redes sociales y hayas tomado medidas para controlar tu relato. También entiendo que todo esto te pueda parecer abrumador. Por lo tanto, vamos a retroceder un paso y a recordar que requiere tiempo. En lugar de sentirte abrumado, empieza a descomponer tus metas en pequeños pasos.

Cuando tenía catorce años, medía más de metro ochenta y solo pesaba sesenta y un kilos. En otro momento mencioné que nuestra familia no podía pagar la cuota mensual de 13,50 dólares de la YMCA. Probablemente porque estaba tan flaco, algunos de los muchachos se apiadaron de mí y abrieron la puerta trasera para que me colara. Toda la gente del lugar me llamaba «el somalí». No es un término agradable ni políticamente correcto, pero transmitía la impresión de que parecía que una brisa fuerte pudiera derribarme. Sentía vergüenza por lo flaco que estaba, así que llevaba varios suéteres para ocultar mi delgado físico.

Un tipo llamado Fred que hacía ejercicio en el lugar se interesó por mí. Cuando estábamos en la sala de pesas, advirtió que miraba a los levantadores que tenían grandes músculos. Se dio cuenta de que lo que veía me desanimaba; esos tipos parecían pertenecer a otra especie. Fred veía que me costaba levantar 20 kilos en el ejercicio conocido como *press* de banca. Solo podía levantar una vez la barra sola.

—Está bien —dijo Fred. Señaló una pesa de 2,5 libras (1,13 kilos) y dijo—: Esta es tu mejor amiga.

—¿Qué quieres decir?

—En adelante, quiero que añadas 5 libras [una pesa de 2,5 libras a cada lado] cada semana y verás qué pasa.

—Es vergonzoso —dije, refiriéndome al pequeño incremento de peso.

—No te preocupes por eso; tú hazlo y verás qué sucede.

A regañadientes, seguí el consejo de Fred. Gradualmente, pude levantar un poco más de peso cada semana. Poco a poco me fui volviendo más musculoso y más fuerte. Persistí. Seguí su consejo con devoción religiosa. Al cabo de dieciocho semanas, tal como había predicho Fred, podía levantar 61 kilos. Unos años después, estaba levantando 165 kilos. Tenía el aspecto de los chicos a los que había envidiado.

Traduce este principio de las 2,5 libras a tu empresa y tu carrera. Deja de compararte con personas y empresas que parecen estar años luz por delante de ti. En lugar de ello, enfócate en mejorar con constancia y sin pretender ir más allá de tus posibilidades.

Te garantizo que las otras personas y empresas acabarán por ser vulnerables si sigues este procedimiento. Incluso los Goliats se vuelven perezosos. Los Goliats pueden ser vencidos porque se duermen en los laureles en algún momento. ¿Recuerdas que te dije que muchas de las empresas que estaban en la lista Fortune 500 de 1955 ya no estaban en la lista de 2019?

Comprometerte con el éxito progresivo te ayudará a superar a cualquiera. Si puedes superar a los demás, los alcanzarás y los adelantarás. Tal vez sean más grandes que tú, pero llegará el momento en que reducirán la velocidad y comenzarán a celebrar sus victorias. Mientras tanto, aquellos que silenciosamente han seguido mejorándose a sí mismos y no han dejado de mejorar su empresa aparecerán de repente y los sorprenderán. El compromiso de superar constantemente tu mejor marca anterior es, con mucho, la fórmula más simple y mejor probada para finalmente alcanzar tu mejor nivel en tu sector.

■ ■ ■ ■ ■ ■

Hemos hablado de muchas cosas en este capítulo. Llegados a este punto, sé que puedes manejar el contenido.

Hemos analizado lo que se requiere para vencer a Goliat y lo que hace que Goliat sea vulnerable, así como los pasos específicos que puedes dar para vencer al gigante de tu sector.

Has dejado de lado tu miedo a ser juzgado y has visto lo importante que es la autopromoción. Puesto que comprendes que las redes sociales son el gran igualador, estás en camino de crear una estrategia que se adapte bien a tus habilidades. Así controlarás tu relato.

Si quieres alcanzar la grandeza, el margen de error es cero. No puedes permitir que los pensamientos negativos, las personas negativas o las actividades negativas te distraigan. Es hora de que seas honesto en cuanto a lo que te está frenando y lo erradiques de tu vida.

14

Estudia a los mafiosos: cómo vender, negociar e influir

Le haré una oferta que no rechazará.

—Marlon Brando como Don
Vito Corleone en *El padrino*

Al leer el título de este capítulo habrás pensado que me he vuelto loco, ¿verdad? Pero escúchame: en cierto sentido, los mafiosos son la máxima expresión del empresario. Están dispuestos a correr grandes riesgos a cambio de grandes recompensas. Y los que tienen más éxito entre ellos son negociadores brillantes. Tienen que pensar deprisa y tienen que tomar las decisiones correctas rápidamente al mismo tiempo que les llega mucha información.

Déjame dejar algo claro: no estoy sugiriendo que lleves tu empresa de una manera poco ética o incurriendo en el delito. No debería tener que decir lo obvio, pero lo haré de todos modos: estoy en contra del asesinato, la extorsión y el tráfico de drogas. Estoy en contra de infringir la ley, pero estoy a favor de infringir las reglas. Hay una gran diferencia entre ambas cosas. Para alterar un mercado o acceder a un mercado que es extremadamente competitivo, un fundador debe sentirse cómodo rompiendo las reglas. No he escrito este capítulo para respaldar a los malos, sino para mostrar qué es lo que hacen bien.

En septiembre de 2012, les pedí a todos los empleados de mi empresa que leyeran el libro *The 48 Laws of Power* (*Las 48 leyes del poder*), de Robert Greene. Mi objetivo no era que aprendiesen a manipular o a jugar sucio. Mi objetivo era que comprendiesen esas leyes *para que nadie pudiera usarlas en nuestra contra*. En cada etapa de nuestro crecimiento, otros han usado todos los trucos sucios que se exponen en el libro para tratar de derribarnos. Teníamos que comprender mejor cómo piensan esas personas para combatir sus tácticas.

Hay una razón por la que tantos directores ejecutivos y líderes consideran que *El padrino* (las partes I y II) ofrecen más formación que entretenimiento. Todas las dificultades que experimentará un CEO o un fundador aparecen en estas películas. La traición, la pérdida, el reclutamiento, la negociación, trabajar con la familia, el robo de dinero, tener que deshacerse de alguien que habla demasiado y que el éxito se suba a la cabeza son cosas con las que se enfrentan los mafiosos, y tú también te encontrarás con ellas.

Esta es la razón por la que he entrevistado a tantos mafiosos para mi canal de YouTube; tipos como Sammy «El Toro» Gravano, Frank Cullotta, Ralph Natale y el mismo Donnie Brasco, Joe Pistone. Acaso pienses que te encuentras en un campo competitivo, pero considera el hecho de que los mafiosos tienen competidores que literalmente matan para ganar. Si tú fallas, pierdes tu empresa; si ellos fallan, pierden la vida. La mayoría de los mafiosos no operan bajo ninguna ilusión; saben exactamente en lo que se meten.

La creación de redes, la negociación y la venta son jugadas potentes que tendrán un impacto enorme en tu cuenta de resultados. Los mafiosos son maestros en el reclutamiento porque saben cómo transmitir el sueño de los beneficios que tendrá para la persona unirse a su equipo. La capacidad de atraer a individuos de todos los ámbitos de la vida, influir en ellos y convencerlos es el talento especial que todo emprendedor necesita tener.

He descubierto que los exmiembros de la mafia son algunos de los mejores maestros. Como había mucho en juego en sus organizaciones, a menudo la vida misma, son expertos en comunicación, en prepararse y en conocer a la gente. También son unos psicólogos y negociadores excelentes. Estas son habilidades que cualquiera puede aprender. Estudiar a los mafiosos es una magnífica manera de empezar. Veamos cómo.

Un hombre hecho sabe cómo prepararse

Michael Franzese ha sido, supuestamente, uno de los *caporegimes* (capitanes, no jefes) que han ganado más dinero en la historia del crimen organizado. Michael se alejó de esa forma de vida y dejó atrás su pasado criminal. Aun así, ha sido comparado con el personaje ficticio Michael Corleone en las películas de *El padrino* por una buena razón: ambos Michaels tienen en común la capacidad de procesar información a la velocidad del rayo y de salir adelante en las situaciones estresantes.

Hace años, cuando Michael aún trabajaba para la mafia, fue convocado a una reunión con su jefe en Brooklyn. Recordó que el breve trayecto desde el automóvil hasta el apartamento fue la caminata más larga que jamás había dado. Su jefe lo confrontó con el rumor de que había robado dos mil millones de dólares al Gobierno. No es que a los mafiosos les importara el contenido de este rumor; solo les importaba obtener su parte en caso de ser cierto. Era una situación de vida o muerte; Michael sabía que cuando entrara en la habitación, tal vez no saldría si el jefe pensaba que estaba reteniendo un tributo.

Como lo que estaba en juego en una reunión como esa era la vida o la muerte, Michael se obsesionó con la preparación. Él no es muy fan de las listas, pero yo sí. A continuación tienes siete cosas que debes hacer antes de entrar en cualquier reunión.

SIETE PASOS ESENCIALES PARA PREPARARTE PARA UNA REUNIÓN

1. Toma en consideración las necesidades, los deseos y las frustraciones de la otra parte. Recuerda que lo que motiva a la mayoría de las personas es el miedo, la codicia y la vanidad.

2. Prevé lo que dirá la otra parte.

3. Haz un guion o un esbozo de lo que quieras decir.

4. Simula la reunión varias veces para estar preparado para distintas reacciones.

5. Pide a consejeros de confianza que te señalen tus puntos ciegos.

6. Sitúate en el mejor estado de ánimo posible antes de la reunión.

7. Fórjate la reputación de que cumples con tus promesas.

Puesto que se había preparado bien, Michael no se encogió ni tembló. Tampoco explotó. En lugar de ello, abordó la acusación de frente: «Cuando ellos [los medios] escriben sobre otra persona [otros mafiosos], es mentira. Cuando escriben sobre mí, de repente, ¿es la verdad? Les estoy dando todo este dinero [dos millones de dólares a la semana]; no tienen que hacer nada, yo me encargo de todo. [...] Si alguien cae, somos yo y mi gente. ¿Qué está pasando aquí?».

Como parte de su plan, Michael mostró algo de emoción. Cuando se estuvo preparando, decidió que el mejor plan de acción era desconcertar a su adversario. Incluso un mafioso experimentado como él tiene emociones, y no hay duda de que estaba molesto. Al procesar la situación, se dijo a sí mismo que tendría que vigilar lo que decía y hacía. Se mantuvo respetuoso con su jefe.

Tras lanzar su primer golpe, Michael se apoyó en el respaldo de la silla y escuchó. Se enteró de que toda la situación se debía a que su padre, John «Sonny» Franzese, lo había lanzado a los pies de los caballos. El padre de Michael pensó que era posible que su hijo estuviera ganando más dinero del que estaba revelando, y el objeto de esa reunión era determinar la verdad.

Imagina que estás en una reunión de vida o muerte y acabas de enterarte de que un familiar, un amigo cercano o un socio te ha traicionado. Probablemente te enfurecerías, y tu capacidad de pensar y procesar quedaría eclipsada por ese arrebato emocional. ¿Cómo podrías pensar en soluciones y en la supervivencia si la idea de vengarte invadiese todo tu espacio mental?

Aunque se sintió herido por las acciones de su padre, Michael procesó la situación como un maestro. Se mantuvo tranquilo delante del jefe y le dijo que se ocuparía del asunto. Incluso le dio las gracias por hacerle partícipe del problema. No podría haberlo hecho si no hubiera ensayado cada momento de la reunión previamente.

Cuando la reunión hubo finalizado, Michael tuvo que procesar el impacto de la noticia de que su padre lo había delatado. Sabía que no debía hablar con él hasta haber resuelto estos asuntos por su cuenta. Después de mucho pensar, aceptó las acciones de su padre. Sabía que la vida podía separar a un padre y un hijo. Se negó a permitir que eso sucediera. Nunca le mencionó el incidente a su padre. Se dijo a sí mismo: «En esta vida, aprendes a no decir las cosas hasta que es un buen momento para hacerlo. Pero esto me ha hecho darme cuenta de que tengo que ir con cuidado. Estoy muy decepcionado con él, pero no por eso he dejado de quererlo».

Las personas que procesan muy bien asumen la responsabilidad de sus actos y redirigen su frustración hacia el aprendizaje y la creación de nuevos patrones. Cuando Michael reflexionó sobre lo que había hecho su padre, dijo: «Hoy en día, casi se lo agradezco. Conocí a mi esposa dos años después de ese incidente, y fue entonces cuando tomé la decisión de alejarme. [...] Creo que esa fue la forma en que Dios hizo que cortase ese vínculo o ese dominio que mi padre tenía sobre mí».

No es fácil resolver problemas. En mitad de una situación complicada, Michael tuvo que defenderse de una manera creíble y al mismo tiempo no dar la impresión de que estaba a la defensiva.

Seguro que se arremolinaron un montón de pensamientos en su cerebro, pero los procesó bajo presión y encontró la solución acertada. Ahora bien, lo más genial fue lo que no estaba a la vista: su preparación obsesiva.

Cómo prepararse para una reunión de alto riesgo

Las cinco grandes familias de la mafia usaban un método de resolución de conflictos en los negocios llamado *la sentada*. En cierto modo, era similar a lo que se hace en las empresas, donde la gente más importante se reúne en la sala de juntas para hablar de asuntos importantes. En el mundo de Michael, el lugar de reunión solía ser la trastienda de un restaurante italiano.

Hace poco tuve una reunión en las islas Caimán con los altos ejecutivos de una de las compañías de seguros más grandes del mundo. El director ejecutivo estaba en la habitación, al igual que dos vicepresidentes ejecutivos superiores. Mi propósito era solicitar un aumento de la retribución para mi empresa.

Había mucho en juego. El peor escenario posible era que se sintieran tan ofendidos por mi petición que cancelaran mi cuenta. Esto habría sido catastrófico para mi empresa. Otro mal escenario era que se negaran a darme el aumento. Si sucedía esto, corría el riesgo de perder a muchos de mis agentes, por el solo hecho de que no tendría suficientes ingresos para pagarles tanto como mis competidores.

Era una petición difícil a unos negociadores duros en un momento complicado para mi empresa. Estos son los tipos de reuniones que pueden arruinarte emocionalmente si no tienes las herramientas para procesarlas y prepararte para ellas. Por lo tanto, seguí la primera regla de las sentadas: no asistas a una reunión desarmado. Como siempre hago, seguí los «siete pasos esenciales para prepararte para una reunión». Como cualquier gran maestro, anticipé muchas jugadas.

1. Toma en consideración las necesidades, los deseos y las frustraciones de la otra parte. Recuerda que lo que motiva a la mayoría de las personas es el miedo, la codicia y la oportunidad de salvar su reputación.

Antes de la reunión, evalué cuáles eran las frustraciones de los ejecutivos e indagué quién había emitido la mayor cantidad de pólizas para su empresa, así como la posición de nuestra empresa en relación con esta. Descubrí que en dos años habíamos avanzado vertiginosamente; habíamos pasado de ser un actor pequeño a ser la segunda firma que emitía más pólizas entre todas las compañías con las que tenían tratos.

Escribió Stephen Covey en *Los 7 hábitos de la gente altamente efectiva*: «Primero busca comprender; después, que te comprendan».* En mi caso, esto significó que procuré salir de mi propia cabeza y ponerme en su piel para ver la situación desde su punto de vista.

- Jugué con el **miedo**: perder mi cuenta habría implicado que esa empresa dejaría de ingresar millones de dólares.
- Jugué con la **codicia**: si esa empresa conservase mi cuenta, tal vez ingresaría incluso más millones de dólares en el futuro y podría ofrecer primas de siete cifras a los ejecutivos.
- Jugué a **ayudarlos a salvar su reputación**: parecerían realmente tontos si me fuera para irme con un competidor.

2. Prevé lo que dirá la otra parte.

Piensa en cómo elabora los argumentos un abogado astuto: primero tiene que pensar qué dirá la otra parte. Cuanto más puedas prever lo que dirá la otra parte y las razones de ello, mejor podrás elaborar tu historia o tu solicitud.

---

* N. del T.: Traducimos directamente la cita del autor, en inglés.

3. Haz un guion o un esbozo de lo que quieras decir.

Empecé llenando páginas con notas. Con la práctica pude ir definiendo mi mensaje con mayor precisión. No hay una forma de proceder que sea la correcta; elígela según tu estilo. A algunos oradores les gusta escribir todo su discurso, mientras que otros solo necesitan anotar los puntos destacados. Personalmente, prefiero esto último.

4. Simula la reunión varias veces para estar preparado para distintas reacciones.

El siguiente paso fue reunir un equipo y pedir a sus integrantes que desempeñaran el rol de los ejecutivos con los que me reuniría en las islas Caimán. Una vez puestos en la piel de esos ejecutivos, me hicieron preguntas y me desafiaron. De resultas de ello, modifiqué mi guion y me preparé para varios tipos de reacción.

5. Pide a consejeros de confianza que te señalen tus puntos ciegos.

En buena medida, esto se dio en el contexto del paso anterior. Para llevarlo a otro nivel, pedí su opinión a directivos de confianza que trabajaban en otros sectores para asegurarme de que no me quedase ningún punto ciego por detectar.

6. Sitúate en el mejor estado de ánimo posible antes de la reunión.

Antes de llegar al lugar de la reunión, cada detalle era importante. Volé un día antes; así estaría descansado y no tendría miedo de que un vuelo retrasado me hiciera llegar tarde. Mi forma de vestir, lo que comí y mi rutina de ejercicios contribuyeron a hacer que tuviese el estado de ánimo adecuado. Visualizar el éxito de la reunión y de mi empresa también fue fundamental.

7. Fórjate la reputación de que cumples con tus promesas.

Nada de lo anterior importa si no haces lo que ibas a hacer. Lo que menos te conviene en el mundo de los negocios es tener la reputación de ser alguien que habla mucho pero rara vez cumple.

Como me impliqué tanto en comprender la situación desde *su* punto de vista, me di cuenta de cuáles eran las imperfecciones de mi empresa y los aspectos en los que debía mejorar. Para abordar estas imperfecciones y mostrar cómo íbamos a corregirlas, llegué a la reunión con un montón de datos para reforzar mi argumentación. Tenía un plan de diez puntos preparado. Seis de esos puntos eran sobre la otra empresa y cuatro sobre la mía. Como sugerí anteriormente, en una sentada te conviene que se dedique la mayor parte del tiempo a las preocupaciones de la otra parte, no a las tuyas.

Entré en la sala y dije: «Escuchen, esto es lo que quieren ustedes, según lo que me dijeron la última vez que nos vimos. Esto es lo que les preocupa, y esto es lo que vamos a arreglar. Si hacemos lo que voy a proponer, no tendrán que contratar a más gente. Ya hice una llamada [a un proveedor de sistemas]; sé que están interesados en comprar el sistema y que les iban a cobrar una tarifa de un millón de dólares. Le genero mucho trabajo a esta empresa, y los convencí de que renunciaran a la tarifa».

Pude transmitir el mensaje con confianza y claridad porque lo había ensayado una y otra vez.

«Espera un segundo –puedes estar pensando–. Creía que entraste ahí para aumentar la retribución para tu empresa. ¿Por qué diablos empezaste diciéndoles que les dabas un millón de dólares?».

Una regla simple en el ámbito de los negocios es que para obtener tienes que dar. La mayoría de los aficionados son expertos en pedir. Lo que no hacen es ofrecer valor primero. Cuando te pones en el lugar de la otra parte y le dices cómo va a ganar dinero y a salir beneficiada, será natural que te dé lo que quieres.

A continuación les pedí que aumentaran nuestra retribución teniendo en cuenta los datos que había recopilado, los cuales mostraban por qué estaba justificado el aumento.

«Si dicen que no, no hay problema. Hay otra empresa que creo que nos dará lo que queremos. ¿Tienen alguna pregunta?».

Tenían muchas. Estuvimos debatiendo durante dos horas y media. De hecho, ya había oído antes sus preguntas, objeciones y desafíos. ¿Cómo es esto posible? Porque había simulado la situación. Como un gran maestro que siempre va varios pasos por delante, pude llevarlos adonde quería que estuvieran porque me había anticipado a sus movimientos.

En *El padrino*, Don Vito Corleone, interpretado por Marlon Brando, pronunció la frase clásica «le haré una oferta que no rechazará».* En este caso, la oferta fue un acuerdo en el que las dos partes salíamos ganando, pues suponía un incremento del valor de ambas empresas. Con los datos que presenté, estaba claro que no podían dar una respuesta negativa. La clave de mi éxito fue el trabajo que había realizado *antes* de que comenzara la reunión.

Para vender hay que estar convencido y transmitir un sentimiento

Aunque este capítulo trata sobre la mafia, no estaría completo si no incluyese algo de la sabiduría del legendario Zig Ziglar. Antes de morir en 2012 a los ochenta y seis años, tal vez fue el instructor de ventas más influyente del mundo. Contó una historia potente sobre uno de sus representantes de ventas de utensilios de cocina, que estaba en un momento bajo.

Cuando Zig le preguntó por qué no estaba vendiendo, el vendedor recitó una lista de razones: los tiempos eran difíciles y los

---

* N. del T.: Más exactamente, en la versión original de la película, *«I'm gonna make him an offer he can't refuse»*, 'le haré una oferta que no podrá rechazar'.

utensilios de cocina eran caros. A continuación, Zig le preguntó si tenía un juego de utensilios de cocina de los que estaba vendiendo. El vendedor respondió que no. Cuando Zig le preguntó por qué, el vendedor le dijo que no podía pagarlo, sobre todo porque estaba en un momento bajo.

Zig hizo preguntas. Escuchó. Empatizó. En el fondo de su corazón, creía que esos utensilios de cocina eran una inversión que valía la pena. Después de todo, él mismo los poseía. Entendió que eran caros, pero había interiorizado todos los beneficios que proporcionaban. Como ocurre con cualquier inversión, había un coste inicial. Y como ocurre con toda inversión inteligente, realmente creía que el importe invertido quedaba sobradamente compensado con el tiempo.

Zig escuchó las objeciones de su vendedor. Y aunque había razones válidas para que no comprara los utensilios que estaba tratando de vender, realmente creía que la vida de ese hombre sería mucho mejor si los tuviera. Después de escucharlo y superar todas sus objeciones, el vendedor acabó por comprar los utensilios de cocina. Resultó ser una gran jugada de poder.

Durante su siguiente presentación a un cliente potencial, el vendedor escuchó todas las excusas habituales. Tal como había hecho Zig con él unos días antes, hizo preguntas, escuchó y empatizó. La diferencia era que, como él mismo había comprado los utensilios de cocina, creía tan firmemente en su valor que no permitiría que esas personas tomaran una mala decisión. Realmente pensaba que vivirían mejor con los utensilios de cocina que conservando el dinero que costaban.

No había aprendido ningún truco de venta sofisticado ni ninguna estrategia de manipulación. Solo había cambiado la forma en que se *sentía*. Efectivamente, esa noche hizo la venta, y se convirtió en uno de los mejores vendedores de la empresa. Una vez que creyó lo suficiente en el producto como para comprarlo él mismo, su bajón terminó.

Dejaré que sea Zig quien te cuente la moraleja de la historia: «Cree total y absolutamente que lo que vendes vale más que el precio que pides por ello. Deberías creer tanto en tu producto que deberías estar usándolo».

Recuerda esto: el «don de la palabra» está sobrevalorado, mientras que la convicción está infravalorada. Dado que lo que realmente vende es la emoción y la creencia, contrato a personas que creen tanto en sí mismas como en la empresa. Con esta integridad, con esta pasión por ser útiles a los demás, pueden estar delante de cualquier público, más o menos numeroso, y hablarle con convicción de lo que hacemos.

No deberías tener la sensación de que vender supone un esfuerzo; deberías percibir el acto de vender como una expresión natural de tu forma de ser. Debería emocionarte hablar de lo que haces. Estée Lauder, cofundadora de la compañía de cosméticos que la convirtió en la única mujer incluida en la lista de la revista *Time* de los veinte titanes empresariales más influyentes del siglo XX, dijo en una ocasión: «Nunca he trabajado un solo día de mi vida sin vender. Si creo en algo, lo vendo, y lo vendo mucho».

A pesar de lo que algunos quieran hacerte creer, nadie nace siendo vendedor. Deja de intentar encontrar «talentos naturales». En lugar de buscar vendedores, busca gente que crea en tu visión y quiera construir relaciones. Es posible que ni tan siquiera sean individuos muy sociables. De hecho, algunas de las personas más abiertas, magnéticas e influyentes que conozco son introvertidas.

Influir en los demás no consiste en «venderle» nada a nadie ni en convencer a la gente de que actúe en contra de sus propios intereses. Vender consiste en creer en uno mismo, creer en el propio negocio y creer en el valor que se puede ofrecer a la otra persona, ya sea un cliente potencial, un proveedor clave o una figura importante del sector. Si crees en lo que estás vendiendo, si estás operando desde el corazón y las entrañas y no desde la cabeza, si crees en un resultado en el que todos ganen en cada negociación, si en el fondo crees que puedes ser útil a la otra persona, entonces la creación de redes, la negociación y las ventas serán actividades muy naturales para ti.

El papel de la ventaja en las negociaciones

Quien tenga ventaja en una negociación debería salir victorioso. Sin embargo, no siempre es obvio quién tiene la ventaja. Además, por mucho que uno se prepare nunca podrá saber exactamente todo lo que ocurre en la otra parte. En última instancia, lo importante es saber en qué consiste tener ventaja y saber cómo ganar poder gracias a esa ventaja.

Si abusas de tu ventaja para obtener las ganancias máximas en un trato en particular, tal vez ganarás esa batalla, pero perderás la guerra. El difunto Amarillo Slim, una leyenda del juego y campeón de la Serie Mundial de Póquer de 1972, dijo: «Puedes esquilar una oveja cien veces, pero solo puedes despellejarla una vez». Incluso alguien como Slim reconoció que la clave para una larga carrera es tratar a las personas de tal manera que quieran seguir haciendo negocios contigo. En cualquier juego, el objetivo no es ganar una partida; es construir una asociación en la que ambas partes ganen partidas *a perpetuidad*.

Al principio de mi carrera, rara vez tenía ventaja. Lo que me convirtió en un negociador eficaz fue no fingir lo contrario. Es decir, no sentía la necesidad de fanfarronear. Lo que hacía era estructurar los tratos para que la otra parte pudiera correr un riesgo mínimo, con el fin de que el trato le pareciese mucho más aceptable. A corto plazo, esto solía implicar que me llevaba la peor parte. Sin embargo, como anticipaba varias jugadas, pedía unas condiciones de mejora del trato en caso de alcanzarse ciertos objetivos; con estas condiciones, la otra parte seguiría enriqueciéndose de todos modos. Puesto que mis interlocutores me percibían como una persona justa, pude forjar asociaciones a largo plazo.

Cuando mi agencia llevaba aún poco tiempo en marcha, un tipo llamado David acudió a mí con la propuesta de que comprase la licencia que me permitiría operar con su *software*. Y me pidió que negociara con otras compañías de seguros en su nombre. Él sabía que cuantas más personas usaran el producto más eficiente sería mi empresa. Como su *software* era el mejor entre los productos de ese tipo y sabía que yo lo necesitaba, fue más allá. Además de pedirme que lo ayudara con otras empresas, quiso que pagara cincuenta mil dólares por la licencia. Como el precio al que se vendía la licencia en el mercado minorista era un poco superior, me ofreció ese precio como si me estuviera haciendo un favor.

Pensé que David tenía mucho valor al tratar de venderme el producto y, a la vez, aprovechar los contactos que yo tenía en el sector. Pero así como un gran maestro no dice cuáles serán sus jugadas, me quedé callado. La realidad es que necesitaba el *software* y que, dada nuestra posición de efectivo, me alegraba de poder tener un descuento. Además, aunque aparentemente David me estaba pidiendo un favor, mi empresa saldría beneficiada si otras empresas usaran el mismo *software* que nosotros. David presentó una situación en la que todos ganábamos, lo cual era muy positivo. A decir verdad, si todos nuestros socios optaran por el *software* en ese momento, podríamos reducir significativamente el tiempo de procesamiento de los contactos (¡ya sabes lo que pienso de la velocidad!) y reducir significativamente el coste de la mano de obra.

¿Cómo evité mostrarme en desventaja? Por un lado, no le dije a David todo lo que pensaba; esto solo me habría perjudicado. Además, tengo que reconocer que nos había planteado la cuestión con mucha astucia, hasta el punto de que el presidente de la agencia en aquel entonces me dijo que era una buena oportunidad. Tal vez tuviera algo de razón, pero yo aún estaba estupefacto. A veces, en una organización, es posible que un alto ejecutivo no valore el efectivo que hay en el banco en la misma medida que el fundador.

Puede que cincuenta de los grandes no le pareciera mucho dinero, pero no era él quien extendería el cheque.

Le pedí a mi colega que estableciera una llamada con David. La llamada solo duró cuatro minutos. Me limité a decirle cómo veía su propuesta:

—Permítame que sea directo. ¿Quiere que use mi credibilidad para negociar en su nombre con los operadores y aun así quiere cobrarme cincuenta de los grandes por su *software*? —Me quedé en silencio durante unos segundos para dejar que este mensaje calara en él. A continuación dije—: Esto no sucederá a menos que renuncie a la totalidad de la tarifa. Puede hacerle saber a mi compañero si está conforme, y si no lo está, lo entenderé. ¿Tiene alguna pregunta?

Después de cinco segundos de silencio, dijo:

—No.

Podrías pensar que fui imprudente al ser tan duro. Pero como había seguido mis propias reglas de preparación, me había puesto en su piel para ver el trato desde su punto de vista. Al hacerlo, vi cuánto tenía que ganar él si yo utilizaba todos mis contactos para negociar en su nombre. Supuse que sería lo bastante inteligente (¡conoce a tus oponentes!) como para pensar como un gran maestro y darse cuenta de que renunciar a esos cincuenta mil dólares no sería nada significativo para él a largo plazo, ya que yo lo ayudaría a ganar muchos clientes nuevos. Me serví de esto como ventaja y efectué mi petición.

¿Cuál fue el resultado de esta jugada de poder?

Ya te he comentado suficientes fracasos como para, en esta ocasión, poder comunicarte, con una sonrisa en el rostro, que la estrategia tuvo éxito.

David no solo aceptó mis términos y renunció a la tarifa, sino que también le contó la historia a su amigo Greg, que dirige una firma de capital privado. Le dijo que yo tenía lo que hay que tener para competir en el mercado. De resultas de ello, Greg invirtió diez millones de dólares en nuestra siguiente ronda de financiación.

¿Cómo fue posible todo ello?

Cuando estás seguro de que cumplirás tu parte y te comprometes a ello, puedes forzar los límites. Si no cumples, no eres más que otro charlatán arrogante. El hecho de que cumplas tus promesas es lo que hace que se te respete en el mercado.

Cómo ganar: deja que el otro piense que ha ganado

En el mundo empresarial, conocerás una variedad extraordinaria de personas; también trabajarás con muchos perfiles de individuos diferentes. Algunos serán brillantes, otros serán arrogantes, otros serán peculiares y otros estarán locos. La habilidad de trabajar eficazmente con personas de varios tipos (clientes, empleados, socios comerciales, inversores) es crucial para el éxito. En gran parte, esta habilidad implica evaluar a la gente rápidamente y aprender a forjar relaciones de trabajo sólidas.

Hay una delgada línea entre estar loco y ser brillante, entre estar loco y tener un éxito loco. Además de *The Hypomanic Edge* [El borde hipomaníaco], de John Gartner, recomiendo *A First-Rate Madness: Uncovering the Links Between Leadership and Mental Illness* [Una locura de primer orden: revelando los vínculos entre el liderazgo y la enfermedad mental], de Nassir Ghaemi. Estos libros te ayudarán a ver la forma distinta que tienen de pensar muchas de las personas que forman parte del uno por ciento más selecto entre el uno por ciento de la población. La mayoría de estos individuos tienen una configuración mental diferente, y debes comprenderla para tratar con ellos de manera efectiva.

Deberás aprender a negociar con este tipo de personas. Al principio te sentirás como si estuvieras en una sala llena de cretinos narcisistas que no tienen sentimientos. Deberás encontrar una manera de lidiar con ellos de todos modos, porque no van a desaparecer. Y lo más probable es que si estás leyendo esto y estás absolutamente decidido a llegar a la cima, tú también estés un poco «loco».

Definitivamente, yo estoy más que un poco «loco». Y como quiero estar preparado para alcanzar el nivel del uno por ciento entre el uno por ciento, estudio a cualquiera y cualquier cosa que pueda ayudarme.

Si puedes dejar tu ego de lado, te darás cuenta de que a menudo ganas cuando dejas que otros también ganen. También vale la pena, a veces, dejar que otros piensen que tus grandes ideas son suyas en realidad. Para ilustrar este punto, pasemos del mundo de la mafia a otro mundo en el que hay mucha presión: el ámbito de los fondos de cobertura.

Cuando el joven Darius trabajaba en un fondo de cobertura, su jefe bien podría haber sido John Gotti.[*] El jefe (lo llamaremos Dale) tenía una gran reputación y un ego aún más grande. Darius se pasaba meses investigando ideas y buscando oportunidades de arbitraje en el mercado. Cuando finalmente tenía una idea respaldada por unos datos impecables, entraba en el despacho de Dale y le explicaba la inversión desde todos los ángulos. Tanto su labor de investigación como su presentación serían dignas de un Óscar. Darius era un tipo inteligente, bien preparado y convincente.

En todos los casos, su jefe rechazaba la idea.

Darius se enojaba muchísimo. Analizaba su propuesta desde todos los ángulos y no podía ver en qué se había equivocado. En su frustración, estuvo a punto de dejar el empleo. La verdad es que Darius tenía un punto ciego, y como estaba decidido a verlo, comenzó a buscarlo. En una reunión del equipo sobre inversiones, advirtió que uno de sus colegas decía muy poco y siempre desviaba los elogios hacia Dale. Como Darius sabía que a ese colega se le habían ocurrido muchas de las ideas, se sorprendió de que se presentaran como si fuesen de Dale.

---

[*] N. del T.: John Gotti fue un mafioso estadounidense que llegó a ser jefe de la familia criminal Gambino. (Fuente: Wikipedia).

Ese fue su «momento ajá».

La siguiente vez que Darius tuvo una idea, usó un enfoque diferente. En lugar de entrar en el despacho de Dale con recomendaciones, lo hizo con preguntas. En lugar de parecer confiado, dio la impresión de estar confundido.

—Dale, he visto que la curva de rentabilidad está comenzando a aplanarse.

—¿Qué quieres decir con eso? —preguntó Dale.

—También he visto que los bonos del Tesoro a diez años tienen un precio más alto que su promedio histórico.

—Esto no tiene sentido —dijo Dale.

—Yo tampoco puedo entenderlo —respondió Darius, como avergonzado—. Parece que hay algo que está mal.

—Puedes apostar tu trasero a que algo está mal. Tenemos que acortar los bonos del Tesoro que están a diez años.

—Supongo que tienes razón. No sé cómo no me he dado cuenta.

—Yo sí lo sé. No paro de deciros a vosotros, los jóvenes, que se necesitan treinta años para alcanzar el éxito. Ahora vete de aquí y acorta esos diez años.

Con lo que sabes a estas alturas sobre los juegos de poder, deberías encontrarle el sentido a esta historia (verdadera). Como Darius acabó por descubrir cómo pensar como un gran maestro, pudo realizar una serie de jugadas y hacer una serie de preguntas que llevaron a Dale adonde él quería.

■ ■ ■ ■ ■ ■

La mafia es una organización fascinante. Aunque no defiendo mucho de lo que hace, he aprendido lecciones importantes de su funcionamiento. Aunque nos guste bromear y decir «hazle una oferta que no rechazará», espero que lleves esto a un nivel diferente. Al prepararte como lo haría un mafioso, comprenderás lo que está en juego en cualquier reunión y harás todo lo posible para tener éxito incluso antes de que empiece el encuentro. Una oferta que os enriquezca tanto a ti como a la otra parte será una oferta que nadie podrá rechazar.

15

Cultiva tu poder y ponte a prueba en el campo de batalla

Si un hombre está orgulloso de su riqueza, no debe ser alabado hasta que se sepa cómo la emplea.

—Sócrates

Le gustas a todo el mundo hasta que te conviertes en un competidor, sobre todo si eres un adversario formidable. Cuando fundé mi empresa, todos los animadores hicieron cola para desearme lo mejor. A la gente le encantan las historias cálidas y entrañables de desamparados. Pero cuando mi empresa realmente empezó a crecer, aparecieron enemigos por todas partes. La gente comenzó a bloquearme en las redes sociales. Se difundieron rumores; me llamaron Darth Bet-David. Personas de mi sector, como ya sabes, hicieron todo lo posible para sacarme del mercado.

Ser un emprendedor exitoso año tras año es un desafío mayúsculo.

En nuestro capítulo final quiero que aprendas aún más sobre las formas de tener ventaja. Quiero que veas cómo el hecho de tener opciones cambia tu mentalidad y, en última instancia, te conduce a un lugar de poder. Quiero mostrarte que preguntar cómo puedes ayudar a los demás antes de pedir algo a cambio hará que todas tus interacciones sean muy diferentes.

Vamos a abundar en muchos temas que ya hemos tratado. Dado que necesitas personas para que tu negocio crezca y también necesitas tener unas relaciones satisfactorias para disfrutar tu vida, vamos a profundizar y explicar cómo puedes guiar a la gente para que dé lo mejor de sí. Cuando digo «guiar», no quiero decir que tú debas estar al volante. Lo que debes hacer es comprender qué impulsa a las personas, reconocer que a cada individuo le motiva algo diferente y usar tu liderazgo para ayudarlos a dirigir su propia vida.

El verdadero poder consiste en tener opciones

La ventaja es tan importante para tener poder que debemos profundizar más para entenderla mejor. La persona que realmente tiene ventaja es *la persona que menos necesita el trato*. Las opciones nos dan poder. Si puedes retirarte de una negociación, estás en la mejor posición para negociar los mejores términos. En cambio, si necesitas hacer el trato, estás a merced del poder de la otra persona, y probablemente el acuerdo no será bueno para ti.

Todo esto es evidente. La cuestión es cómo manejarse en la práctica. La respuesta corta es: siempre que sea posible, contempla múltiples opciones. En lugar de buscar la casa de tus sueños (lo mismo es aplicable a un automóvil, un edificio de oficinas y una contratación clave), investiga el mercado y encuentra tres opciones que te gustarían. De esta manera, cuando vayas a negociar un trato con tu primera opción, tendrás la ventaja, porque dispondrás de otras opciones que también te atraen. Y si percibes que eres la única opción para la otra parte, tu ventaja es enorme.

Conozco empresarios que buscan un gran cliente con la esperanza de que resuelva todos sus problemas. Piensan que si logran que su producto esté en Costco, Target o Walmart ya no tendrán que seguir buscando clientes potenciales. Tal vez un trato como este sea tu solución mágica, durante un mes o incluso un año o dos.

Con el tiempo, sin embargo, ese gran cliente usará su ventaja para quitarte tu poder.

¿Cuánta angustia mental experimentas preocupado por la posibilidad de perder un cliente clave o un empleado valioso? Ahora busca la causa más profunda de esta angustia. La verdadera causa es que no sabes si sobrevivirías si perdieras al cliente o al empleado. Por lo tanto, ya has cedido tu poder.

Fui asesor de la empresa de Bobby, cuyos ingresos anuales eran de ocho millones de dólares. Sobre el papel, la empresa parecía ir muy bien. Solo había un problema: de esta cantidad de ingresos, cinco millones provenían de un solo cliente. Durante un tiempo, el cliente estuvo satisfecho y la vida era maravillosa. Sin embargo, llegó el momento en que el cliente empezó a presionar para obtener un trato especial. ¿Por qué no esquivó esa presión Bobby? Porque no tenía otras opciones. A pesar de todo lo que se dice sobre las poses y la fanfarronería, que pueden tener su lugar, la gente sabe quién tiene el poder en una relación. El cliente seguía pidiendo unas condiciones cada vez mejores, tras lo cual había una amenaza implícita: si no nos das lo que queremos, nos iremos con otro proveedor.

Se supone que todos somos grandes maestros en el campo de los negocios a estas alturas. Deberíamos poder pensar en la jugada perfecta para sacar a Bobby del aprieto. De hecho, esto fue lo que me pidió que hiciera. El caso es que se encontraba en el aprieto debido a todo lo que no había hecho a lo largo de los años. Sus problemas empezaron cuando dejó de buscar clientes potenciales, cuando dejó de hacer crecer su empresa, cuando cayó en la complacencia al haber conseguido este gran cliente.

Tenía una solución fácil para Bobby. Le dije que buscara más opciones. Ya no contaba con ninguna ventaja. No había ninguna jugada que pudiera hacer ni ninguna pose que pudiera adoptar para conservar el gran cliente y obtener ni siquiera un centavo como beneficio.

Por supuesto, Bobby no quiso escuchar la recomendación. Perdió el cliente y pasó de facturar ocho millones de dólares a facturar tres millones de la noche a la mañana. Como si eso no fuera suficientemente malo, se vio obligado a vender la empresa, porque no podía sostenerse sin su principal cliente. ¿Sabes quién la compró? Ese excliente, en efecto; y echó a Bobby de la empresa justo después de realizar la adquisición. Como Bobby había jugado como un aficionado, sin pensar nunca más allá de la próxima jugada o las próximas dos jugadas, le hicieron jaque mate.

¿La moraleja de la historia? La clave del poder es tener opciones. Si Bobby hubiera recibido ingresos por parte de un conjunto de clientes más grande, no habría sido tan vulnerable. Si hubiera crecido hasta el punto en que la demanda de su producto hubiese excedido su capacidad de producirlo, podría haber sido él quien dictara los términos. Entonces el poder lo habría tenido él; esto le habría dado la capacidad de subir los precios o de insistir en unos plazos de pago más cortos.

Tal vez en tus relaciones tengas suerte y encuentres a la persona perfecta y vivas feliz para siempre, pero en el ámbito empresarial, el cliente perfecto no existe, por más bello o rico que sea. Si el treinta por ciento de tus ingresos, o un porcentaje superior, provienen de un solo lugar, tienes un problema, por más dinero que estés ganando. Si tu flujo de ingresos proviene de un solo cliente, este cliente tiene el control.

Busca más opciones, en cuanto a los clientes y en cuanto al talento. Cuando los tengas en abundancia, no tendrás que vivir preocupado por la posibilidad de que puedan abandonarte. Puedes volverte más atractivo para cualquiera si te mantienes en buena forma. En el ámbito empresarial, esto significa trabajar más, mejorar más y resistir más que tus competidores, y tener mejores estrategias que ellos.

Para jugar al juego del poder a largo plazo, sé humilde y útil a los demás

En 2019, di un discurso para un grupo de aspirantes a empresarios en un evento llamado DRIVEN, en Long Beach (California). Cuando hube terminado, un tipo se acercó a mí mientras había cuarenta personas a nuestro alrededor y cinco cámaras enfocándonos. Empezó a hablar:

—Tengo que decirte, Pat, que tu contenido ha cambiado mi vida. Quiero decir que no soy el mismo ser humano. —Vivo para estos momentos. Oír que mi contenido ha ayudado a alguien me llena de orgullo. Mientras estaba disfrutando la adulación, me entregó una tarjeta de presentación y dijo—: Me llamo Ritchie. Si alguna vez quieres comprar bienes raíces en Las Vegas, llámame.

Lo detuve de inmediato.

—Déjame hacerte una pregunta —le dije—. ¿Sabes lo que acabas de hacer?

—¿Qué he hecho? —preguntó.

Detengámonos un momento para que puedas pensar en lo que acababa de hacer Ritchie. Desde mi punto de vista, había sido el equivalente a acercarse a una mujer en un bar y decirle: «¡Oh, Dios mío, qué buen aspecto tienes! ¡Oh, Dios mío, tu cabello!; veo que le dedicas tiempo. Y tus cejas... Perfecto. ¡Guau! Eres absolutamente preciosa. Escucha, si alguna vez quieres acostarte conmigo, aquí tienes mi tarjeta. Llámame».

¿Te parece que esta es una jugada de poder?

Ritchie me gustaba. Valoré su rapidez. Pero quise que viera que su método no podría llevarlo a construir una relación a largo plazo conmigo. Sin duda un abordaje directo, en el ámbito de los negocios o en el de las citas, te permitirá hacer una venta de vez en cuando, si solo te interesan los números. Incluso los aficionados que solo ven la próxima jugada cierran tratos ocasionalmente.

Le pregunté:

—¿Qué quieres hacer con esta relación? Mira tu perspectiva. La única que tienes es lo que quieres sacar de esto.

Charlamos un poco más y percibí suficiente curiosidad y humildad en Ritchie como para contarle una historia.

A los veintipocos años, cuando estaba empezando a vender seguros, conocí a un tipo bien conectado llamado Eli. También era de Oriente Medio y teníamos algunos amigos en común. No lo conocí en el ámbito empresarial; era algo así como un amigo de la familia. Nos llevábamos bien y me invitó a su fiesta de cumpleaños; iba a cumplir los cincuenta. La fiesta fue en su casa, en un barrio rico de Los Ángeles. Llegué en mi Ford Focus y vi un montón de automóviles caros aparcados cerca de la casa. Me di cuenta de que esa fiesta podría ser una increíble oportunidad para hacer contactos. Aun así, fui discreto. No hablé de negocios ni entregué ninguna tarjeta de presentación. Incluso me quedé y ayudé a lavar los platos.

Eli y yo construimos una amistad. Mientras nos estábamos conociendo mejor, le pregunté:

—¿Cómo puedo ayudarte? ¿Qué puedo hacer para que tu vida sea mejor?

Eli se emocionó y me dijo que su hijo llevaba nueve años en prisión. Nadie lo visitaba porque estaba a cuatro horas de distancia, cerca de San Luis Obispo, y porque la cárcel era dura.

—Si estuvieses dispuesto a ir, significaría mucho para mí —dijo Eli—. Entendería que no quisieras hacerlo, pero este sería un gran favor que podrías hacerme.

Accedí. Antes de que pudiese ir, comprobaron mis antecedentes y me tomaron las huellas dactilares, entre otros procedimientos necesarios. Tardé treinta días en obtener la autorización. Cuando la hube conseguido, conduje hasta el lugar y pasé un día entero con el hijo de Eli. Estaba sentado en un rincón y me dijo cosas como «este tipo apuñaló a esa persona y lo encerraron en el calabozo por esto; es el rey del lugar». Me fue señalando a todos y contándome historias como si fuéramos viejos amigos.

Nos hicimos amigos por correspondencia; nos escribíamos cartas el uno al otro. ¡No correos electrónicos, cartas! Hice ese viaje de cuatro horas varias veces más. Después de mi primera visita, Eli me llamó y me dijo:

—No tienes ni idea de lo importante que ha sido lo que has hecho por mí.

Le dije:

—Hermano, siempre que quieras.

Nos reunimos para almorzar en su casa y me preguntó:

—¿En qué puedo ayudarte?

Fue entonces cuando le dije que era asesor financiero y estaba buscando clientes.

Me dio una lista de seiscientos nombres y me dijo que podía mencionar su nombre cuando los llamara.

En ese momento de mi carrera, había experimentado la diferencia entre las llamadas en frío (en la mayoría de los casos te colgaban el teléfono) y las presentaciones (que solían desembocar en reuniones).

Una de esas personas me llevó a conocer a alguien que me presentó a alguien que me presentó a alguien que me presentó a alguien que me presentó a alguien que me hizo ganar treinta millones de dólares.

Cuando terminé de contar la historia, la mirada de Ritchie era diferente. Le dije:

—Mira, si me hubiera acercado a él el primer día y le hubiese pedido contactos para conseguir clientes, ¿imaginas lo que habría pasado? Que me habría dicho que no.

Los juegos de poder hay que jugarlos a largo plazo. ¿Por qué crees que te he hablado tanto de los maestros de ajedrez? Si quieres referencias, si quieres construir una relación a largo plazo, la próxima vez que conozcas a alguien (no digamos ya si te puede abrir muchas puertas), no te acerques a esa persona para decirle si quiere acostarse contigo, es decir, si puede darte lo que quieres.

La jugada de poder consiste en darle la vuelta a este enfoque y preguntarle a la persona qué puedes hacer por ella, cómo puedes ayudarla. Esta jugada, capaz de cambiarte la vida, requiere cambiar totalmente la mentalidad. De esta manera no solo construirás mejores relaciones, sino que además, si estás realmente comprometido con el juego a largo plazo, ganarás muchísimo dinero.

LA FÓRMULA PARA GANAR PODER

Trabaja más. Es fundamental dedicar el tiempo necesario. Pero el trabajo duro por sí solo no será suficiente.

Mejora más. De esta manera contarás siempre con nuevas formas de llevar tu empresa al siguiente nivel. Confiarás en ti mismo. Si había algo que despertaba mi espíritu competitivo de forma obsesiva, este algo era mejorar más rápido que mis homólogos.

Diseña mejores estrategias. Es decir, piensa en las próximas cinco jugadas. Averigua cómo hacer crecer tu negocio y ten la paciencia de planificar muchos movimientos antes de que den frutos.

Aguanta más. Aprendemos sobre las personas tanto cuando logramos un gran éxito como cuando sufrimos un fracaso trágico. Es difícil saber quién seguirá adelante. Para aguantar debes resistir, y la resistencia te la dará el hecho de tomar decisiones que te mantengan alerta y concentrado en el juego.

Conviértete en la sombra de alguien que ya haya llegado adonde quieres llegar

Vamos a cerrar el círculo. La primera jugada consistió en que averiguaras quién quieres ser. La jugada de poder para convertirte en la persona que quieres ser es encontrar a alguien que ya esté experimentando ese éxito.

Warren Buffett tuvo la suerte de tener a Benjamin Graham como profesor en la Universidad de Columbia. El difunto Graham fue el autor del libro *El inversor inteligente* y es considerado el padre de la inversión en valor. El hecho de estar en un asiento de primera fila escuchando a una de las mentes más brillantes en materia de inversiones tuvo una importancia fundamental para el éxito de Buffett. Buffett tenía tantas ganas de ser la sombra de Graham tras finalizar los estudios en la Facultad de Gestión Empresarial que estuvo dispuesto a trabajar para él gratis. Graham no le ofreció trabajo y Buffett regresó a su ciudad natal, Omaha (Nebraska), pero lo contrató más tarde y Buffett dijo: «Acepté trabajar para Ben Graham, mi héroe. No pregunté cuánto iba a cobrar. Lo descubrí al final del mes, cuando recibí el primer cheque de pago».

La diferencia entre ser la sombra de alguien y tener un mentor (tema que tratamos en el capítulo doce) es la proximidad física. Si puedes encontrar a una persona que te permita observarla de cerca, aprovecha la oportunidad. Hay una gran diferencia entre tener un mentor y ser la sombra de alguien. Un mentor puede *decirte* qué hacer, pero un experto al que sigues te *muestra* qué hacer. Tienes la oportunidad de observar de primera mano lo que hace en las situaciones conflictivas y en el curso de las negociaciones intensas. También puedes aprender cómo maneja a los enemigos y cómo motiva a su equipo.

No puedo subrayar lo suficiente cuánto poder te dará el hecho de rodearte de personas que están viviendo la vida de tus sueños. El punto clave que debes recordar es que te conviene seguir a los triunfadores sea cual sea el punto en el que te encuentres en tu carrera. Yo he estado cerca de las personas a las que he admirado en cada etapa de mi desarrollo. Cuando era niño, intentaba ir a todas partes con mi padre. En el Ejército, me mantuve cerca de los mejores mandos, y me entrenaba con los muchachos más fuertes. Cuando era vendedor en Bally, era la sombra de Francisco Davis porque era el mejor vendedor. No me importaba lo tarde que se hiciese ni tampoco qué tipo de tareas menores tuviese que realizar. Valía la pena quedarse hasta tarde para tener una conversación de diez minutos con Francisco o estar ahí cuando hacía sus llamadas de seguimiento. Todo lo que pretendía era alimentar mi mente y ver qué podía hacer mejor.

Las personas que tienen éxito están ocupadas, por lo que hay que *ofrecerles valor*. No está de más ofrecerse a traerles un café o el almuerzo, pero es mejor hacer algo que suponga un beneficio para su empresa. Ofrécete como voluntario para editar sus propuestas o investigar. Ofrécete a quedarte hasta tarde y escribir sus notas de agradecimiento mientras escuchas cómo se maneja en las llamadas de ventas. Tal vez te sorprenda ver lo que puedes ofrecer. Especialmente si tienes menos de treinta años, probablemente sepas más sobre las redes sociales que casi todos los mayores de cuarenta; por lo tanto, ofrécete a configurar las páginas de las redes sociales de su empresa. En el mejor de los casos, estableceréis una relación en que las dos partes saldréis ganando: tú aprenderás por el hecho de estar cerca de la otra persona, y él o ella se beneficiará de tus habilidades y tu disposición a trabajar.

■ ■ ■ ■ ■ ■

Para poner un último ejemplo, volveré a referirme a Steve Kerr, el entrenador de la NBA. Sí, es el tipo que hizo que Andre Iguodala se sintiera necesario en el camino de Golden State hacia la consecución de un campeonato de la NBA. En sus primeras cinco temporadas como entrenador principal, Kerr llevó a los Warriors a la final de la NBA todos los años y ganó tres campeonatos. Después de cinco temporadas agotadoras, en la última de las cuales Klay Thompson, Kevin Durant y DeMarcus Cousins sufrieron unas lesiones terribles (y los dos últimos abandonaron el equipo como agentes libres), podrías pensar que pasó el verano de 2019 tomándose un merecido descanso.

En el verano de 2019, el equipo de Estados Unidos se estaba preparando para la Copa Mundial FIBA. Yo que soy muy aficionado al baloncesto no sabría decirte qué significa *FIBA*. Entrenar al equipo no reporta ninguna gloria; no se gana ninguna medalla olímpica y se obtiene poco reconocimiento. De hecho, se negaron a participar tantas estrellas de la NBA que solo había un puñado de superestrellas en la lista. Pero como el entrenador principal era Gregg Popovich, posiblemente el mejor entrenador de la NBA, Steve Kerr dejó de lado sus vacaciones para ser uno de sus entrenadores auxiliares. No pudo rechazar la ocasión de ser la sombra de un grande.

«Esta es una oportunidad increíble y por la que estoy extremadamente agradecido —dijo Kerr—. Tuve la suerte de participar en nuestro programa USA Basketball como aficionado y tener la oportunidad de regresar a la escena mundial tres décadas después y trabajar con Pop, uno de mis exentrenadores y mentor, es un gran honor».

Si quieres tener más poder, debes generar oportunidades de ser la sombra de otros. Si quieres ser excepcional, incluso después de haber ganado campeonatos, debes aprovechar todas las oportunidades que puedas de estar cerca de los líderes poderosos.

Un buen líder debe saber qué motiva a las personas

En este capítulo final estamos retomando ideas que ya hemos visto y llevándolas al siguiente nivel. En el capítulo dos hablábamos de que tienes que saber qué es lo que te motiva. Ahora vamos a examinar qué es lo que motiva a los demás. Tratamos este tema en cierta medida cuando presentamos los nueve lenguajes del amor de los emprendedores; ahora nos situaremos en el siguiente nivel.

Cuando tenía veintidós años y trabajaba como asesor en Morgan Stanley Dean Witter, hablé ante dos tipos de público en el lapso de un mes. El primero fue un grupo de personas mayores que querían conocer las mejores alternativas para la jubilación. Dediqué la mayor parte del tiempo a decirles qué les parecería poder vivir en una casa de mil metros cuadrados con un Ferrari estacionado fuera y una tarjeta negra Amex en su billetera. Me miraron como si me hubiera vuelto loco, hasta que dejaron de prestarme atención.

Un par de semanas después, hablé con un grupo de vendedores que tenían alrededor de treinta años y decidí adoptar un enfoque completamente diferente. Les pedí que pensaran en cómo se sentirían en el futuro si pudiesen hacer que sus hijos y nietos estudiasen en las mejores universidades sin preocuparse por el coste o si tuviesen suficiente dinero en la cuenta de jubilación como para poder sacar diez mil dólares al mes durante el resto de su vida a la vez que vivían confortablemente cerca de un campo de golf. Una vez más, los perdí a todos.

En esos tiempos, tenía una gerente que trataba de motivarme. Pero solo me hablaba de las cosas que la emocionaban *a ella*. Como puedes imaginar, me perdió. Cuando reflexioné al respecto, supe por qué había perdido a los dos públicos: así como ella no tuvo en cuenta lo que me motivaba a mí, yo no había tenido en cuenta lo que les motivaba a ellos.

La mayor jugada de poder consiste en hacer que las personas saquen lo mejor de sí mismas. También es la jugada que aporta la mayor satisfacción; al menos, en mi caso es así. Mi mayor motivación es ver cómo la gente se inspira y acaba por tener éxito; de hecho, escribí este libro con esta finalidad.

Un gran líder es alguien que da un gran ejemplo y tiene autoridad moral. Un gran líder es alguien que es capaz de hacer que los demás hagan cosas que no harían por sí solos. Hay muchas personas que dan un gran ejemplo y aun así su equipo no lo sigue, lo cual les resulta desconcertante. Y es que el solo hecho de dar ejemplo no basta. Los grandes líderes aprenden cómo llevar a los demás a su propio nivel de excelencia. Esta no es una tarea fácil, lo que la convierte en una habilidad muy bien pagada. Cualquiera que haya aprendido a motivar a los demás dispone de un conjunto de habilidades que puede aplicar en cualquier sector.

Una vez más, veamos cuáles son las cuatro categorías de motivaciones que existen. Después hablaremos sobre cómo guiar a las personas que corresponden a las diversas categorías.

LAS CUATRO CATEGORÍAS DE FACTORES MOTIVADORES

AVANCE

- Próximo ascenso.
- Acabar una tarea.
- Cumplir con un plazo de entrega.
- Conseguir un objetivo como equipo.

INDIVIDUALIDAD

- Estilo de vida.
- Reconocimiento.
- Seguridad.

LOCURA

- Oposición.
- Competición.
- Control.
- Poder y fama.
- Demostrar que los demás están equivocados.
- Necesidad de evitar la vergüenza.
- Maestría, dominio.
- Deseo de ser el mejor (batir récords).

PROPÓSITO

- Hacer historia.
- Ayudar a los demás.
- Inducir un cambio.
- Tener un impacto.
- Sabiduría/autorrealización.

AQUELLO QUE TE MOTIVA CAMBIA EN CADA FASE DE TU VIDA

- **Avance.** A las personas que se identifican con esta categoría, lo que más las motiva es alcanzar nuevas alturas. Debes presentarles siempre la siguiente meta o posición para que sigan avanzando, o se aburrirán.

- **Individualidad.** A aquellos motivados por la individualidad hay que decirles cómo puede ser su vida futura si dan lo máximo de sí. Esta vida podrá incluir automóviles, prestigio, ir a los mejores restaurantes, viajar, asociarse con celebridades, etc. Siempre que tengan claro que tienen la oportunidad de alcanzar el estilo de vida al que aspiran trabajando contigo, pondrán de su parte para ayudar a que la empresa crezca.
- **Locura.** Lo que más motiva a los individuos impulsados por la «locura» son ciertos factores no convencionales, como tener un enemigo o enfrentarse a un oponente. Se aburrirán tremendamente si no les señalas constantemente un nuevo enemigo o un nuevo objetivo que alcanzar.
- **Propósito.** Las personas que tienen un sentimiento de propósito quieren ser parte de algo más grande que ellas mismas, pero también quieren aparecer en los libros de historia (en los libros de la historia de la empresa o en documentos del sector). Este grupo puede ser el más pequeño de todos, pero si tienes la suerte de atraer uno a tu organización, prepárate para un crecimiento explosivo.

Comprende, posiciona y lidera, pero no intentes corregir

Sea como sea la persona sobre la que tengas autoridad, recuerda que la forma más rápida de perderla o frustrarla es intentar cambiarla. He cometido este error demasiadas veces en mi carrera. En lugar de ello, encuentra lo que le motiva y colócala en una posición que le permita ganar al más alto nivel. Esto puede requerir que pases a verla de otra manera.

Deja de intentar arreglar a la gente. Pensar que puedes cambiar o arreglar a los demás es engañarte a ti mismo. En mis inicios como empresario, cometí este error continuamente. Presionaba mucho a la gente cuando no rendía lo suficiente, porque suponía que era eso lo que querían. Pensaba que si se estaban extraviando apreciarían mis comentarios, por duros que fueran, cambiarían y se convertirían en los vendedores que necesitaba que fueran.

Pero este planteamiento era ilusorio. Finalmente me di cuenta de que no podía cambiar a las personas; ellas mismas tenían que poseer el impulso interior que las llevase a querer corregir sus propios errores. A partir de ese momento, comencé a conducirlas de manera más efectiva. Dejé de tratar de resolver los problemas de los demás. Me di cuenta de que lo que querían era a alguien que los escuchara, que les hiciera preguntas, que los situara en la buena dirección. Las personas quieren que las escuchen. Tomarte tiempo para comprenderlas es la jugada de poder máxima. A continuación, si poseen el impulso interno de la excelencia, se autocorregirán. Harán su parte.

■ ■ ■ ■ ■ ■

Al profundizar en los juegos de poder, ahora tenemos unas gafas diferentes a través de las cuales ver todas las interacciones humanas. Ya se trate de buscar la ventaja en una negociación o de tu primera reunión con una persona influyente, tomarte tiempo para ver dónde reside el poder y actuar en consecuencia es lo que te convertirá en un gran maestro. Si quieres desarrollar esta habilidad, la jugada más potente que puedes realizar es estar cerca de los grandes líderes. Cualquiera que sea la situación, esfuérzate al máximo para estar cerca de quienes tengan las habilidades y el éxito que estás buscando.

Por último, ten a mano el cuadro de las cuatro categorías de factores motivadores. Recuerda que a cada individuo le motiva algo diferente y que tu trabajo como líder no es orientar la motivación de los demás (o, peor aún, arreglarlos), sino *comprenderlos* y ayudarlos a disponer las piezas de ajedrez que tienen delante para que puedan sacar el máximo partido a su potencial.

QUINTA JUGADA

Domina los juegos de poder

CÓMO VENCER A GOLIAT Y CONTROLAR EL RELATO

1. Identifica el próximo Goliat al que os vais a enfrentar tú y tu empresa. Diseña una estrategia para controlar el relato. Reduce al mínimo las distracciones y cualquier cosa que se interponga en tu objetivo de vencer a Goliat.

ESTUDIA A LOS MAFIOSOS: CÓMO VENDER, NEGOCIAR E INFLUIR

2. En lugar de pensar en lo que vas a obtener tú solamente, piensa en cómo hacer que tus socios estratégicos ganen también. Antes de tu próxima reunión, prepárate siguiendo los siete pasos que se exponen en el capítulo. En cada negociación, sé consciente de quién tiene la ventaja. No negocies en exceso cuando no la tengas y no intimides a la otra persona cuando la tengas, sobre todo si la ves como un socio estratégico a largo plazo.

CULTIVA TU PODER Y PONTE A PRUEBA EN EL CAMPO DE BATALLA

3. Estudia constantemente la cuestión de la ventaja. Observa cada interacción entre individuos, países y empresas para ver si puedes determinar quién la tiene y si esa persona o entidad la está utilizando para ganar poder. Además, cambia tu enfoque para encontrar formas de ayudar a los demás en lugar de practicar el abordaje directo en los negocios. Por último, valora a las personas tan profundamente que estés buscando siempre qué las motiva y cómo puedes orientarlas en función de sus motivaciones.

Conclusión

Jaque mate

Como alguien que no terminó los estudios, creo que es muy importante ser un aprendiz de por vida y tener una curiosidad infinita por el mundo.

—Richard Branson

Hemos recorrido un largo camino juntos. Si no eres aficionado a los deportes, es posible que te hayas encontrado con demasiadas analogías deportivas. Hablo de lo que sé y no puedo evitar encontrar paralelismos entre el ámbito empresarial y el deportivo. Así que, por favor, ten paciencia conmigo una última vez, porque quiero hablarte de un hombre llamado Andrew Bynum, que fue en el campo del baloncesto el equivalente a lo que es Magnus Carlsen en el campo del ajedrez. Sé que puede parecer que le estoy otorgando un reconocimiento excesivo a Bynum, pero sigue leyendo.

Bynum fue bendecido con un talento sobrenatural. En 2005, cuando solo tenía diecisiete años, fue seleccionado en la primera ronda por Los Angeles Lakers, mi querido equipo. El gran Kobe Bryant, ya fallecido, todavía se encontraba en su mejor momento, y yo estaba impaciente por ver cómo ese gigante de 2,13 metros dominaba la NBA. Sobre el papel, Bynum tenía talento para llegar a ser tan bueno como Shaquille O'Neal. En la cancha, dio muestras de que un día podía llegar a estar en el Salón de la Fama.

Bynum empezó siendo un muy buen jugador de baloncesto. Ayudó a los Lakers a ganar el campeonato de la NBA en 2009 y 2010. En 2012, antes de cumplir los veinticinco años, fue elegido uno de los mejores jugadores de la liga. Parecía encaminado a ganar más campeonatos y a encontrarse siempre entre los mejores jugadores.

Pero todo se torció irremisiblemente.

Tuvo algunas lesiones y fue traspasado a los Philadelphia 76ers. Fue de un equipo a otro de la liga y en 2013, cuando estaba jugando para los Cavaliers, fue suspendido. El motivo era inquietante: durante un entrenamiento, lanzó la pelota hacia la canasta cada vez que la tocó, sin importar en qué parte de la cancha se encontrara. No solo lo vi como una forma de mostrar el dedo corazón a sus entrenadores y compañeros de equipo; lo vi como una falta de respeto total por el juego del baloncesto. Por más campeonatos que hubiese logrado, por más elogios que hubiese cosechado y por más decenas de millones de dólares que hubiese ganado, a los veintiséis años Bynum había arruinado por completo su carrera y deshonrado el baloncesto.

¿Por qué?

No he conocido a Bynum, así que solo puedo especular. A mi modo de ver, la razón por la que tuvo un bajo rendimiento es que no amaba el juego. ¿Cómo podía respetar algo que nunca había amado?

A veces es difícil amar aquello que llega con demasiada facilidad. En el ámbito empresarial, este fenómeno se ve todo el tiempo. Y se ve a menudo entre los hijos de familias ricas que han recibido una gran herencia. Cuando ya no es necesario luchar por la vida, cuando uno ya no tiene que *ganársela*, uno empieza a sentir que tiene «derecho a» y da las cosas por sentadas. Esta es una de las leyes de la naturaleza humana.

¿Por qué estoy hablando tanto de Andrew Bynum? Porque el factor número uno para alcanzar tu potencial es simple: *debe importarte*. Los libros de historia están llenos de personas que hicieron cosas imposibles por el solo hecho de que eso les importaba. Espero que algo tire del corazón de Bynum, hasta el punto de que esté dispuesto a dar lo mejor de sí.

Tienes que querer el éxito. Tienes que quererlo tanto que te duela. Persistencia, dedicación y motivación; estos son rasgos que tienen todas las personas de élite, desde deportistas hasta maestros de ajedrez y directores ejecutivos. Sigo recordándote lo difícil que es llegar a la cumbre porque sé que vas a tener que poner otra marcha para llevar tu talento al nivel más alto imaginable.

Subir de nivel significa empezar de nuevo desde abajo

Para manifestar tu máxima capacidad, tendrás que competir contigo mismo y no tener miedo. Busca superar tu mejor marca anterior en todas las áreas. La paradoja es que cada vez que subes, tienes que empezar desde abajo.

El rey de la educación primaria está debajo de todo el día que empieza a cursar la enseñanza media.* Cuando finalmente ha vuelto a subir a la parte superior de la escalera, comienza a cursar la educación secundaria y vuelve a estar en la parte inferior. Ocurrirá algo similar con tu carrera profesional: cada vez que avances, estarás oficialmente en la parte baja del siguiente nivel. Uno de los grandes factores que frenan a las personas a la hora de ascender es el miedo a no gozar de respeto. Voy a ilustrar esta cuestión con un gráfico.

---

* N. del T.: La enseñanza media estadounidense incluye desde el sexto grado hasta el octavo grado; los alumnos tienen entre once y catorce años.

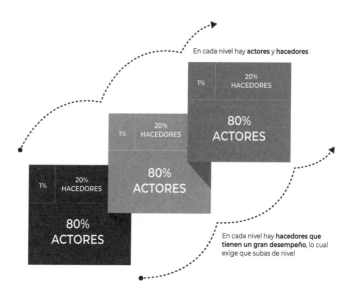

En cada nivel hay **actores** y **hacedores**

| 1% | 20% HACEDORES |
| 80% ACTORES | |

En cada nivel hay **hacedores que tienen un gran desempeño**, lo cual exige que subas de nivel

La clave para formar parte del uno por ciento es invertir continuamente en aprender y crecer. Las grandes corporaciones invierten en su talento. Preparan a empleados jóvenes prometedores para el liderazgo; les costean formaciones costosas y les asignan mentores experimentados. Si no cuentas con el lujo de que una gran corporación invierta en tu talento, debes encontrar formas de invertir en ti mismo.

Por alguna razón, la mayoría de nosotros pensamos que nos dan miedo los desafíos. Pero cuando no se nos desafía, nos aburrimos. Entonces nos estancamos. Si no se nos desafía, a menudo tampoco nos damos cuenta de lo que tenemos dentro y de cuánto somos capaces de lograr. Cualquier emprendedor que quiera mantenerse cuerdo debe dejar de lado la absurda idea de que los desafíos dan miedo. Estos nunca dejan de presentarse, así que es mejor que aprendas a amarlos y a prosperar con ellos. Cada dificultad ofrece una oportunidad de crecer y mejorar.

Cada movimiento hacia arriba te hará sentir como si la situación te superara. Serás puesto a prueba. Y, lo repito, lo que determinará si vas a tener éxito es si eso es importante para ti.

Utiliza el emprendimiento para resolver los problemas del mundo

He dicho innumerables veces que muchos de los problemas del mundo los van a resolver los emprendedores. La razón de ello es que a los emprendedores se les da bien solucionar problemas. Miran algo complejo, lo estudian, lo simplifican y finalmente encuentran una manera de resolverlo. Los emprendedores pueden resolver problemas de salud, económicos, ambientales y educativos.

A menudo, la primera motivación para que alguien que nunca ha sido emprendedor pase a serlo es ganar mucho dinero para poder tener una casa más grande, un automóvil más potente y otros juguetes. No hay nada de malo en eso, pero tenemos que ir más allá. Sé consciente de que el mundo de hoy cuenta con nosotros para resolver muchos de los grandes problemas, que nunca dejarán de presentarse.

El juego empresarial puede ser ingrato. El cementerio de empresas emergentes está lleno de compañías dirigidas por personas bienintencionadas y talentosas que no estaban preparadas para manejar el caos asociado a la construcción de un negocio. Si puedes soportar que te lleven al límite, que Goliat te derrote y que tus amigos te excluyan, si a pesar de todo esto te mantienes fiel a tu misión, valdrá la pena. No quiero decir que valdrá la pena *con el tiempo*; quiero decir que todos los días que luches por algo, todos los días que vivas de acuerdo con tu verdad futura, todos los días que guíes a las personas para que den lo mejor de sí, percibirás las recompensas.

El mundo te necesita. Necesita tus ideas, tu pasión y tu corazón. Ahora dispones de toda la información necesaria para dominar las cinco jugadas clave:

- Saber quién quieres ser.
- Cómo procesar los asuntos.

- Cómo construir tu equipo.
- Cómo usar la estrategia para hacer crecer tu negocio.
- Cómo hacer jugadas de poder.

Todas las preguntas, todas las herramientas y todas las historias que contiene este libro están aquí para ayudarte. Pero solo te resultarán provechosas si aplicas lo que has aprendido. Es hora de que identifiques tus próximas jugadas.

Escribe cinco por lo menos. Si aspiras a pensar como un gran maestro, desafíate a ti mismo a escribir quince. Al hacerlo, ten en cuenta la secuenciación. Tal vez tengas la tentación de hacer que tu jugada número quince sea la tercera. No sucumbas a esta tentación y contempla el panorama general. Recuerda que para llegar a ser un gran maestro tienes que ejecutar las jugadas en el orden correcto. Así es como acabarás ganando en la sala de guerra, la sala de juntas y el dormitorio.

PLANIFICA TUS SIGUIENTES JUGADAS

NIVEL AMATEUR	1	
	2	
	3	
NIVEL PROFESIONAL	4	
	5	
MAESTRO	6	
	7	
	8	
	9	
	10	
GRAN MAESTRO	11	
	12	
	13	
	14	
	15	

Agradecimientos

Patrick Bet-David

Dado que soy el resultado de seis aspectos importantes de mi vida, usaré seis categorías para dar las gracias a todas las personas y circunstancias por las que estoy agradecido.

Genes. Todo comenzó con mis padres, Gabreal Bet-David y Diana Boghosian. No sería quien soy sin ellos.

Cultura. Tengo que dar las gracias a cinco culturas por haber hecho de mí la persona que soy actualmente. Soy mitad armenio, mitad asirio, y viví en Teherán (Irán) durante diez años antes de buscar asilo en Erlangen (Alemania) y terminar en Estados Unidos. Todas estas culturas han influido mucho en mi forma de ver la vida.

Experiencias. Dicen que los grandes actores son aquellos que han vivido una vida con muchas experiencias diferentes llenas de dolor y alegría. Debo decir que lo mismo es aplicable al ámbito empresarial. Estoy agradecido por cada suceso que he vivido, aunque no los agradecí todos mientras estaban ocurriendo. No sería la persona que soy hoy si no hubiese vivido una guerra en Irán, si no hubiese estado en un campo de refugiados o si no hubiese servido en el Ejército, entre otras experiencias.

Elecciones. He tomado muchas malas decisiones y algunas buenas. Algunas me parecieron buenas elecciones al principio, hasta que me di cuenta de que no lo eran, y otras me parecieron malas elecciones pero terminaron bien. Todas ellas me han enseñado lecciones que actualmente considero muy valiosas. Algunas me costaron dinero, algunas me costaron relaciones, algunas me hicieron ganar dinero, algunas me ayudaron a construir relaciones. Todas contribuyeron a que me convirtiese en la persona que soy actualmente.

Personas. Debo empezar por dar las gracias a mi esposa, Jennifer Bet-David, quien me ha apoyado desde el primer día. Mi vida cambió el día que la conocí. Dio a luz a nuestros tres hijos, Patrick, Dylan y Senna, cada uno de los cuales ha cambiado mi vida de alguna manera.

Tengo que dar las gracias a mi primera mejor amiga, mi hermana mayor, Polet Bet-David. Su marido, Siamak Sabetimani, se convirtió en el hermano que nunca tuve. Antes de tener mis propios hijos, me enamoré de los suyos, Grace y Sean Sabetimani.

Estoy inmensamente agradecido al equipo directivo de PHP Agency, que aceptó la visión que presenté cuando todas las probabilidades estaban en nuestra contra. De ninguna manera podríamos haber construido una agencia con quince mil agentes de seguros sin la valentía, el enfoque y el talento de este equipo, integrado por Sheena y Matt Sapaula, Jose y Marlene Gaytan, y muchas otras personas.

Encontrar un compañero de carrera es difícil, pero Mario Aguilar ha sido exactamente esto en muchos proyectos; entre muchas otras cosas, ha contribuido a armar los contenidos de este libro.

Este libro nunca habría existido sin mi agente, Scott Hoffman.

También tengo que dar las gracias a mi colaborador, Greg Dinkin, quien me ayudó a estructurar y organizar mis ideas y experiencias. Mando asimismo un agradecimiento especial a quienes me ayudaron a organizar mis pensamientos cuando nos atascábamos con una idea o en un capítulo del libro: Maral Keshishian, Tigran Bekian, Tom Ellsworth, David Moldawar y Kai Lode.

Envío un agradecimiento a mi editora, Jennifer Bergstrom, y a nuestras brillantes correctoras, Karyn Marcus y Rebecca Strobel;

también a Lynn Anderson y Eric Raymer por su increíble atención al detalle.

No habría escrito este libro ni estaría generando nuevos contenidos si no fuera por los millones de *valuetainers* y emprendedores que siguen los contenidos mensualmente. Os estoy agradecido. No puedo expresar con palabras cuánta energía me dais.

Con demasiada frecuencia damos las gracias a quienes nos amaron y apoyaron y olvidamos a quienes fueron nuestros competidores, a quienes se mostraron negativos con nosotros y a quienes nos criticaron. Las personas que dudaron de mí ocupan un lugar especial en mi corazón. Estuve tentado de escribir sus nombres, pero necesitaría varias páginas para incluirlas a todas. Quiero que sepáis que os quiero y que os estoy extremadamente agradecido.

Inspiración. Por último, pero no menos importante, hubo un puñado de momentos en los que me inspiré para hacer algo grande con mi vida. Sentía que había varias experiencias que me atraían, pero al principio no quería comprometerme con ellas. Mirando hacia atrás, me alegro de haber elegido comprometerme y dar lo mejor de mí. Esos momentos de inspiración son la razón por la que siento que mi «depósito» está siempre lleno y por la que me emociona levantarme todas las mañanas para materializar la siguiente visión que estoy generando.

Greg Dinkin (colaborador)

Tal vez te estés preguntando lo mismo que me pregunté yo cuando conocí a Pat: ¿es auténtico este tipo? Como campeón de póquer y autor de *The Poker MBA* [El máster en póquer], se me da muy bien detectar el engaño. Siempre estoy pendiente de lo que se oculta tras las fachadas y de poner a prueba la autenticidad de las personas.

En mayo de 2019, un mes después de comenzar a trabajar con Pat, asistí a la conferencia Vault, en Dallas. En la sesión de apertura, centrada en las estrategias, Pat respondió las preguntas de docenas de asistentes. Al hacerlo, recordaba detalles específicos sobre las empresas de estas personas. Decía: «Sí, hablamos hace dos años sobre su plan de compensaciones. ¿Ha hecho el seguimiento?» o «Recuerdo nuestro intercambio de correos electrónicos sobre el tema de que usted debía invertir más en análisis. ¿Lo ha hecho ya? ¿No? ¿Por qué no?».

Me quedé asombrado por su memoria y aún más impresionado por su visión empresarial. Luego me di cuenta de que había estado haciendo de mentor para docenas de emprendedores –de forma gratuita, solo a partir de su deseo sincero de dar a cambio– mientras dirigía su empresa, criaba a tres hijos y ampliaba su base de conocimientos (nunca he conocido a nadie que lea más y trabaje más duro consigo mismo).

Cualquier duda que tuviera acerca de que Pat estuviera haciendo todo eso (grabar vídeos para Valuetainment, impartir talleres y escribir este libro) por las razones correctas se desvaneció. Como presencié esa noche y seguí viendo en el transcurso de un año, Pat es tan genuino, auténtico y atento como parece.

Si tuviera que resumir su éxito en una característica, es que le importa mucho que las personas cumplan sus sueños. Por más que hicimos todo lo posible para reflejar todo el conocimiento de Pat sobre papel, sería imposible reflejar su amor y su compromiso hacia la gente; este es el ingrediente secreto que lo convierte, al menos en mi opinión, en uno de los líderes vivos más importantes del planeta.

Imagina a una persona que se toma el tiempo necesario para conocerte de verdad, que te hace preguntas para ayudarte a descubrir exactamente qué quieres en realidad, y que esto te lleva a recordar y expresar tu ambición más salvaje. Después imagina que esta persona te apoya con recursos y *coaching*, a la vez que hace que te responsabilices de llegar a ser la mejor versión de ti mismo a un nivel que quizá ni siquiera sepas que puedes alcanzar. A continuación, imagina que esta persona se exige más a sí misma de lo que te está exigiendo a ti. ¿Cómo no podrías llegar muy alto? No es casualidad que Pat haya tomado a docenas de individuos sin títulos universitarios y los haya convertido en millonarios. El amor importa, seguro. Combínalo con responsabilidad, liderazgo y un ejemplo que seguir, y el resultado es un éxito increíble.

Me siento afortunado de haber tenido un asiento en primera fila para observar a un ser humano tan impresionante. Imagina que eres un jugador de baloncesto y que puedes estar cerca de LeBron James durante un año. Si doy la impresión de estar exagerando es porque estoy rebosante de gratitud. Para mí, esto comenzó como un proyecto de escritura solamente, y terminó convirtiéndose en un programa de doctorado centrado en la liberación del potencial humano. En consecuencia, me he convertido en un mejor formador y líder y en una versión mejor de mí mismo. Ver la gran cantidad de personas que se estaban beneficiando de los conocimientos de Pat me motivó mucho a contribuir a aportarte toda la sabiduría que se encuentra en la caja de herramientas de Pat.

Además de mi agradecimiento a Pat, quiero darle las gracias a Mario Aguilar por ser un profesional consumado. Ha sido el mejor consejero posible, un gran activo en cada etapa del proceso. Asimismo, le estoy agradecido al sabio agente Scott Hoffman por su intuición de que Pat y yo haríamos un buen equipo. También agradezco el apoyo de mi familia y mis amigos. Mi madre, mi padre, Andy, Jayme, Leslie, Drew, Logan, Thea, Michelle, Cully, Josh, Bryan, Paul, Charlie, Mark, Monique, George, Chris, Stuckey y Frank hicieron su contribución, cada uno a su manera.

APÉNDICE A

AUDITORÍA DE LA IDENTIDAD PERSONAL

AUDITORÍA DE LA IDENTIDAD PERSONAL

1. ¿Cómo crees que te ven los demás?

2. ¿Cómo te ves a ti mismo/a?

3. ¿En qué se diferencia tu imagen pública de tu manera de ser contigo mismo/a?

4. ¿Qué condiciones dan lugar a LA MEJOR VERSIÓN DE TI MISMO/A? (La versión de ti que compite y obtiene los mejores resultados).

   ☐ La competencia
   ☐ El miedo a la pérdida
   ☐ Un contratiempo
   ☐ Una victoria
   ☐ Que alguien crea en ti
   ☐ Querer demostrar algo

5. Di cuál fue un período de noventa días, en tu carrera profesional, en el que tuviste más hambre de victorias que nunca. ¿Qué era lo que te motivaba?

6. ¿Cómo manejas una pérdida pública?

7. ¿Tienes tendencia a culpar a otras personas por tu falta de esfuerzo o disciplina? En caso de ser así, ¿por qué lo haces?

8. ¿Crees que tienes derecho a cosas que no te hayas ganado?

9. ¿Tienes una personalidad fácil o difícil?

☐ Muy difícil

☐ Difícil

☐ Algo difícil

☐ De trato fácil

☐ De trato muy fácil

10. ¿Te llevas bien con personas que son como tú o no puedes estar en la misma habitación que ellas?

11. ¿Con qué tipo de personas hablas más cuando estás perdiendo?

☐ Personas que están por delante de ti

☐ Personas que están al mismo nivel que tú

☐ Personas que aún no están a tu nivel

☐ Nadie

12. ¿A quién envidias en secreto? Que no te preocupe escribir su nombre; solo tú sabrás la respuesta. ¿Cómo es tu relación con la persona a la que más envidias? ¿En qué medida se debe esta envidia a que no estás dispuesto/a a hacer el trabajo que la otra persona está dispuesta a hacer?

13. ¿Qué tipo de personas son las que más te incomodan y por qué?

14. ¿Qué tipo de personas son las que más te gustan y por qué?

15. ¿Quién es la persona con la que más colaboras?

16. ¿Qué cualidades y características admiras más en las otras personas?

17. ¿Cómo te manejas bajo presión?

18. ¿Con qué frecuencia cuestionas tu propia visión para ayudarte a mejorar tu perspectiva?

19. ¿Qué es aquello que logra que aflore lo peor de ti? ¿Por qué?

20. ¿Qué es aquello que logra que aflore lo mejor de ti? ¿Por qué?

21. ¿Qué es aquello que más valoras en el trabajo y en la vida?

22. ¿Qué es lo que más temes en tu sector de actividad?

23. ¿De cuál de tus logros estás más orgulloso y por qué?

24. ¿Quién quieres ser?

25. ¿Qué tipo de vida quieres vivir?

HOJA DE TRABAJO PARA DESPEJAR LA X

DESPEJAR LA X
Hoja de trabajo

Problema:

CUESTIONES QUE INVESTIGAR	PROCESO DE RESOLUCIÓN	IMPLEMENTACIÓN
URGENCIA 0-10	¿A QUIÉN SE NECESITA?	¿QUIÉN DEBE PARTICIPAR?
IMPACTO TOTAL BENEFICIOS POTENCIALES: PÉRDIDAS POTENCIALES:	LISTA DE SOLUCIONES	RESPONSABILIDADES ASIGNADAS
VERDADERA(S) CAUSA(S) DEL PROBLEMA(S)	CONSECUENCIA(S) POTENCIALMENTE NEGATIVA(S)	NUEVOS PROTOCOLOS
¿Por qué? ¿Por qué? ¿Por qué?		

Lecturas recomendadas

Los mejores cincuenta y dos libros de temática empresarial según Patrick Bet-David

1. *La estrategia del océano azul: crear nuevos espacios de mercado donde la competencia sea irrelevante*, de W. Chan Kim y Renée Mauborgne. [En inglés: *Blue Ocean Strategy: How to Create Uncontested Market Space and Make the Competition Irrelevant*].

2. *Principios*, de Ray Dalio. [En inglés: *Principles: Life and Work*].

3. *Las cinco tentaciones de un directivo*, de Patrick Lencioni. [En inglés: *The Five Temptations of a CEO: A Leadership Fable*].

4. *Built to Sell: Creating a Business That Can Thrive Without You*, de John Warrillow.

5. *Estrategia competitiva: técnicas para el análisis de la empresa y sus competidores*, de Michael E. Porter. [En inglés: *Competitive Strategy: Techniques for Analyzing Industries and Competitors*].

6. *Multiplicadores: cómo potenciar la inteligencia de tu equipo*, de Liz Wiseman. [En inglés: *Multipliers: How the Best Leaders Make Everyone Smarter*].

7. *Solo los paranoides sobreviven. Cómo explotar los puntos críticos que son un desafío para cualquier empresa y para la carrera de cualquier persona*, de Andrew S. Grove. [En inglés: *Only the Paranoid Survive: How to Exploit the Crisis Points That Challenge Every Company*].

8. *Posicionamiento: la batalla por su mente*, de Al Ries y Jack Trout. [En inglés: *Positioning: The Battle for Your Mind*].

9. *Las cinco disfunciones de un equipo: un inteligente modelo para formar un equipo cohesionado y eficaz*, de Patrick Lencioni. [En inglés: *The Five Dysfunctions of a Team: A Leadership Fable*].

10. *El método Lean Startup: cómo crear empresas de éxito utilizando la innovación continua*, de Eric Ries. [En inglés: *The Lean Startup: How Today's Entrepreneurs Use Continuous Innovation to Create Radically Successful Businesses*].

11. *Lo único: la sencilla y sorprendente verdad que hay detrás del éxito*, de Gary Keller. [En inglés: *The ONE Thing: The Surprisingly Simple Truth Behind Extraordinary Results*].

12. *Maestría*, de Robert Greene. [En inglés: *Mastery*].

13. *12 reglas para vivir: un antídoto al caos*, de Jordan B. Peterson. [En inglés: *12 Rules for Life: An Antidote to Chaos*].

14. *Rockefeller: las claves para generar riqueza*, de Verne Harnish. [En inglés: *Mastering the Rockefeller Habits: What You Must Do to Increase the Value of Your Growing Firm*].

15. *Las 33 estrategias de la guerra*, de Robert Greene. [En inglés: *The 33 Strategies of War*].

16. *Meditaciones*, de Marco Aurelio.

17. *Made in America: mi historia*, de Sam Walton. [En inglés: *Sam Walton: Made in America*].

18. *Drucker esencial: los desafíos de un mundo sin fronteras*, de Peter F. Drucker. [En inglés: *The Essential Drucker: In One Volume the Best of Sixty Years of Peter Drucker's Essential Writings on Management*].

19. *Tribal Leadership: Leveraging Natural Groups to Build a Thriving Organization*, de Dave Logan, John King y Hale Fischer-Wright.

20. *El coach de Silicon Valley: lecciones de liderazgo del legendario coach de negocios Bill Campbell*, de Eric Schmidt, Jonathan Rosenberg y Alan Eagle. [En inglés: *Trillion Dollar Coach: The Leadership Playbook of Silicon Valley's Bill Campbell*].

21. *De cero a uno: consejos para startups o cómo inventar el futuro*, de Peter Thiel. [En inglés: *Zero to One: Notes on Startups, or How to Build the Future*].

22. *El poder ético del directivo*, de Kenneth Blanchard y Norman Vincent Peale. [En inglés: *The Power of Ethical Management*].

23. *Ideas que pegan: por qué algunas ideas sobreviven y otras mueren*, de Chip Heath y Dan Heath. [En inglés: *Made to Stick: Why Some Ideas Survive and Others Die*].

24. *El arte de la guerra*, de Sun Tzu.

25. *The Founder's Dilemmas: Anticipating and Avoiding the Pitfalls That Can Sink a Startup*, de Norman Wasserman.

26. *La innovación y el empresariado innovador*, de Peter F. Drucker. [En inglés: *Innovation and Entrepreneurship*].

27. *The Accidental Millionaire: How to Succeed in Life Without Really Trying*, de Gary Fong.

28. *Built to Last: Successful Habits of Visionary Companies*, de Jim Collins y Jerry I. Porras.

29. *Traction: How Any Startup Can Achieve Explosive Customer Growth*, de Gabriel Weinberg y Justin Mares.

30. *Arriba la organización: cómo evitar que la organización ahogue a los empleados y se coma los beneficios*, de Robert C. Townsend. [En inglés: *Up the Organization: How to Stop the Corporation from Stifling People and Strangling Profits*].

31. *Generación de modelos de negocio*, de Alexander Osterwalder e Yves Pigneur. [En inglés: *Business Model Generation: A Handbook for Visionaries, Game Changers, and Challengers*].

32. *De empresario a gerente profesional*, de Eric G. Flamholtz. [En inglés: *Growing Pains: Transitioning from an Entrepreneurship to a Professionally Managed Firm*].

33. *Cómo aumentar el rendimiento de los directivos*, de Andrew S. Grove. [En inglés: *High Output Management*].

34. *Padre rico, padre pobre*, de Robert Kiyosaki. [En inglés: *Rich Dad, Poor Dad*].

35. *Trump: el arte de la negociación*, de Donald J. Trump. [En inglés: *Trump: The Art of the Deal*].

36. *Emprender y liderar una* startup: *el duro camino hasta el éxito*, de Ben Horowitz. [En inglés: *The Hard Thing About Hard Things: Building a Business When There Are No Easy Answers*].

37. *The Hypomanic Edge: The Link Between (a Little) Craziness and (a Lot of) Success in America*, de John D. Gartner.

38. *Las leyes del éxito*, de Napoleon Hill. [En inglés: *The Law of Success: The Master Wealth-Builder's Complete and Original Lesson Plan for Achieving Your Dreams*].

39. *El mito del emprendedor: por qué no funcionan las pequeñas empresas y qué hacer para que funcionen*, de Michael E. Gerber. [En inglés: *The E-Myth Revisited: Why Most Small Businesses Don't Work and What to Do About It*].

40. *Originales: cómo los inconformistas mueven el mundo*, de Adam Grant. [En inglés: *Originals: How Non-Conformists Move the World*].

41. *Poor Charlie's Almanack: The Wit and Wisdom of Charles T. Munger*, tercera edición ampliada, de Peter D. Kaufman.

42. *Decídete: cómo tomar mejores decisiones en la vida y el trabajo*, de Chip Heath y Dan Heath. [En inglés: *Decisive: How to Make Better Choices in Life and Work*].

43. *El ego es el enemigo*, de Ryan Holiday. [En inglés: *Ego Is the Enemy*].

44. *Elon Musk: el empresario que anticipa el futuro*, de Ashlee Vance. [En inglés: *Elon Musk: Tesla, SpaceX, and the Quest for a Fantastic Future*].

45. *Lincoln y el liderazgo: estrategias ejecutivas para tiempos difíciles*, de Donald T. Philips. [En inglés: *Lincoln on Leadership: Executive Strategies for Tough Times*].

46. *Michael Jordan: la biografía definitiva*, de Roland Lazenby. [En inglés: *Michael Jordan: The Life*].

47. *The CEO Next Door: The 4 Behaviors That Transform Ordinary People into World-Class Leaders*, de Elena L. Botelho y Kim R. Powell.

48. *El poder frente a la fuerza*, de David R. Hawkins. [En inglés: *Power vs. Force: The Hidden Determinants of Human Behavior*].

49. *Las 48 leyes del poder*, de Robert Greene. [En inglés: *The 48 Laws of Power*].

50. *I Love Capitalism!: An American Story*, de Ken Langone.

51. *De bárbaros a burócratas: estrategias para el ciclo vital de las empresas*, de Lawrence M. Miller. [En inglés: *Barbarians to Bureaucrats: Corporate Life Cycle Strategies*].

52. *Cómo ganar amigos e influir sobre las personas*, de Dale Carnegie. [En inglés: *How to Win Friends and Influence People*].

Otros libros mencionados

- *Los 5 lenguajes del amor: el secreto del amor que perdura*, de Gary Chapman. [En inglés: *The 5 Love Languages: The Secret to Love That Lasts*].
- *Los 7 hábitos de la gente altamente efectiva*, de Stephen R. Covey. [En inglés: *The 7 Habits of Highly Effective People: Powerful Lessons in Personal Change*].
- *101 Questions to Ask Before You Get Engaged*, de H. Norman Wright.
- *La gran apuesta*, de Michael Lewis. [En inglés: *The Big Short: Inside the Doomsday Machine*].
- *Conversaciones difíciles: cómo hablar de los asuntos importantes*, de Douglas Stone, Bruce Patton y Sheila Heen. [En inglés: *Difficult Conversations: How to Discuss What Matters Most*].
- *A First-Rate Madness: Uncovering the Links Between Leadership and Mental Illness*, de Nassir Ghaemi.
- *From Worst to First: Behind the Scenes of Continental's Remarkable Comeback*, de Gordon Bethune.
- *Cómo suprimir las preocupaciones y disfrutar de la vida*, de Dale Carnegie. [En inglés: *How to Stop Worrying and Start Living: Time-Tested Methods for Conquering Worry*].
- *El inversor inteligente*, de Benjamin Graham. [En inglés: *The Intelligent Investor: The Definitive Book on Value Investing*].
- *Moneyball: The Art of Winning an Unfair Game*, de Michael Lewis.
- *El poder de ser vulnerable: ¿Qué te atreverías a hacer si el miedo no te paralizara?*, de Brené Brown. [En inglés: *The Power of Vulnerability: Teachings on Authenticity, Connection, and Courage*].
- *Powerful: Building a Culture of Freedom and Responsibility*, de Patty McCord.
- *Scaling Up (Dominando los hábitos de Rockefeller 2.0). Cómo es que algunas compañías lo logran... y por qué las demás no*, de Verne Harnish. [En inglés: *Scaling Up: How a Few Companies Make It... and Why the Rest Don't*].
- *El secreto*, de Rhonda Byrne. [En inglés: *The Secret*].
- *Steve Jobs*, de Walter Isaacson. [En inglés: *Steve Jobs*].
- *Thank God It's Monday: How to Prevent Success from Ruining Your Marriage*, de Pierre Mornell.

- *Las claves del éxito de Toyota*, de Jeffrey Liker. [En inglés: *The Toyota Way: 14 Management Principles from the World's Greatest Manufacturer*].
- *Tracción: obtén control de tu negocio*, de Gino Wickman. [En inglés: *Traction: Get a Grip on Your Business*].
- *What Would the Rockefellers Do? How the Wealthy Get and Stay That Way, and How You Can Too*, de Garrett B. Gunderson y Michael G. Isom.
- *What Would the Founders Do? Our Questions, Their Answers*, de Richard Broo-khiser.
- *Winners Never Cheat: Everyday Values That We Learned as Children (but May Have Forgotten)*, de Jon M. Huntsman.

Para más contenidos, visita el canal de YouTube de Valuetainment: https://www.youtube.com/c/valuetainment

Sobre el autor

Patrick Bet-David pasó de escapar de un Irán devastado por la guerra a fundar su propia empresa financiera, conseguir decenas de millones de dólares y crear Valuetainment, el principal canal de YouTube para emprendedores. Su enfoque poco ortodoxo de los negocios y la vida ha dado lugar a entrevistas fascinantes con Ray Dalio, Kevin Hart, el difunto Kobe Bryant, el presidente George W. Bush y muchas otras personalidades. Los contenidos que ha ido publicando en las redes sociales cuentan con más de mil millones de visualizaciones.

Patrick nunca obtuvo un título universitario y pasó del Ejército a buscar socios dentro de una cadena de gimnasios antes de vender servicios financieros. A los treinta años, fundó PHP, una agencia de servicios financieros. Vive en Dallas con su esposa y sus tres hijos.